广西审判实务与探索

2020年　第1辑　总第15辑

戴红兵／主编

GUANGXI JUDICIARY PRACTICE
AND STUDIES

法律出版社
LAW PRESS·CHINA

《广西审判实务与探索》编辑委员会

目 录

Contents

改革探索 / GAIGE TANSUO

司法调研 / SIFA DIAOYAN

司法论坛 / SIFA LUNTAN

案例分析 / ANLI FENXI

破产程序中民事裁定的扩展适用

——以直接提升程序性与事务性工作的权威性为思路

潘玮璘[*]　蒋太仁[**]

现行企业破产法中,重要程序节点与事项主要由法院以裁定方式推进,但实践中法官往往仍感觉法院推进的力度、手段与依据还不够,主要原因有两个:一是"庭下程序"复杂,二是"外联事务"困难。在这两个过程中,现实情况往往需要法院以更强硬、更权威、更正式的姿态予以表态,才可能真正解决问题、收到实效。鉴于民事裁定与判决一样作为人民法院最具权威性、确定性、正式性的表态形式,其较判决更具效率与灵活性,若法院以裁定形式推进程序、衔接机制、纠正问题、回应异议以及化解矛盾等,将获得较管理人或其他主体无可比拟的巨大优势。但现行企业破产法明确规定适用裁定的情形较为有限,很多时候无法满足现实需求,据此审理破产案件的法院能否扩展适用民事裁定?扩展适用是否具有现实必要性,且是否具有合法性与可行性?本文将分析破产程序中扩展适用民事裁定的必要与优势,并基于破产程序与民事裁定的内在契合,进一步提出扩展适用民事裁定的依据与方法。

* 广西壮族自治区高级人民法院民二庭四级高级法官助理,副调研员,法学博士,美国福特汉姆大学访问学者。

** 广西壮族自治区高级人民法院民二庭庭长,广西大学、广西民族大学硕士生导师。

一、扩展适用的必要与优势

（一）扩展适用的必要性

破产审判实践中，法官往往感觉法院推进重要程序节点的力度、手段与依据还不够，主要原因有两个：一是“庭下程序”复杂，破产案件不仅需要管理人通过处理大量庭外事务来推进程序，更需要合议庭通过释明、答疑、沟通、协调等会晤方式，做债权人、债务人股东、重整投资人、公司职工以及当地党委政府的工作，以化解破产审理中的实际困难。在这些过程中，针对特定问题或针对管理人特定履职行为，有时需要法院以更强硬、更权威的姿态进行确认、评价、表态，以真正实现推进程序、化解矛盾、纠正问题的效果。二是“外联事务”困难，推进破产程序不仅要处理好法律问题，更重要的是在清理债务、完成出清或重生的过程中解决各种社会问题，由此法院必然与负责各类社会事务的相关党政部门之间产生交集，双方的职责会形成分工、配合、妥协、协助支持等关系。[1] 因此，在构建和处理“府院联动”时，破产案件审理法院往往需要以最正式、最权威的文书形式对外表态，以衔接相关党政职能机制。对于以上两方面的现实需求，现行企业破产法并未明确赋予法院相关职权与手段，但结合民事裁定的原理、规则以及特性，可充分运用民事裁定在推进程序、纠正问题、回应异议或疑虑等方面的功能，扩展适用具有现实必要性与可行性。

（二）民事裁定的优势属性

1. 权威性。裁定较决定、通知、答复、建议书等其他表意形式更具权威性，裁定与判决一样都是司法机关作出的最具权威性的判断或意见，其依据国家法律法规作出，是国家意志的直接体现，反映了人民法院作为国家审判机关的属性与地位，能够较好地获得当事人或利害关系人对案件处理结论的认可度与信服度。民事裁定对于所判定的程序性事项或实体权利问题也具有一定既判力，且不同类型的裁定具有不同内容的既判力，[2]但均能在一定范围内产生确定性、终局性、安定性与不可争议性的效果，并对相关主体产生约束力或羁束力。[3] 一旦人民法院以裁判的方式对个案中某一问题予以表态，其他司法机关、党政机关、金融机构以及各社会主体均应认可所认定

---

〔1〕 参见李曙光：《破产法的转型》，法律出版社2013年版，第125页。

〔2〕 参见张艳丽、于鹏、周建华：《民事诉讼理论与制度》，法律出版社2017年版，第90页。

〔3〕 参见吴明童：《既判力的界限研究》，载《中国法学》2001年第6期；邓辉辉：《民事诉讼既判力理论研究》，中国政法大学出版社2014年版，第124页；张卫平：《民事诉讼法》（第4版），法律出版社2016年版，第436页。

事实的真实性,并将所涉问题的确定性作为今后自己作出相关行为的依据或前提。

2. 书证性。民事裁定的载体一般要求有形性或纸质性,这也是其权威性的内在要求。书面形式的民事裁定主要有三个特征:一是准确性,法院在案件审判中对特定问题的意见与判定能够以文字准确表达出来,裁定的法律强制力与既判力仅以原文文字为准,任何概述或翻译都不直接具有法律效力;二是唯一性,裁定中每一处行文与表述都是唯一存在的,裁定的多份原文或复制件都应当在文字上保持完全一致,法院对同一案件中的同一问题不得作出前后内容或文字不一致的裁定;三是确定性,一旦裁定作出并生效,其任何一处文字即保持固定不变,不发生任何变动,除非该裁定被依法撤销,否则以特定文字表现的裁定内容将自始地、永久地、确定地维持原状。以上这些特征可归纳为书证性,该属性不仅可使破产程序顺利衔接司法系统内其他程序,还可以妥善对接外部相关部门机构的工作机制。

3. 效率性。诉讼效率是诉讼实施的价值要求之一,法院负有促使程序高效率进行的职责。〔1〕 裁定的审理过程非以当事人言词辩论为必要,法院既可以通过非庭审程序的听证、询问、质证等方式调查相关事实,也可以依职权查清案件所涉事实情况。一方面,法院在作出裁定的过程中非常主动,其可以根据实际案情需要,快速反应、及时处置,以高效率、高权威、高确定性的方式处理破产程序中重大节点问题或应急事件;〔2〕 另一方面,裁定的效率性还体现在灵活性方面,有时需要作出裁定的事项并不能一次性或终局性地及时查清或实现,而为了满足处理破产事务的时效性与及时性需求,法院可就部分已确定情况作出裁定,并于后续根据程序推进与事实查明情况,不断作出承接性或补充性裁定。

二、理论基础:破产法与民事裁定的内在契合

(一)目的:破产法具有程序法性质 vs. 民事裁定主要处理诉讼程序问题

我国《企业破产法》在体例上就呈现了企业出清与重生的全过程、全步骤,该法第 1 条开宗明义:为规范企业破产程序,公平清理债权债务;第 4 条规定破产程序在破产法

〔1〕 参见张卫平:《民事诉讼法》(第 4 版),法律出版社 2016 年版,第 80 页。

〔2〕 为及时保护涉及债务人财产的相关账册、章证、凭据、合同等有形资料,防止其他单位、他人或涉黑势力抢夺、侵占或不当查阅复制,破产受理法院可以在发现危险时及时裁定查封相关材料。参见柳州正菱集团有限公司即 53 家关联公司合并重整案(以下简称正菱集团重整案),广西壮族自治区高级人民法院(2018)桂破申 1 号之七民事裁定书。

没有规定时可直接适用民事诉讼法。企业破产法的程序法属性实质上体现了其公法性质，[1]一旦债权人或债务人主动提出申请，受理法院将遵循职权主义来推进或倒退相关破产程序。这种职权主义的强制性并非要破坏法院中立地位与当事人处分原则，而是源自于企业法人的有限责任制与债权作为相对权的平等性，[2]即公司仅以自身全部财产承担所有债务，法院须对其清资核产以确定剩余价值；债权人对该公司财产不享有支配权或处分权，法院须在召集全体债权人的基础上有序、公平地组织他们分担债权不能完全受偿的损失。这些是法院在破产程序中的基本职能，这是由国家法律体系及其价值取向所整体决定的，同时也是法院遵守职权主义的正当性来源。同样地，民事裁定也体现出较强的职权主义，由于处分原则是当事人实体权利与意思自治在诉讼活动中的延伸[3]，民事裁定主要处理诉讼程序问题而非实体权利问题，故其无须像判决一样严格遵守当事人处分原则。民事裁定体现了维护私法整体秩序的诉讼目的，[4]其不以当事人辩论为必要，不直接影响当事人的实体权利义务，而主要以高效、便宜、权威为主要价值导向，其与破产程序的职权主义高度契合，故企业破产法中重大事项或节点的决定权主要交由法院以裁定形式进行处理。

（二）功能：破产程序由法院主导与推进 vs. 民事裁定实现法院的诉讼指挥权

破产程序虽然涉及管理人、各类债权人、出资人、重整投资人、企业职工、供销商等众多主体，但由法院主导同时兼顾债权人自治是目前最合理、成熟的模式。[5] 较普通民事诉讼，破产程序最大的特点是“庭下”程序与“对外”协调事务更多、更复杂，甚至这些庭下或对外工作往往是推进破产案件的重点难点，直接需要合议庭予以释明、协调、决策。就民事裁定而言，民事诉讼法理论认为法院诉讼职权中最重要的一项权力是程序控制权，即对民事诉讼程序的发生、发展、终止以及进程方式和节奏的决定权。[6] 法院实现程序控制权的法定方式主要为民事裁定，民事裁定的功能就在于实现法院诉讼指挥权。[7] 因此，当破产程序中出现重大事项、事实或节点时，法院可以充分运用民事裁定的指挥决策功能，利用裁定形式所具有的高权威

---

〔1〕 参见［日］松冈义正：《破产法》，熊元楷、熊仕昌编，李彤点校，上海人民出版社2013年版，第18页。

〔2〕 参见许德风：《破产法论——解释与功能比较的视角》，北京大学出版社2015年版，第2页。

〔3〕 参见田平安主编：《民事诉讼法原理》（第6版），厦门大学出版社2015年版，第78页。

〔4〕 参见张艳丽、于鹏、周建华：《民事诉讼理论与制度》，法律出版社2017年版，第33页。

〔5〕 参见李永军：《破产法——理论与规范研究》，中国政法大学出版社2013年版，第36页。

〔6〕 参见张卫平：《民事诉讼法》（第4版），法律出版社2016年版，第80页。

〔7〕 参见胡思博：《民事裁定研究》，社会科学文献出版社2014年版，第9页。

性、确定性以及正式性，对相关问题予以确认并公示，有效推进破产程序及相关活动。

（三）对象：破产法不直接规范实体权利 vs. 民事裁定不直接判定实体权利

破产程序当然会涉及各类主体的实体权利义务，但这并非意味着破产法须创设性地规定当事人实体权利义务。债权人权利可能在破产程序中受到折减，该处分现象实质上源于公司独立财产制、有限责任制与当事人意思自治：债权人面对资产有限、责任有限的公司法人，应当能够预见并共同分担资不抵债的损失风险；[1] 当相关债权受偿方案经债权人会议集体表决后，债权折减进一步获得正当性；原股东在破产程序启动后即失去公司管控权，该失权现象实质上源于公司法人独立人格制度，即公司资产为负值时，公司独立人格因失去独立财产亦失去存在基础，股东会无权再充当法人意志的产生机构，股东不仅失去财产性权益，同时也失去管控公司的共益权；[2] 担保物权人在破产程序中享有别除权或在重整中获优先受偿，[3] 该地位源于权利人所享有的排他性、支配性物权效力；破产管理人在破产程序中有权继续追究破产企业股东、高管或实际控制人抽逃、侵占、挪用或损害公司利益的责任，[4] 该权源于法人独立财产权以及公司法规定的损害公司利益责任制度，等等。这些关于实体权利的处分、变动、救济或消灭并非源于破产法之创设，而是基于这些实体权利本身的基础法律制度，当事人正是借助了破产程序来实现其实体权利。[5] 在民事诉讼法理论中，原则上基于当事人主张与言词辩论的必要而据此处理实体权利争点的任务应主要交予民事判决，至于民事裁定，则应主要处理非以当事人言词辩论为必要的诉讼程序问题。[6] 因此，即使相关破产程序涉及或影响当事人实体权利，企业破产法也仅要求法院以民事裁定的形式予以表态与确认。例如，债权人会议就财产管理方案、变价方案、分配方案表决未通过的，可由法院以裁定方式确定；债权人会议决议损害债权人利益的，可由法院经债权人申请而裁定撤销该决议。

---

〔1〕 参见[日]松冈义正：《破产法》，熊元楷、熊仕昌编，李彤点校，上海人民出版社2013年版，第17页。

〔2〕 参见许德风：《破产法论——解释与功能比较的视角》，北京大学出版社2015年版，第26页。

〔3〕 《企业破产法》第75条、第87条、第109条。

〔4〕 《企业破产法》第6条、第36条。

〔5〕 破产法的核心功能就是“债权人集体救济机制”(collective creditors’ remedy)，其能够促进效率以及分配正义的实现。参见[美]查尔斯·J. 泰步：《美国破产法新论》(第3版)，韩长印、何欢、王之洲译，中国政法大学出版社2017年版，第4页。

〔6〕 参见王甲乙、洪慧慈、郑健才：《民事诉讼法新论》，三民书局2007年版，第233页。

三、扩展适用的实操方法

（一）扩展适用的依据

民事裁定在破产程序中扩展适用，是指在现行企业破产法对特定事项没有明确规定应由法院以裁定方式判定的情况下，法院依据个案中关于推进程序、机制衔接、纠正问题、回应异议、化解矛盾等功能需求，主动以裁定方式对破产程序中的特定问题作出表态与决断。扩展适用的制定法依据分为三个层次：

第一个层次是《民事诉讼法》第 154 条第 1 款第 11 项规定的“其他需要裁定解决的事项”。该规定属于弹性规定、兜底条款，[1] 目的在于适应民事诉讼众多复杂程序问题的处理，其范围可由法院根据个案需求自行掌握。[2]

第二个层次是现行企业破产法中关于管理人职责的规定。其中包括一般性规定，即第 25 条、第 27 条、第 69 条，还包括具体的职责要求，即第 18 条关于行使合同解除权，第 34 条至第 39 条关于追回、取回相关债务人财产或对外主张相关权利，第 43 条关于及时支付破产费用与共益债务，第 48 条关于主动查清并公示劳动债权，第 73 条、第 74 条关于监督营业与负责营业，第 90 条、第 91 条关于重整计划的监督执行，第 116 条关于执行破产财产分配方案等；这些履职规范虽然并未明确表示管理人可请求法院予以裁定，但在扩展适用裁定的情况下，这些职责性规定均可成为管理人向法院申请裁定的依据。

第三个层次是现行企业破产法关于法院职权的兜底性、提示性规定。破产本身就是一种社会化安排，[3] 法院作为破产程序的主导者，应当对牵涉的债权人、中小股东、职工、消费者、供应商、社区、政府、环境等利益予以关注和适当保护。[4] 因此，法院须从破产参加人整体利益甚至社会整体利益出发，[5] 无论是对于破产审判规则还是债权人自治规则，[6] 均应主动把握指挥权、监督权以及决定权。《企业破产法》不

---

[1] 参见李浩主编：《民事诉讼法学》（第 3 版），法律出版社 2016 年版，第 256 页；王亚新、陈杭平、刘君博：《中国民事诉讼法重点讲义》，高等教育出版社 2017 年版，第 249 页。

[2] 参见洪冬英主编：《民事诉讼法学通论》（第 2 版），北京大学出版社 2016 年版，第 272 页。

[3] ［英］布莱恩 · R. 柴芬斯：《公司法：理论、结构和运作》，林华伟、魏旻译，法律出版社 2001 年版，第 171 页。

[4] 参见韩长印：《企业破产立法目标的争论及其评价》，载《中国法学》2004 年第 5 期。

[5] 参见王欣新：《破产法》（第 3 版），中国人民大学出版社 2011 年版，第 11 页。

[6] 参见许德风：《破产法论——解释与功能比较的视角》，北京大学出版社 2015 年版，第 13 页。

仅明确规定了管理人或特定主体的行为须经法院许可或批准(如第26条、第28条、第29条、第69条等),且在众多程序规范中提示了法院的最高决定权、指挥权以及相关法定职责。例如,第6条法院负有依法保障职工权益并追究原高管人员责任的职责、第14条法院有权决定受理通知和公告应当包含的其他事项、第15条法院有权决定负担保全性义务的相关人员主体范围、第25条法院有权决定管理人应当履行的其他职责、第28条法院有权最终决定管理人报酬、第59条法院有权临时确定可参加表决的债权额、第61条和第62条法院有权召开债权人会议并决定其应当行使的其他职权、第69条法院有权决定管理人处分债务人重大财产、第75条法院有权决定在重整期间是否恢复担保权的行使、第82条法院有权决定债权人会议的设组问题,等等。这些法条提示了法院对于破产程序中的职责、职权以及程序事项具有兜底定夺权,这些条文背后蕴含法意、道德与政治指向,属于一种类似于法律原则的开放性、权源性法律依据,[1]法院在扩展适用时均可视情形援引。

(二)扩展适用的条件

适用条件类似于构成要件,后者一般是指法律关系据以发生变动的法律前提与事实构成,[2]当破产审理法院所面对的特定问题满足以下三个要件时,即可考虑以裁定形式表达对该问题所形成的结论:

1. 利用裁定的优势属性具有必要性。基于破产案件所特有的"庭下程序"与"外联事务"复杂繁重,管理人与合议庭在程序推进中遇到困难阻力时,如果需要适时提高相关交涉行为的权威性与确定性,可以尝试以民事裁定的方式特定问题作出表态与决断,这种方法不失为化解矛盾、推进程序、衔接机制的有效路径;但同时,法院还应审慎判断扩展适用裁定的必要性,合议庭应当慎重考虑并权衡利弊,首先尽可能运用企业破产法规定的决定、通知、许可、批复等形式处理相关程序性事务,或尽可能以释明、公函、司法建议书、座谈等形式协调化解相关矛盾和顾虑,法院应当先穷尽其他方式手段,而将扩展适用裁定作为最后一条路径,作为迫不得已的手段,注意避免出现"向一般条款逃逸"的负面激励效果。[3]

2. 管理人或利害关系人申请法院作出裁定。虽然裁定较判决具有更强的职权主

---

〔1〕 参见任强:《司法方法在裁判中的运用——法条至上、原则裁判与后果权衡》,载《中国社会科学》2017年第6期。

〔2〕 参见朱庆育:《民法总论》,北京大学出版社2013年版,第112页。

〔3〕 参见陈景辉:《原则、自由裁量与依法裁判》,载《法学研究》2006年第5期。

义,但原则上仍应尽量遵循当事人处分原则与辩论原则,故作出裁定的法院仍应尽量保持中立姿态,尽量以听证、询问、质证等方式保障当事人程序利益,即使在扩展适用裁定时也应当以当事人或管理人申请为前提。管理人作为具有一定中立性与独立性的机构,[1]其与合议庭的密切配合是破产程序顺利推进的关键,管理人在日常履职过程中可以提前拟交重要事项方案而由法院批准可行,也可以随时呈批而由法院答复准许,还可以先行处置而由法院事后追认,但只要管理人遇到认为必须通过裁定的权威性、确定性、正式性以解决特定问题的,即可及时向合议庭递交裁定申请。

3. 裁定判项主要为确认性表态。扩展适用裁定并非意味着法官要破坏民事裁定的法定性,也并非授权法官能够任意为自己设定职权,扩展适用在当下具有现实诉求的根本原因在于现行企业破产法的内部程序规则不完善以及外部配套衔接机制不成熟,且掣肘其完善成熟的深层次原因还在于我国司法体系的职权主义较强,使司法权威性主要集中在法院一方,而难以完全覆盖作为管理人的社会中介机构。因此,实务中法院出面处理相关问题具有管理人无法比拟的优势。[2]扩展适用的情况主要针对管理人的特定履职内容,少量针对法院的指挥决策行为以及其他破产参与人的相关行为;扩展适用的直接目的是提升法院与管理人处理破产事务性工作的权威性,故法院在扩展适用裁定时就应尽量保持谦抑,主要进行确认性表态,以达到提高权威、彰显书证的效果即可。

(三)扩展适用的主要情形

破产审判实践中,受理法院可能根据案件情况扩展适用民事裁定,这些裁定的判项主要有以下三类:

1. 确认合法。这类裁定主要针对管理人特定履职行为或履职方案,或针对其他破产参与人的特定行为,法院通过实质审查这些行为的合法性、合理性、可行性、必要性等,进一步认可其法律依据及事实理由,并对其作出肯定性法律评价,最后在判项中确认相关行为合法或准许相关行为。例如,管理人关于重整投资人公开招募、开标及选定工作完成后,法院可以确认重整投资人选定程序合法。[3] 又如,在多家关联公司合并重整中,管理人基于履职便利需增刻印章,此时其可能需要借助法院裁定的

---

[1] 参见郑志斌、张婷:《公司重整:角色与规则》,北京大学出版社2013年版,第71页。

[2] 参见许德风:《破产法论——解释与功能比较的视角》,北京大学出版社2015年版,第247页。

[3] 参见正菱集团重整案,广西壮族自治区高级人民法院(2018)桂破1号民事裁定书、(2018)桂破1号之一民事裁定书。

权威性与正式性,以完成与刻章机构及相关金融机构的沟通衔接工作。[1] 此外,关于确认并追缴破产企业无效公章以及重刻公章的合法性等问题,也可以裁定方式解决。[2] 再如,债权人数量众多甚至达几千人的,送达相关裁判文书往往采取网上公布并可供原文下载的方式,但对于全体债权确认表与受偿金额分配表单,则可不予上网公示并仅由管理人提供个别查阅复制,法院可针对这一送达公示方式的合法性裁定确认。[3] 还如,为解决债务人的大量职工作为连带保证人所产生的社会问题,特定债权人与连带保证人达成和解并免除连带保证人清偿义务的,经管理人提请法院可以裁定确认双方和解的事实以及该债务免除行为的合法性,这一裁定不仅利于金融债权人处理内部审查机制,也利于衔接法院内部关于移除失信被执行人的措施。[4] 此外,为鼓励破产参与人积极探索并践行重整新模式,如针对破产企业的"烂尾"工程采取同时抢险、复工、投资、重整的新模式,[5] 或者对"烂尾"工程的垫资方给予共益债务的优先受偿地位,[6] 法院可以在管理人的申请下予以确认合法。

2. 确认事实。这类裁定主要针对能够影响破产程序推进的重要事实,法院可以通过听证、询问、座谈或依职权查清该重要事实,并在判项中确认该事实的基本情况,同时还可以直接在下一判项中衔接其他破产程序,或由管理人及其他利害关系人据此衔接其他破产事务或程序。例如,法院可以在裁定确认破产企业无账册的情况下,同时裁定保全破产企业名下全部财产,合议庭可据此交由执行部门顺利启动法院执行部门或相关金融机构、行政部门的财产查控系统。[7] 又如,为防止债务人财产受

---

〔1〕 参见正菱集团重整案,广西壮族自治区高级人民法院(2018)桂破1号之七民事裁定书。

〔2〕 参见"印象·刘三姐"运营公司重整案,广西壮族自治区高级人民法院(2017)桂破申1号之六民事裁定书。

〔3〕 参见正菱集团重整案,广西壮族自治区高级人民法院(2018)桂破1号之八民事裁定书。

〔4〕 参见正菱集团重整案,广西壮族自治区高级人民法院(2018)桂破1号之六民事裁定书。

〔5〕 参见阳鹿高速重整案,广西壮族自治区南宁市中级人民法院(2016)桂01民破8号之三、之六民事裁定书。

〔6〕 参见周光、陈柳兰:《简析以市场化法治化的思维开创破产企业走出困境的新模式——以舟山中恒置业有限公司破产清算案为视角》,载 http://www.pcglr.cn/showcase/show-663.html,2019年4月14日最后访问。

〔7〕 例如,在广西桂平市大成陶瓷有限公司破产案以及贵港市三江房地产投资有限公司破产案[(2018)桂08破3号、(2018)桂08破4号]中,公司完全没有账册与管理人员,清资核产存在严重困难,相关股东还涉嫌抽逃与侵占公司资本的情况,造成主办人与管理人对于破产企业及其股东的查资工作非常艰难,据此若通过裁定方式确认相关事实状态并对相关主体名下财产予以保全,则可以顺利衔接法院执行部门以及相关金融机构、行政部门的财产查控系统。

不当占用、侵占、损害，且便于管理人取回、追回或进行保管与经营，法院可以基于特定资产评估报告确认债务人的财产范围或财产现存事实，以对抗其他单位或个人的不当干预行为。[1] 再如，为保障重整投资人顺利完成股权过户，在重整计划的股权调整条件已成就的情况下，法院可以对相关事实予以裁定确认并认可股权结构的调整结果，以便于管理人与股权登记机构的对接工作。[2] 还如，重整计划执行完毕的，各方权利义务终获安定性与确定性，法院可以根据个案需要裁定确认执行完毕的事实。[3]

3. 确认无效。这类裁定主要是针对破产程序中管理人或其他破产参与人的特定行为施以否定性评价，以自始至终地否定该类行为的效力。由于无效事由往往涉及损害国家或公共利益、违反强制性法律法规等情形，法院应当依职权查清并宣告无效。据此，当破产程序中的相关主体行为涉及无效事由的，破产案件受理法院可以利用民事裁定的高效性与及时性，依职权主义在破产程序中直接确认无效，而无须利害关系人另行起诉立案。[4] 例如，管理人因误解、疏忽、渎职或被欺诈、胁迫等原因，违法向债权人个别清偿、不当处分债务人财产（破产财产）损害债权人利益、与原股东或重整投资人私下订约损害债权人利益等；又如，债权人会议因受不当操控作出决议损害大量小额债权人利益、损害公共利益、违反法律法规的，即使个别债权人不提出撤销之诉，法院也可以经管理人申请提示后，在查清事实的基础上裁定无效；再如，个别债权人、债务人、原股东、重整投资人之间私下订约或作出相关不当处分行为的，法院也可以经管理人申请提示后，依职权审查是否存在无效事由并针对特定行为确认无效。[5] 当然，法院在处理上述情形时仍应注意权衡裁定的效率性与实体判决的公正

---

〔1〕 参见正菱集团重整案，广西壮族自治区高级人民法院（2018）桂破1号之二民事裁定书。

〔2〕 例如，在桂林广维文华旅游文化产业有限公司重整案[（2017）桂破申1号]（以下简称"印象·刘三姐"运营公司重整案）中，法院可以对调整股权结构的条件与成就事实予以裁定确认，以便于管理人对接股权登记机构。又如，在广西阳鹿高速公路有限公司重整案[（2016）桂01民破8号]（以下简称阳鹿高速重整案）中，基于债务人已资不抵债具备破产原因，债务人股权已无财产价值，法院可以对股权之上的质押权裁定确认解除。

〔3〕 参见"印象·刘三姐"运营公司重整案，广西壮族自治区高级人民法院（2017）桂破申1号之九民事裁定书。

〔4〕 参见梁闽海、陈长灿：《论破产衍生诉讼的审判方式——以适度强化的职权主义审判方式为视角》，载《法学》2011年第2期。

〔5〕 参见广西壮族自治区高级人民法院（2017）桂民特1号民事裁定书。

性之间的关系,注意在个案中保护利害关系人提起衍生诉讼的权利。[1]

结 语

不得不承认,扩展适用民事裁定是一种较为激进的手段,其实质上是以解释论的角度在现有法规范内找到某种方法直接提升法院与管理人处理破产事务性工作的权威性。这一方法不以当事人辩论原则与处分原则为必要,而以职权主义为主要,法官可能在处理各类事实、实体以及事项时难以保持中立公正的姿态,甚至可能对正努力促成重整的企业"舐犊情深"。本质上,扩展适用裁定这一方法应该是趋向消亡的,其会随着破产法内部程序规则与外部配套衔接机制的完善成熟、管理人制度的发展健全而逐渐丧失功能,当然在这个过程中,其也会对相关制度发展起到提示与促进作用。总之,虽然扩展适用裁定经过实践检验在当下确有必要性,但法院对此仍应保持审慎与谦抑的态度,尽可能穷尽现有法律体系下的其他机制或其他沟通协调的方式方法,[2]而将扩展适用裁定作为最后一条路径,作为迫不得已的手段。

---

〔1〕 参见孙静波:《反思与进路:破产案件中的审判监督——以公正与效率的衡平为视角》,载《第三届中国破产法论坛论文集》,法律出版社 2010 年版,第 466 页。

〔2〕 例如,在广西金河矿业股份有限公司重整案[(2016)桂 12 民破 1 号]中,需要进行过户的股权之上仍设有质押登记,对此受理法院通过协助执行通知书的方式,要求登记机关注销质押登记,以协助管理人执行重整计划内容。

赴德国进行破产法律和强制执行制度研究专题培训报告

广西法院赴德国培训团*

应德国柏林应用科技大学国际事务部主任卡尔鲍夏特博士邀请，经最高人民法院批复同意，广西法院“德国破产法律和强制执行制度研究”培训团组于2019年8月25日至9月13日赴德国进行为期21天专题培训。

此次培训内容涵盖了德国的司法体系、德国破产与负债相关的法律条款、法庭结构和相关政府规范机构、德国的破产与债务咨询制度、德国民事执行制度等内容。

一、德国破产制度的基本情况及特点

德国破产制度肇始于1877年2月10日的《破产清算法》，至今已有一百余年。1935年2月26日《破产和解法》生效。1992年4月15日破产法的立法程序正式启动。1999年1月1日《破产法》生效。新的《破产法》从程序上优化《破产清算法》，并确立两个重要目标：一是采取措施解决破产财产贫乏的问题，以使尽可能多的破产案件得以有序处理。二是更好地协调清算和重整。《破产法》作为改革法，有以下几个重点：一是实现程序的统一。取消了《破产清算法》和《破产和解法》的分立，以统一的《破产法》建立一个统一的破产程序。二是强化针对破产财产的各项措施。例如，重新划分财团债务、吸收新取得财产、强化撤销权

---

* 执笔人：广西壮族自治区北海市中级人民法院副院长田少红。

等。三是致力促进重整。首次规定了转让型重整,完善了破产计划的相关规定。四是强化债权人自治机制。完善关于债权人委员会和债权人大会的规定,尤其在关于破产计划的系列规定中,更加突出债权人大会的权利。五是引入个人破产程序和余债免除制度。这是一个根本性的革新。

在学习培训过程中,团员们感觉德国破产法与我国的企业破产法有许多相似的地方,但在体系上更完备。和我国的破产制度相比较,德国的破产法主要有以下几方面特点:

1. 破产程序的多样性。德国的破产法程序主要有三类:普通破产程序、简易破产程序和特别破产程序。

(1)普通破产程序适用于一般的破产案件。

(2)简易破产程序适用于个人破产程序。法院可以裁定程序全部或部分以书面形式进行。没有破产管理人,而是由一名受托人履行职责。个人破产程序适用于没有也不曾从事独立经济活动的所有自然人。如果债务人以前从事过独立的经济活动,只要他的财产关系简单明了,且不存在针对他的、因劳动关系产生的请求权,也构成个人。债务人在提出破产申请之前,必须要事先进行过法庭外和解,争取取得一致性解决方案。债务人在提出破产申请时,要提供一个证明文件,证明债务人在提出破产申请前的最后 6 个月内,未能以某计划为基础同债权人就债务清理达成合意。该证明文件应由适格人员或机构出具,包括消费者中心、债务人咨询处或调解处、社保局以及律师、公证人、经济师、税务咨询师、法院执行官、调解人等。在培训过程中,我们曾数次参观过不同的此类机构,有专门的债务咨询公司,也有慈善性质的债务咨询机构,专门的咨询人员向我们详细介绍了债务咨询的基本情况、主要内容、咨询人的主要职责等。

(3)特别破产程序适用于对遗产、持续共同共有关系中的共有财产或配偶共同管理的共有财产进行破产的情形。此时,破产是为了实现限定于某特定财产(遗产或共有财产)上的财产责任。这是一种特别破产,适用于债权人只能对继承人或配偶的特定财产而不能对他们的个人财产实施执行的情况。根据德国民法典,继承人继受被继承人的法律地位,意味着继承人不仅要以继承的遗产对遗产债务负责,还要用他自己的全部其他财产负责。当继承人预期遗产不足以清偿遗产债权人,其可申请遗产破产程序。在该程序中,并不把债务人全部财产为其债权人变价,而仅把遗产作为遗产债权人变价。申请权利人既可以是继承人,也可以是遗产管理人、其他的遗产监护人、遗嘱执行人或者任何一位遗产债权人、遗产受让人。申请期限为自接受继承时起

2年。

2.破产启动原因的多样性。德国《破产法》规定破产启动原因主要有三点：一是支付不能，即债务人没有能力履行已到支付期限的义务。它适用于所有类型的债务人，属于一般性启动原因。当债务人停止支付时，便可认定为支付不能，以破产法院对破产申请作出裁判时作为判断节点。二是濒临支付不能，即债务人在现有支付义务到期时可能会无力履行，包括目前尚未到期的债务，也包括尚未成立却可预见的债务（如工资）。只有债务人能以此作为申请破产的原因，以防止债权人在破产前阶段用破产申请向债务人施加压力。这是在制定破产法时新增加的破产申请理由，目的：当破产本身已经清楚显现时，提前提供破产法这一工具，以让破产企业尽早离开市场，避免更大损失。因此，在此种情况下，债务人负有申请破产的强制义务，违反该义务的，要承担刑事责任，对于因此造成的损失，债务人要承担责任，同时还须补偿债权人的程序费用预付款或者自己支付预付款。三是资不抵债，即债务人的财产不再能够支付现存的债务。这一申请理由不适用于个人破产。判断企业是否资不抵债，要对其进行继续营业预测：调查债务人的继续经营意愿和企业中长期的生存能力。如果调查表明企业难以继续经营，则确认资不抵债；相反，则企业不属于资不抵债。

3.破产管理人的充分自主性。根据德国《破产法》的规定，破产法院任命的破产管理人，应当是适合个案情况，尤其是有商业经验，并独立于债权人和债务人的自然人。法人不能被任命为破产管理人。破产管理人是德国破产程序中的核心角色，其负责变价债务人的财产、确认需清偿的请求权及分配收益，其具体职责：在破产程序启动后立即占有并管理破产财产；在报告期日向债权人大会汇报债务人的经济状况及成因；报告期日后，只要债权人大会未作其他决议，破产管理人就应开始变价破产财产；对应付债权进行确认。德国的破产管理人具有很强的自主性，其无须征得破产法院的同意就可以采取经济上的重大措施，仅需尽到一个正常、严谨的破产管理人的注意义务。例如，选择具体变价方式时，管理人原则上完全自由，但必须保证以尽可能经济的方式变价破产财产。破产法院不能像适当履行自己的职责一样给管理人任何指示，只有在管理人违反正常履行职务的义务时才能监督。

4.破产法院职责的程序化。德国破产法院的职责首先在于创造程序框架，并通过破产管理人实施监管。破产法院的职责主要包括进行启动程序、监督破产管理人、组建债权人委员会、主持债权人大会等，还包括在特殊程序中承担职责，如破产计划的制订和监督、余债免除等。当破产程序启动后，程序将很大程度上由破产管理人掌控，比如，财产变价是管理人的职责，由管理人根据债权人大会的决议实施变价。德国破产法认为这是一个经济行为,不能成为破产法院的职责,法院也不具备这样的能力。

5. 强化债权人自治。强化债权人自治机制,是此次德国破产法立法的重点之一。不仅体现在关于债权人委员会和债权人大会及其职责的规定中,还体现在关于破产计划的系列规定中,从而使债权人得到更好的清偿。

债权人主要通过债权人大会协调利益,全体债权人、破产管理人和债务人都要参加大会。债权人大会由破产法院组织召开,大会原则上按简单多数作出决议,即按照债权确定多数。债权人大会的职责主要有:确认或替换破产法院任命的破产管理人、选举产生债权人委员会、在报告期日决定对债务人企业是停止营业还是暂时继续经营、委托破产管理人制订破产计划、企业整体的全部转让及关于重要诉讼的决定等。

6. 强化对破产财产的保护。首先,强化在破产申请审查期间对破产财产的保护。由于破产法院对破产原因的审查需要一定时间,此时存在一个风险,即债务人在此阶段随意处分其财产,设立会导致其状况进一步恶化的新债务,为了防止出现此类情况,破产法院可以采取措施,防止债务人的财产状况在对申请的决定作出之前发生任何不利于债权人的变化。此类决定由破产法院依职权作出,无须申请。具体而言,有以下几种保全措施:一是任命临时破产管理人制度。一般情况下,临时破产管理人只是破产法院的"前方观察员"和债务人的"咨询员",不具有对债务人财产的处分权,仅承担破产法院明确规定的义务,没有自主的处分权,多数情况下只有否决权,故被称为"弱"临时破产管理人。特殊情况下,破产法院也可以规定债务人的一般性处分禁止,把对债务人财产的管理权和处分权转移到临时管理人身上,此时,其被称为"强"临时破产管理人。二是规定一般性处分禁止。禁止债务人处分财产,否则其处分行为绝对无效。针对的是法院决定颁布时的可用财产。一般性处分禁止原则上必须与临时破产管理人的任命相结合,由临时破产管理人取代债务人拥有处分权。三是规定执行禁止。破产法院可以拒绝或暂时停止对债务人的强制执行措施,以防止个别债权人在启动程序期间还通过强制执行的方式获得清偿,或至少获得对属于债务人财产的标的物的权利,或收走企业临时继续经营所需要的标的物。但是执行禁止令不适用于不动产,只适用于动产、债权和其他财产权利。在启动程序期间所实施的强制执行措施均直接无效。四是其他措施。破产法院可以单独或附加规定其他措施,比如,设立临时债权人委员会;设立许可保留条款,即规定债务人处分须经临时破产管理人同意才有效;冻结或查封标的物;禁止债务人向别除债权人交出某些标的;在紧急情况下,强制债务人出庭等。其次,强化撤销权。德国《破产法》规定:"破产程序启动前作出的,对破产债权人不利的法律行为"可撤销。在此,法律行为既包括积极作为,也包括消极不作为。法律行为既可以是债务人作出的,也可以是第三人做出的。撤销权的行使主要有两个条件:(1)此类法律行为必须是破产程序启动前实施的。(2)可撤销的法律行为客观上给债权人带来不利,即使债务整体增加或使资产整体减少,并因而使对债务人财产的执行被破坏、增加难度或拖延。

7.强化破产刑事责任。在德国,破产刑法是破产法规则的补充,目的在于维护全体债权人利益,保全破产财产,以实现破产程序的目标——对债权人的请求权进行有序和同等清偿。破产刑法区分狭义破产犯罪和广义破产犯罪。狭义破产犯罪以破产债务人的实体破产为前提,包括缩减未来的破产财产、不严肃地增加负债、违反财务报表义务、偏待债权人、迟延破产等。广义破产犯罪包括所有与即将开始或已经开始的破产相关的损害债权人、国家或第三人利益的一般性犯罪行为,如诈骗、信贷诈骗、背信行为、侵吞和不诚管理劳动报酬等。

二、德国执行制度的基本情况

德国是大陆法系国家,没有制定独立的强制执行法,其执行制度的设置是比较完善的,实行严格的"审执分立"制度,德国在强制执行工作方面拥有成熟的经验和举措。

1.德国的执行机构。包括:执行法院、法院执行官、诉讼法院、土地登记所。

(1)执行法院:德国只有基层的初级法院设置执行机关,因此执行法院均为初级法院。执行法院的职责由两部分组成:一是做出关于执行行为的命令以及对执行行为的协助;二是实施民事执行行为。根据案件性质不同,受理的执行法院也不同。不动产的执行由不动产所在地初级法院管辖,其他债权的执行由债务人审判管辖所在地初级法院管辖。

(2)法院执行官:执行官不是法官,而是隶属于司法服务机构的国家公务员,其执行行为是行政职能而不是司法职能,权力来源于债权人或国家的授权。其职责是扣押动产、强制交付、送达和接受代宣誓保证。执行官与需经系统的法律教育、严格的培训考核的法官不同,执行官法律职业要求要低一些,执行官入职条件是高中毕业后接受18个月的法律培训。执行官在执行中采取何种执行措施、何时行动,独立决定,不接受法院指令,但其执行行为的合法性受法院监督。两者关系体现:一是当事人针对执行措施的异议和抗议,由法官作出裁判;二是对被执行人的搜查和民事逮捕,由法官签发命令;三是执行行为违法的,法院对执行官发出警告或解除职务令。

(3)诉讼法院是指一审法院。其职责:一是如果债务人不履行义务,法院可判令由第三人代为履行,由债务人承担该项费用。二是与义务人身份有关且不能由第三人代替的作为,如果债务人不履行,诉讼法院宣告对义务人罚款、强制拘留。

(4)土地登记所办理不动产登记事务,包括强制抵押权登记、抵押权扣押登记、对物上负担、土地债权的登记事务。国内有资料称,德国的土地登记所属于初等法院的一个组成部分,但实地考察了解到,土地登记所并非法院的执行机构,而是州政府的职能部门。

2. 执行程序。在德国,执行程序只能因债权人的申请而开始,不能依职权进行,否则视为侵犯当事人的自由处分权。德国的立法机构认为,执行机关的职务就是执行,无须审查执行文书有无执行力。债权人在申请执行时,只要提出执行文书正本,就可启动执行程序。按照债权执行性质的不同,可将执行措施分为对金钱债权的强制执行措施与对非金钱债权的强制执行。

3. 德国强制执行中查明债务人财产的有效途径。在德国的强制执行中,为便于查明债务人的财产状况,有两项制度发挥着配套作用,即"代宣誓"保证制度和"债务人名簿"制度。"代宣誓"保证制度是指在债务人的财产不足以清偿全部债权,或债务人宣称无力清偿债权时,债权人可以向执行官申请,要求传唤债务人期日举行代宣誓保证,债务人对指定期日不到场,或无理由拒绝举行代宣誓保证的债务人,法院可命令对其拘留以强制举行。德国是一个信誉比较发达的国家,诚信已成为社会普遍尊崇的公德;德国法律对那些在"代宣誓"中作虚假陈述或无充分理由拒绝进行"代宣誓"的债务人将予以比较严厉的制裁,因此代宣誓保证非常有效。"债务人名簿"制度债务人名簿登载的信息包括:一是债务人关于自己财产情况的说明,并保证说明的完整性和正确性。二是债务人代宣誓的保证,亦即说明自己已经无财产履行债务。三是债务人被司法拘留的记录。债务人的代宣誓保证与财产申报内容一起被记载到债务人名簿,供人查阅。债务人一旦被记录到债务人名簿中,要保留3年。如果债务人不想让更多的人了解其财产信息,必须想办法还债。

三、德国破产制度给我们的启示

我国和德国同属大陆法系,在破产制度方面,有许多相似相通之处。德国的破产制度源于19世纪,发展至今已经上百年,经过如此长时间的实践、总结、完善,德国的破产制度相对比较完备。而我国的破产立法起步晚,1986年12月2日《企业破产法(试行)》公布,1988年11月1日起施行。2007年6月1日新修订的《企业破产法》施行。破产审判更是近几年才如火如荼地发展起来。以北海市中级人民法院为例,从《企业破产法》实施至2015年20余年时间,该院总共受理了2件破产案件。从2016年至今,短短3年该院受理的破产案件超过50件。破产案件的激增,再加上破产专业审判法官的缺乏、破产管理人的不专业、破产制度的不完善、对破产制度的社会评价保守、整个社会相关制度的不健全等因素叠加,导致破产审判难度加大,因此,团员们更觉得此次培训学习意义重大,带着困惑、问题,学习体会更深刻。学习期间,团员们进行了充分、激烈地讨论,提出了不少有建设性的意见和看法:

1. 建立个人破产制度。近年来,对建立个人破产制度的呼声渐高。2019年9月初温州市中级人民法院发布全国首个具有个人破产制度功能的《关于个人债务集中清理的实施意见》,虽然该意见没有使用"个人破产"一词,但意见中有许多类似的表述,这是在现有法律框架内依法开展的一次积极有意义的探索。从理论上说,个人偿债不能,不仅会给自己带来许多不利后果,如精神抑郁、家庭不和谐;还会造成很多不良社会后果,如给社会保险的压力、违法犯罪的危险增大等,因此建立个人破产制度是必要的,通过适当债务清理,使债务人能够重新开始。正如温州市中级人民法院所说的"为'诚信而不幸'"的债务人获得重生创造机会。同时,我们也应当看到,个人破产制度不是单单依靠设立一个个人破产法律规范所能完成的。德国柏林地区一年约有2万人申请个人破产。德国的个人破产程序之所以成功运行,是多方面因素促成的:一是国家实行一系列措施使个人破产人的生活得到最低保障。例如,设立最低生活保障银行账户。此外,社会各机构也会积极配合,为破产人提供有用信息,帮助其了解个人破产的流程、利弊、债权人债务人的权利义务、德国信用记录体制、免除剩余债务的条件等。这些措施无疑增加债务人的还款主动性。二是德国民法典、社会保障制度规定中制定相关配套规定,弥补破产法的不足。三是建立完善的操作和监督机制。例如,由专业的破产清算师对破产人的资产进行管理,制订合理的债务清偿计划,使债权人和债务人双方的利益实现最大化的调和。因此,如何在我国建立个人破产制度,仍需要进一步的探索和思考。例如,如何甄别恶意逃废债务的行为、如何对债务人进行监督等。这不单纯是立法问题,还涉及相关政府部门的配合和相关机制的完善。

2. 进一步厘清法院与破产管理人的职责范围。我国《企业破产法》第25条规定了管理人的职责。但在实践中,往往出现两个极端:有些管理人不愿承担责任,大事小事都向法院报告,希望法院出面解决;有些管理人则试图利用法律漏洞,谋求不正当利益。德国《破产法》对破产法院和破产管理人的职责规定是非常明晰的:破产法院主要负责程序方面事情及监督破产管理人,例如,是否受理破产申请、选任破产管理人、组建债权人委员会、主持债权人大会等,许多程序性的事务完全是由破产法院的司法助理人完成。因此,我们建议,一方面,应进一步明确法院的职责主要限于程序性事务及监督破产管理人。法院应当支持和保障管理人依法履行职责,但不得代替管理人作出本应由管理人自己作出的决定。另一方面,应明确管理人失职的责任。我国《企业破产法》仅在第27条规定,管理人应当勤勉尽责,忠实执行职务。此为倡导性条款,并未明确管理人如果不忠实履职,应承担何种责任。随着破产案件的激增,破产管理人的能力和素质成为影响破产审判的重要因素。破产管理人是破产程序的主要推动者和破产事务的具体执行者,为了更好地督促管理人尽职尽责,应在《企业破产法》中补充规定管理人失职时所应承担的责任,包括赔偿责任方式、范围等。

3. 加强对破产财产的保护措施。根据我国《企业破产法》第10条、第11条及第12条关于受理破产案件的规定,法院受理破产案件一般在15日内裁定是否受理,如果遇到一方当事人提出异议,或对一审裁定不服提起上诉,那么法院受理破产案件的时间会更长。在这段期间内,如果债务人恶意处分财产,债权人的利益将无法得到有效保护。虽然我国《企业破产法》规定了撤销权制度,但只是事后的救济手段,不仅增加了债权人的维权负担,而且常常不能及时挽回债权人的损失。同时,如果某个法院在破产受理前抢先强制执行,使某一个或某几个债权人得到清偿,违反了公平清偿的原则,而受理破产案件的法院对此是无能为力的。德国《破产法》针对此种情形,规定了专门的保护措施,包括任命临时破产管理人、发布一般性处分禁止、执行禁止等。这是我国《破产企业法》的一个疏漏,建议对此进行修改完善。

4. 增加破产相关的刑事规范。目前,我国尚无专门针对破产犯罪的立法。在破产审判中,经常会碰到债务人不积极配合的情形,例如,债务人的法定代表人或高管不及时提交财务报表、不如实陈述与公司相关的重大事项等,最高人民法院的相关批复规定,债务人的有关人员不依据《企业破产法》第11条第2款的规定向人民法院提交财产状况说明、债权债务清册等相关材料,人民法院可依据有关法律规定追究其相应法律责任;其行为导致无法清算或造成损失,有关权利人起诉请求其承担相应民事责任的,人民法院应依法支持。但按照此批复,债务人的有关人员有上述行为,承担何种责任并不清楚,实践中很难适用。而且只有在债务人的有关人员上述行为导致无法清算或造成损失时,债务人才承担相应的民事责任。但在实践中大量存在的由于债务人的有关人员上述行为导致破产审理进展缓慢的情形,我国《企业破产法》尚无明确规定。德国《破产法》规定，破产法院受理破产申请后，债务人须全面、正确地公布财产状况，并应宣誓保证其准确性，否则其应承担刑事责任。相对于民事责任，刑事责任的承担更具有威慑力，在我国目前法治环境尚有待提升、社会诚信体系没有健全的情况下，破产刑事立法更具有现实意义。

5. 加大对破产法的宣传，引导对破产制度的正面评价。德国教授提到破产法的重要性时说，破产制度是经济正常发展的需要，能改善经济参与者的竞争能力，引导经济向好的方向发展。这是对破产制度正面、积极的评价。由于我国破产制度建立时间不长，实际运作的时间更短，社会上提起破产，都是负面的认识，债务人不愿意申请破产，政府许多领导认为破产不好，不重视不支持法院的破产审判工作。这种传统的旧识在一定程度上制约了破产制度的发展。因此，应加大对破产制度的宣传，从破产立法目的开始，就应该赋予其积极的意义，为破产制度的发展营造良好氛围。任何一项制度的健康发展，不仅要有完善的法律、良好的司法，更需要建立健全整个社会相关配套制度的。

四、德国执行制度给我们的启示

在德国，债权人在强制执行中处于主导地位，决定执行程序的开始，并可以决定执行债务人的哪些财产。我国实行的是债权人申请执行与审判机构移交执行相结合的执行机制。我国目前的强制执行须先启动执行程序，告知债务人强制执行已开始，这种程序有时会导致债务人转移财产，给执行带来困难，增加申请债权人实现债权的风险。

在执行机关上，德国的执行法院、执行官均为执行机关，实行严格的“审执分立”制度，根据执行案件的性质、复杂程度决定二者间的分工。执行官属国家公务员，在执行中享有使用强制执行力的权力。我国各级法院均设置执行机构，且上级法院对下级法院的执行实施监督，未有效区分执行的裁判权与执行的实施权，执行的裁判权与执行的实施权均在同级法院，机构设置不合理，既执又裁，还未实现严格的审执分离，也是“执行难”“执行乱”的成因。

德国的司法执行官制度对我国现阶段的执行体制改革有一定的积极借鉴作用，司法执行官作为国家公务员所行使的执行行为具有行政性质，不由法院来管辖，这样执行行为与审判行为实现了事实上的分离，很好地避免了权力交叉，实现了权力分权、权力制衡，使司法公正得到保证。

德国的债务人名簿制度也是督促债务人履行债务的有效措施之一，执行法院设置债务人名簿,记录该辖区内举行过代宣誓的保证人和曾被依法拘留的债务人。因债务人的利害关系人可对名簿进行查询,使债务人的信誉受到负面影响,以至于债务人在社会经济活动中能力受限制。该制度利用信誉压力迫使债务人履行债务,是值得我国借鉴的有益经验,我国法院应建立债务人名簿制度,赋予债务人特定义务,对其民事行为、生活消费进行限制,防止有履行能力的债务人逃避债务。

此次培训的时间虽然不长,对德国破产制度和强制执行制度的了解也有许多不到之处,但我们学习到许多新理念新观点,极大拓展了我们的视野。任何国家的法律制度都不是封闭的,不同法律制度之间相互影响、相互作用、相互借鉴是必然也是必要的。为此,我们应该在立足我国国情和司法现状的基础上,认真研究借鉴域外法治成果,不断完善中国特色社会主义的法律体系。同时,我们也应该坚定"四个自信",虽然目前中国的破产审判工作和强制执行工作中还存在许多不完善之处,我们相信,经过努力,我国的破产制度和执行制度一定会不断完善发展,为世界法治建设贡献中国智慧。

广西自贸区民商事纠纷多元解决机制建构设想

张晓伶*

自贸区建设离不开法治保驾护航，法治建设是自贸区建设的题中之义。国务院印发的《中国（广西）自由贸易试验区总体方案》，在保障建设中明确提出“要加强地方立法，建立公正透明、体系完备的法治环境”。2018年1月23日，中央全面深化改革领导小组会议审议并通过的《关于建立“一带一路”国际商事争端解决机制和机构的意见》，要求要深入贯彻党的十九大和十九届二中、三中全会精神，以习近平新时代中国特色社会主义思想为指导，积极促进“一带一路”国际合作，依法妥善化解商事争端，营造公平公正的营商环境，为实行高水平贸易和投资自由化便利化政策、推动建设开放型世界经济提供更加有力的司法服务和保障。最高人民法院发布的《关于为自由贸易试验区建设提供司法保障的意见》，亦鼓励运用仲裁、调解、审判等多元化解机制解决涉及自贸试验区民商事纠纷。

目前，广西的仲裁机构按地级市行政区域设置，知名度和竞争力不足，在仲裁机制、服务理念、专家人才等方面与全国一流水平仍有较大差距；人民调解委员会、行业调解组织等参与化解民商事纠纷的参与度不够；法院的专业审判机构设置不完善，诉调对接、诉讼支持仲裁等“一站式”纠纷解决机制刚起步，面临诸多困难和挑战。立足广西商事纠纷解决机制建设现状，围绕广西自贸区建设的战略定位和发展目标，

---

* 广西壮族自治区高级人民法院刑二庭庭长。

依据公正、高效、便利原则，这里对广西自贸区商事纠纷多元解决机制建设谈谈些许观点。

一、完善广西仲裁机制，提高自贸区营商环境的国际竞争力

仲裁由当事人自愿选择，不受地域管辖和级别管辖的限制，一局终裁，便利快捷，保密性强，是国际贸易纠纷中被普遍承认和广泛采用的争端解决机制，是保障经济发展和优化营商环境的重要支持力量。广西仲裁事业发展的当务之急是建立和完善仲裁机构设置和仲裁机制，提供优质的仲裁服务，展示广西仲裁解决纠纷的能力，树立广西仲裁解决纠纷的新形象。

（一）打破地域限制，激发广西仲裁机构的竞争活力

积极推行“走出去，迎进来”战略，打破地域限制设立仲裁机构，一方面让广西的仲裁机构走出去，鼓励广西仲裁机构到东盟国家设立仲裁中心或联络处，以提升广西仲裁在全国乃至全世界的知名度和影响力。如北海仲裁机构率先于 2019 年 8 月 8 日在新加坡设立了“北海亚洲国际仲裁中心”。另一方面邀请国内外有较高知名度或专业更突出的仲裁机构到广西设立分会，如中国国际经济贸易仲裁委员会、中国海事仲裁委员会等，健全广西仲裁机构，增强竞争原动力，让企业或投资人在广西仲裁有更多的选择，把纠纷解决在广西。

（二）凝聚广西仲裁力量，设立广西自贸区国际商事仲裁中心

广西各地市仲裁机构中，挂有国际仲裁院的有钦州仲裁的钦州国际商事仲裁院和北海仲裁的北海国际仲裁院、中国东盟（北海）海事仲裁中心，力量分散，影响力低，在国际仲裁中作用发挥有限。南宁作为首府城市，但在自贸区范围内没有国际仲裁，不能适应自贸区仲裁发展的需求。借鉴上海、广东、福建、天津等自贸区建设的成功经验，有必要整合广西仲裁资源，在广西自贸区设立国际商事仲裁中心。

（三）创新和完善仲裁制度，打造广西仲裁核心竞争力

仲裁规则是仲裁的核心竞争力。一方面可借鉴和吸收上海自贸区仲裁规则的创新成果，设立仲裁临时措施制度、紧急仲裁制度、开放仲裁员名册、合并仲裁、小额争议程序等，建立灵活开放的仲裁规则，简化程序，优质高效解决纠纷。另一方面从广西实际出发，加强宣传和引导，提升仲裁服务水平，把仲裁服务机构开设到边境，加强与越南等周边国家仲裁合作，开展联合仲裁，优先拓展边贸仲裁；吸纳海内外优秀仲裁员，重点发展海事、物流、金融、知识产权保护等重点领域仲裁，加强与香港、新加坡等地仲裁机构的交流合作；建设和培育东盟国家及其政策和法律事务研究专家库，为商

事纠纷解决提供智力支撑。

（四）健全和完善仲裁监督机制，树立广西仲裁公信力

强化仲裁员准入和退出管理机制，提高仲裁队伍的整体素质。健全仲裁员信息披露制度、回避制度、职业惩戒和责任追究制度。同时，可借鉴山东经验，成立广西仲裁发展促进会，引领仲裁行业的自律与规范，促使仲裁员严格遵守职业道德和职业操守，增强广西仲裁的公信力。

二、建立"一站式"多元化纠纷解决平台，降低自贸区投资者的维权成本

（一）建立自贸区民商事案件专业审判庭或自贸区法庭，提升专业化审判水平

一方面，法院受理的民商事案件多、增长快，案件立案后排期周期长即等待开庭审判的时间较长，是困扰法院诉讼化解纠纷的一个较为突出的问题，如把自贸区民商事案件与其他普通民商事案件一并排期，则诉讼效率难以提高。另一方面，专业性审判有利于纠纷解决的提质增效。因此，有必要在南宁、钦州、崇左市中级人民法院内设立自贸区案件审判庭，条件允许的情况下还可在该三市自贸区域范围内设立自贸区法庭，专门审理涉自贸区的民商事案件，提高诉讼的便利性和权威性。

（二）完善诉讼与仲裁、调解的对接机制，促进纠纷的多元化解决

一是开展诉前调解，聘请专家委员，扩大专家委员成员构成，邀请商事、贸易、法律等方面的知名专家学者、企业家、律师、行业组织等参与调解，提高调解成功率；调解不成的，可引导当事人达成新的仲裁协议，选择仲裁方式解决纠纷，实现案件的有效分流，分解法院办案压力，加速纠纷解决；同时把调解贯穿审判全过程；对于事实简单、法律关系明确的，适用简易程序审理。二是完善法院对仲裁申请的财产保全、证据保全等快速审查和确认制度，缩短审查期限，在法律规定范围和幅度内的申请，原则上予以支持。三是完善仲裁裁决申请执行审查机制和国际商事仲裁、裁判审查执行机制。规范、统一审查标准，推行案例指导，重点完善法院裁定撤销仲裁裁决或裁定不予执行仲裁裁决的衔接机制。根据国际条约和推定互惠原则，依法相互承认和执行东盟各国的民商事裁判。在《承认及执行外国仲裁裁决公约》下，探索诉讼向仲裁的转化制度，将法院裁判转化为仲裁裁决，增强中国裁判在世界范围内的认可度。

纷繁复杂的社会关系需要多元化纠纷解决方式。在纠纷化解方式选择中，柔性的仲裁、调解等与刚性的司法审判相辅相成，刚柔并济，共同构成了化解现代民商事纠纷的法治方式。纠纷的及时有效化解，必将节约民商事活动成本，营造公平正义的法治环境，有利于促进广西自贸区良性健康发展。

实务研究

以事实要件为中心审查认定黑社会性质组织犯罪案件证据的方法

——基于广西法院审判实践的几点思考

陆洪鸣*

2018年1月中央部署开展扫黑除恶专项斗争以来，广西法院认真履行审判职责，依法审判了一批黑恶势力犯罪案件，其中包括一些重大、疑难、复杂的黑社会性质组织案件。黑社会性质组织犯罪是黑恶势力犯罪中的重点打击对象，各种疑难证据问题主要集中于黑社会性质组织犯罪案件中，如果将黑社会性质组织犯罪案件的证据审查把握好了，那么相对简单的恶势力犯罪案件的证据问题也就迎刃而解。

近年来，立法机关和司法机关不断通过立法解释、司法解释、会议纪要等规范性法律文件或审判参考对黑社会性质组织的"四个特征"进行完善和细化，但由于阐述认定标准时引入了大量过于抽象的"非法学专业"概念，以致在实务中组织性质的认定问题上仍存在模糊区间。具体而言，人民法院在办理黑社会性质组织犯罪案件面临的主要问题是，认定黑社会性质组织主要根据《刑法》第294条规定的四个特征，应当收集哪些证据来认定四个特征，证据标准如何，公、检、法机关往往思想不统一，认识存在分歧，客观上影响了打击效果，不利于提高审判的质量和效率。

---

* 广西壮族自治区高级人民法院刑一庭庭长。

因此，笔者在总结广西法院审判实践经验的基础上，就人民法院办理黑社会性质组织犯罪案件如何审查认定证据，谈谈自己的几点思考。

一、通过归纳事实要件统一黑社会性质组织四个特征的认定标准

因黑社会性质组织四个特征的表述有一定的不确定性，为解决思想认识上的分歧，提高办案的质量效率，近年来，广西建立刑事大要案管理制度、完善公检法机关协调配合机制、实行相对集中管辖等保障制度，更重要的是从证据角度统一了证据收集、固定、审查的标准。自2015年12月最高人民法院在广西北海召开全国部分法院审理黑社会性质组织犯罪案件座谈会后，我们就开始着手进行研究。2017年广西壮族自治区高级人民法院起草了《办理黑社会性质组织犯罪案件收集、固定、审查证据的规定（试行）》，经过多次征求意见、会商、修改，最终自治区公检法机关会签施行，就是为了在司法实践中更好地把握黑社会性质组织的“四个特征”。从广西法院的审判实践来看，效果是好的。2018年中央部署扫黑除恶专项斗争后，全区公安机关侦查、检察机关起诉涉黑案件26件，法院不认定为黑社会性质组织的案件只有1件，没有出现“拔高”“降格”情况，说明广西公检法机关在依法认定黑社会性质组织上是比较准确和一致的。

（一）统一认定标准的基本思路

辩证唯物主义认为，在复杂事物的发展过程中，有许多矛盾存在，其中必有一种是主要矛盾，由于它的存在和发展规定影响着其他矛盾的存在和发展。

按照这一原理，笔者的基本思路是，把黑社会性质组织的四个特征分为三个层级进行综合分析和逻辑推理。

首先，把每一个特征分解、量化为若干个关键的“事实要件”，公、检、法机关在办案中按照《刑事诉讼法》第50条第2款规定的八种证据种类，围绕每个“事实要件”去全面搜集、固定、审查证据。

其次，对每一个特征中的每个“事实要件”进行逻辑分析与综合归纳，通过对相关“事实要件”进行判定，分析认定该犯罪组织是否具备了其中的某一个特征或几个特征。

最后，对全案进行综合分析判断，审查该犯罪组织是否已经具备了每一个“事实要件”以及对应的四个特征，从而达到准确认定黑社会性质组织的目的。

（二）统一认定标准的解决办法

在司法实践中，应当注意把握以下四点：

1. 紧扣法定标准。黑社会性质组织“四个特征”中的每一特征由若干“事实要件”构成。认定黑社会性质组织,必须同时具备《刑法》第294条第5款规定的“四个特征”及其每一个特征的“事实要件”。每一个特征中的若干“事实要件”源于《刑法》、2009年最高人民法院、最高人民检察院、公安部《办理黑社会性质组织犯罪案件座谈会纪要》(以下简称《2009年纪要》)、2015年《全国部分法院审理黑社会性质组织犯罪案件工作座谈会纪要》(以下简称《2015年纪要》)和2018年最高人民法院、最高人民检察院、公安部、司法部《关于办理黑恶势力犯罪案件若干问题的指导意见》(以下简称《2018年指导意见》)。

2. 全面收集证据。认定黑社会性质组织的“四个特征”(组织特征、经济特征、行为特征、非法控制特征)必须全面收集、固定、审查证据。

3. 坚持证据裁判。认定黑社会性质组织的每一个特征及其“事实要件”应当坚持《刑事诉讼法》第53条第2款规定的“证据确实、充分”的法定证明标准,即定罪量刑的事实都有证据证明;据以定案的证据均经法定程序查证属实;综合全案证据,对所认定事实已排除合理怀疑。

4. 把握本质特征。《刑事审判参考》第625号案例(王平等组织、领导、参加黑社会性质组织案——如何认定黑社会性质组织罪的经济特征)在阐述裁判理由时指出:“黑社会性质组织攫取经济利益、扩充经济实力并不是其实施违法犯罪活动的终极目标,而只是其非法控制社会的一个必要步骤。司法实践中,许多黑社会性质组织的经济特征并不是十分典型。因此,在认定方法上要特别注意以‘非法控制特征’为核心,用辩证的、联系的观点分析‘四个特征’的内在联系。”〔1〕

笔者认为,综合分析相关法律、司法解释和政策性文件的规定,黑社会性质组织的特征包括组织结构、存续时间与规模、帮规戒律、主观明知四个事实要件;经济特征包括违法犯罪获利、获利用于违法犯罪、经济实力三个事实要件;行为特征包括暴力、威胁或其他手段、组织行为、手段多样、多种罪名多次犯罪四个事实要件;危害性特征(非法控制特征)包括区域或行业、非法控制或重大影响两个事实要件。以上13个事实要件如表1所示:

---

〔1〕 苏敏:《王平等组织、领导、参加黑社会性质组织案——如何认定黑社会性质组织罪的经济特征》,载《刑事审判参考》2010年第3集(总第74集),法律出版社2010年版。

表 1　黑社会性质组织 13 个事实要件一览表

序号	事实要件	关键词
1	具有较为稳定的组织结构，并有比较明确的层级和职责分工	组织结构
2	具有一定的存在、发展的时间及规模	存续时间与规模
3	具有一定的组织纪律、活动规约	帮规戒律
4	参与者主观明知	主观明知
5	有组织地通过违法犯罪或者其他手段获取经济利益	违法犯罪获利
6	所获经济利益用于犯罪组织或组织犯罪活动所需	获利用于违法犯罪
7	具备一定的经济实力	经济实力
8	违法犯罪手段具有暴力、威胁性	暴力、威胁或其他手段
9	违法犯罪活动具有组织性	组织行为
10	违法犯罪手段具有多样性	手段多样
11	违法犯罪活动具有多次性	多种罪名多次犯罪
12	在一定区域或者行业内	区域或行业
13	形成非法控制或重大影响	非法控制或重大影响

二、按照事实要件认定黑社会性质组织四个特征的证据审查判断方法

(一)关于组织特征四个事实要件的证据审查

1. 组织结构。黑社会性质组织具有较为稳定的组织结构，并有比较明确的层级和职责分工。组织结构的稳定性主要通过人员是否较为稳定，是否有比较明确的层级，是否存在、发展了一定时间综合判定。[1]

认定黑社会性质组织结构的主要证据：

(1)反映黑社会性质组织的特定旗帜、标识、文身、鞋帽、服装、工具等物证；

(2)黑社会性质组织举行特定仪式、进行相关活动、召开有关会议的记录，组织

〔1〕 参见涂俊峰、李磊：《黑社会性质组织犯罪的认定与证据分析》，载《人民司法》(案例)2018 年第 26 期。

者、领导者或积极参加者发出的指令,内部机构设置、职能分工文件,组织成员名册、招募成员的协议和条件、领取工资或报酬的清单,各项任命、委托、聘用的文件等书证;

(3)知情人关于黑社会性质组织的犯罪动机、目的和宗旨的证言,关于黑社会性质组织发起、成立、发展、演化过程的证言,关于密谋、聚会、纠集、网罗、训练的组织成员证言,关于相应时间、地点和参加人员的证言,关于黑社会性质组织结构、层级、隶属关系和职责分工的证言,关于黑社会性质组织非法聚集、密谋的窝点,从事非法经营、开展犯罪活动的场所的证言,关于犯罪工具、赃款赃物、聚敛财产过程的证言等;

(4)被害人受到殴打或暴力威胁的原因、后果和经过的陈述,被害人亲属、其他证人关于上述情况的证言;

(5)各被告人关于黑社会性质组织的犯罪动机、目的和宗旨的供述,关于黑社会性质组织发起、成立、发展、演化过程的供述,关于密谋、聚会、纠集、网罗、训练组织成员的供述,关于相应时间、地点和参加人员的供述,关于黑社会性质组织结构、层级、隶属关系和职责分工的供述,关于黑社会性质组织非法聚集、密谋的窝点,从事非法经营、开展犯罪活动的场所供述,关于犯罪工具、赃款赃物、聚敛财产过程的供述等;

(6)被告人授意、指使、实施暴力导致被害人伤亡的被害人尸检报告、活体伤情鉴定、生物物证鉴定意见、医疗机构的诊断证明、死亡通知书和病历等;

(7)对黑社会性质组织的犯罪窝点、活动地点、经营场所等现场的勘验、检查笔录,各被告人之间的辨认笔录、被害人、被害人亲属、有关证人对被告人的辨认笔录,侦查机关进行必要侦查实验的笔录等;

(8)反映相关会议、违法犯罪活动的图片、图像等视听资料和QQ、微信、电脑硬盘、手机通信等电子证据。

2. 存续时间与规模。黑社会性质组织具有一定的存在、发展的时间及规模。

黑社会性质组织存续时间的起点,可以根据涉案犯罪组织举行成立仪式或者进行类似活动的时间来认定。没有前述活动的,可以根据足以反映其初步形成核心利益或强势地位的重大事件发生时间进行审查判断。没有明显标志性事件的,也可以根据涉案犯罪组织为维护、扩大组织势力、实力、影响、经济基础或按照组织惯例、纪律、活动规约而首次实施有组织的犯罪活动的时间进行审查判断。

认定黑社会性质组织存续时间与规模的主要证据:

(1)强占、购买、租赁的相关车辆、工具、场所、设施、房屋、企业等物证;

(2)举行成立仪式或者进行类似活动的通知、请柬、标语,强占、购买、租赁相关车

辆、工具、场所、设施、房屋的合同、书面单据和产权凭证,参加上述活动或标志性事件人员的住宿票、车票、餐票等书证;

(3)知情者关于黑社会性质组织发起、成立、发展、演化过程及相应时间、地点和参加人员的证言;

(4)了解上述情况的被害人陈述;

(5)各犯罪嫌疑人、被告人关于上述活动的供述;

(6)相关财物的价格鉴定意见、企业经营状况和企业资产的评估报告等;

(7)对上述活动场所的现场勘验、检查、辨认笔录;

(8)举行成立仪式或者进行类似活动的图片、图像等视听资料,存储、记录上述活动的 QQ、微信、电脑硬盘、手机通信等电子数据。

3. 帮规戒律。黑社会性质组织一般都具有一定的组织纪律、活动规约,包括成文或不成文的规定、约定。

认定黑社会性质组织帮规戒律的主要证据:

(1)反映帮规戒律的文件等书证;

(2)知情者的证人证言;

(3)了解上述情况的被害人陈述;

(4)各犯罪嫌疑人、被告人关于帮规戒律的供述;

(5)知情者、各犯罪嫌疑人、被告人对帮规戒律等书证的辨认笔录;

(6)存储、记录帮规戒律的图片、图像等视听资料和 QQ、微信、电脑硬盘、手机通信等电子证据。

4. 主观明知。黑社会性质组织参与者主观应当明知,但并不要求其主观上认为自己参加的是黑社会性质组织,只要其知道或者应当知道该组织具有一定规模,且是以实施违法犯罪为主要活动的即可。

判断被告人对参加黑社会性质组织是否明知,不能仅凭被告人供述,而应当依据被告人参与违法犯罪行为的过程和方式、同案人的供述、相关被害人和证人的证言等证据,结合被告人的年龄、阅历、智力等情况,进行综合分析判断。

认定黑社会性质组织的参与者主观明知的主要证据:

(1)黑社会性质组织名册、经营场所或经营企业名单等书证;

(2)知情者的证人证言;

(3)了解上述情况的被害人陈述;

(4)各犯罪嫌疑人、被告人关于黑社会性质组织参与者的供述;

（5）知情者、各犯罪嫌疑人、被告人对帮规戒律等书证的辨认笔录；

（6）存储、记录帮规戒律的图片、图像等视听资料和QQ、微信、电脑硬盘、手机通信等电子证据。

（二）关于经济特征三个事实要件的证据审查

1. 违法犯罪获利。有组织地通过违法犯罪或者其他手段获取经济利益。

认定违法犯罪获利的主要证据：

（1）由组织者、领导者授意、指使、指令，积极参加者、其他参加者具体实施，属于有组织行为，二者的供述应当互相印证或多名积极参加者、其他参加者共同指证；

（2）通过各类侵财犯罪攫取经济利益，应当按照每个罪名的具体犯罪构成要件收集、固定、审查证据；

（3）应当注意收集组织者、领导者授意、指使、指令积极参加者、其他参加者实施违法犯罪活动的各类书证、视听资料和电子证据等客观证据。

2. 获利用于犯罪组织。黑社会性质组织所获经济利益应当主要用于犯罪组织日常开支或组织犯罪活动。

认定获利用于违法犯罪的主要证据：

（1）为犯罪组织生存、发展或者实施违法犯罪活动购买作案工具等物证；

（2）为犯罪组织生存、发展或者实施违法犯罪活动而开支的会计账册、原始凭证、动产和不动产权属证明等书证；

（3）与上述活动相关的被害人、被害人亲属、被害单位、被告人亲友等知情人证言；

（4）被害人、被害单位关于遭受经济损失的报案材料和陈述；

（5）各被告人关于上述活动的供述；

（6）相关物品的价格鉴定意见；

（7）对相关动产和不动产、犯罪窝点、经营场所等进行勘验、检查笔录，各被告人之间的辨认笔录、被害人、被害人亲属、有关证人对被告人的辨认笔录，进行必要侦查实验的笔录等；

（8）与上述活动有关的图片、图像等视听资料，QQ、微信、电脑硬盘、手机通信等电子证据。

3. 具备一定的经济实力。《2015年纪要》对黑社会性质组织所应当具有的“经济实力”规定了最低数额标准，《2018年指导意见》取消了上述规定，但很显然，黑社会性质组织违法犯罪的主要目的是攫取经济利益，如果不具备一定的经济实力，该组织将难以生存和实现扩张。

认定“一定的经济实力”的主要证据：

(1)与黑社会性质组织经济实力有关的各种物证、书证：

①黑社会性质组织有组织地通过实施“黄、赌、毒”等违法犯罪活动或其他不正当手段所聚敛的资产的相关物证、书证；

②黑社会性质组织通过开办经济实体、投资入股等合法方式获取并用于实施违法犯罪活动或者支持组织生存、发展的资产的相关物证、书证；

③组织成员以及其他单位、个人为支持黑社会性质组织存在、发展以及实施违法犯罪活动而主动提供的资产的相关物证、书证；

④黑社会性质组织掌控的企业或者其他经营实体的企业营业执照、税务凭证等经营许可证明、财务账册、票证单据以及生产经营、管理活动中所形成的文书材料等书证；

⑤涉案车辆、房产、土地等动产和不动产的相关产权证明等书证；

(2)有关部门工作人员、基层组织、人民群众关于黑社会性质组织掌控的企业或者经营实体生产经营情况的证言，如工商、税务、海关、基层组织或其他企事业单位关于黑社会性质组织生产经营情况及其违法犯罪情况所出具的证言；

(3)受到不法侵害的单位或个人就本单位、本人财产遭到黑社会性质组织欺压、掠夺、敲诈的过程以及财产损失情况所作的陈述；

(4)各被告人关于黑社会性质组织经济实力的供述；

(5)被扣押物品价格鉴定意见、动产和不动产的评估鉴定意见；

(6)对相关动产和不动产、犯罪窝点、经营场所等进行勘验、检查笔录，搜查相关物品、场所笔录、辨认相关物品、动产和不动产笔录和扣押物品、动产和不动产清单；各被告人之间的辨认笔录、被害人、被害人亲属、有关证人对被告人的辨认笔录，进行必要侦查实验的笔录等；

(7)与黑社会性质组织经济实力有关的图片、图像等视听资料，QQ、微信、电脑硬盘、手机通信等电子证据。

(三)关于行为特征四个事实要件的证据审查

1.暴力、威胁或其他手段。黑社会性质组织违法犯罪手段具有暴力性、威胁性。暴力或以暴力相威胁是其实施违法犯罪活动的主要方式，是认定黑社会性质组织行为特征的基本要素。随着形势的发展，“软暴力”也可以成为黑社会性质组织的行为特征之一。

认定暴力、威胁或其他手段的主要证据：

（1）主要通过各种暴力或以暴力相威胁的暴力性犯罪来体现，可以通过列举相关违法犯罪案件事实，列举相关证据目录或清单来实现；

（2）应当按照具体每个暴力性犯罪的犯罪构成要件收集、固定、审查证据。

2. 组织行为。黑社会性质组织实施违法犯罪活动具有组织性，是一种组织行为，而不是组织成员的个人行为。

认定违法犯罪活动具有组织性的主要证据：

（1）由组织者、领导者授意、指使、指令，积极参加者、其他参加者具体实施，属于有组织行为，二者的供述应当互相印证或多名积极参加者、其他参加者共同指证；

（2）应当按照具体每一违法犯罪活动所触犯罪名的犯罪构成要件收集、固定、审查证据；

（3）应当注意收集组织者、领导者授意、指使、指令积极参加者、其他参加者实施违法犯罪活动的各类书证、视听资料和电子证据等客观性证据。

3. 手段多样。黑社会性质组织违法犯罪手段具有多样性，除暴力、威胁等手段外，往往还利用组织势力和影响对他人形成心理强制或威慑。实践中常以“其他手段”实施的妨害公务、煽动暴力抗拒法律实施、聚众扰乱社会秩序、聚众冲击国家机关、扰乱国家机关工作秩序、组织、资助非法聚集、聚众扰乱公共场所秩序、交通秩序和以恐吓为手段的寻衅滋事等犯罪，实践中应当按照犯罪构成要件准确区分和予以认定。

认定违法犯罪手段具有多样性的主要证据：

（1）应当按照具体每一违法犯罪活动所触犯罪名的犯罪构成要件收集、固定、审查证据；

（2）应当注意收集违法犯罪活动的各类书证、视听资料和电子证据等客观性证据。

4. 多种罪名多次犯罪。黑社会性质组织违法犯罪具有多次性。在有组织地实施犯罪活动过程中，往往伴随着大量的违法犯罪活动，因此，“多次进行违法犯罪活动”是认定黑社会性质组织的必要条件之一。

关于黑社会性质组织“行为特征”，重点在于暴力、威胁性和有组织性，应当注意收集、固定、审查以下证据：

（1）被告人关于采取暴力、威胁或其他手段进行违法犯罪活动的动机和目的的供述；

(2)被告人关于实施违法犯罪活动的时间、地点、原因、经过、犯罪对象以及所处的地位、作用的供述;

(3)被害人、被害人亲属关于受到黑社会性质组织欺压、残害、威胁、滋扰的时间、地点、原因、结果、手段、经过等所作出的陈述,知情人证言以及上述人员要求依法惩处的意见;

(4)被害人伤亡情况的检验报告和鉴定意见;

(5)被告人实施犯罪活动的现场勘查笔录、搜查笔录、扣押物品清单、鉴定意见等;

(6)被告人进行违法犯罪活动所使用的作案工具,枪支、弹药、刀、交通工具、车船牌照等以及有关住宿、乘车、过路、取款等凭证或相关视听资料。

(四)关于危害性特征(非法控制特征)两个事实要件的证据审查

1. 区域或行业。黑社会性质组织的本质特征是在一定的区域或者行业内实现非法控制。

《2009年纪要》第2条第1项规定,区域的大小具有相对性,且黑社会性质组织非法控制和影响的对象并不是区域本身,而是在一定区域中生活的人,以及该区域内的经济、社会生活秩序。因此,不能简单地要求"一定区域"必须达到某一特定的空间范围,而应当根据具体案情,并结合黑社会性质组织对经济、社会生活秩序的危害程度加以综合分析判断。黑社会性质组织所控制和影响的行业,既包括合法行业,也包括黄、赌、毒等非法行业。这些行业一般涉及生产、流通、交换、消费等一个或多个市场环节。《2018年指导意见》第11条重申了上述观点。

由于办案人员未必都具有亲历性,对案发地情况未必了解,因此需要收集"一定区域"或"一定行业"的相关证据作为参照,以加深对案件基本情况的理解和认识:

(1)涉案一定区域的面积、人口、位置以及经济社会发展情况;

(2)涉案特定行业的生产、经营规模,产量、供应量、销量、市场份额,行业或企业生产、经营增长、下降比例,对品牌等知识产权的影响等。

2. 非法控制或重大影响。黑社会性质组织在一定的区域或者行业内形成非法控制或重大影响。

《2018年指导意见》沿用了《2009年纪要》的规定,黑社会性质组织通过实施违法犯罪活动,或者利用国家工作人员的包庇或纵容,称霸一方,并具有八种情形之一的,可认定为"在一定区域或者行业内,形成非法控制或者重大影响,严重破坏经济、社会生活秩序"。关于列举的第八种情形,笔者认为,不宜轻易使用该兜底条款,要具体分析论证黑社会性质组织如何在一定区域或者行业内实现了非法控制或重大影响。

认定形成非法控制或重大影响的主要证据：

（1）黑社会性质组织实施上述违法犯罪活动攫取、破坏、非法占有的资金、物品、车辆、机器、设备、厂房、住宅、经营场所等与生产、生活、经营相关的物证；

（2）黑社会性质组织实施上述违法犯罪活动攫取、破坏、非法占有上述生产、生活、经营相关物品的会计账册、原始凭证、动产和不动产权属证明等，被害人、被害单位被迫签署的准入、退出、经营合同或协议，黑社会性质组织非法控制行业的经济规模、所占同业生产经营份额、从业人员数量等，对当地造成重大影响的区域面积、人口数量、经济发展状况等，黑社会性质组织成员利用组织的势力、影响"获取政治地位""担任一定职务"的任命文件、职权范围文件以及有关报刊、公报等书证；

（3）黑社会性质组织严重破坏经济、社会生活秩序的被害人、被害人亲属、被害单位、被告人亲友等知情人证言，地方政府、基层组织和基层群众关于黑社会性质组织拉拢、收买国家工作人员，对社会公众心理造成重大影响的证言，要求对黑社会性质组织坚决予以惩处的意见；

（4）受到不法侵害的单位、个人关于经济、社会生活秩序遭受严重破坏和重大损失的报案材料和陈述，对黑社会性质组织违法犯罪活动的控诉和要求予以惩处的意见；

（5）各被告人严重破坏经济、社会生活秩序的供述，多次干扰、破坏国家机关、行业管理部门以及村委会、居委会等基层群众自治组织的工作秩序的供述，拉拢、收买、威胁等手段多次得到国家机关工作人员包庇或纵容，以及多次对前述单位、组织中正常履行职务的工作人员进行打击、报复的供述；

（6）被害人、被害单位被非法攫取、破坏、占有的生产、生活、经营相关物品的价格鉴定意见，被害人、被害单位的经济、社会生活秩序遭受严重破坏和重大损失的评估意见或报告，致被害人伤亡的鉴定意见；

（7）对相关动产和不动产、犯罪窝点、经营场所等进行勘验、检查笔录，致被害人伤亡的现场勘验、检查笔录，各被告人之间的辨认笔录、被害人、被害人亲属、有关证人对被告人的辨认笔录，进行必要侦查实验的笔录，被害人伤亡的伤情检验报告、尸体检验报告等；

（8）与黑社会性质组织严重破坏经济、社会生活秩序有关的图片、图像等视听资料，QQ、微信、电脑硬盘、手机通信等电子证据。

黑社会性质组织通过对国家工作人员行贿,利用国家工作人员的包庇或纵容,称霸一方,在一定的区域或者行业内形成非法控制或重大影响是常见的犯罪手段。国家工作人员受贿后实施包庇或纵容行为的证据应当随案移送,以证实黑社会性质组织具备非法控制特征。

三、结语

黑社会性质组织案件往往人数众多、案情复杂,有关办案机关之间沟通协调是有效推进扫黑除恶专项斗争开展的必要举措。公、检、法三机关必须始终坚持党的领导,完善工作机制形成打击合力,通过统一思想认识消弭分歧,不断提高黑社会性质组织犯罪案件的质量和效率,推动扫黑除恶专项斗争不断深化。

房产联建中多重以物抵债行为效力认定

周家开*　茹　超**

房地产开发近年来一直是我国金融投资者的热门选择。按照《财富》杂志所公布的2019年世界500强企业榜单中，上榜的5家房地产集团全部来自于我国。[1]这是包括美国在内的发达国家都不存在的现象。得益于中国经济的快速发展，房地产市场大量资本涌入，直接反映了这一行业的高额利润。高利润当然会伴随着高风险。仅仅是到2019年7月23日，全国就有271家房地产企业宣告破产。[2]特别是对中小房地产企业而言，融资难和资金储备不足，极易导致资金链断裂，带来大量债务难以偿还后果和破产危机。中小房地产企业为了融资，通常一方面将自身仅有的建设用地使用权和建设工程等抵押给金融机构用于贷款。另一方面是通过各种社会关系寻求合作人和向民间众多贷款人进行融资。而为应对高额利息和赚取利润，在房产项目未符合交房条件的情况下先行出售给买受人是普遍现象。民间借贷利息很高，为了保证债权的实现，贷款人通常会与借款人签订以物抵债协议。一旦资金供给不

---

* 广西壮族自治区高级人民法院执行裁判庭副庭长，广西法院首届审判业务专家，中国政法大学经济法专业研究生。

** 广西壮族自治区高级人民法院执行裁判庭四级法官助理，北京航空航天大学民商法法学硕士。

〔1〕《2019年世界500强企业排行榜出炉　中石化第二》，载搜狐焦点柳州：http://www.sohu.com/a/328543152_100174712，2019年12月27日最后访问。

〔2〕《2019年全国已有271家房地产企业宣告破产清算》，载新浪财经：https://finance.sina.com.cn/chanjing/cyxw/2019-07-24/doc-ihytcitm4156233.shtml，2019年12月27日最后访问。

足，资金链断裂，金融机构、民间债权人纷纷向人民法院起诉，请求实现担保物权、债权等各种相关权利。在案件执行中，不动产买受人、建设工程承包人、实际施工人等为维护自身权利会请求排除执行，引发执行异议之诉。当存在多重债权人的情况时，增加了以物抵债行为效力认定的难度。本文将通过一则案例回答如何准确审查被执行标的真实权利人、买卖合同性质和效力、以物抵债是否真实等问题，综合判断不动产买受人权利存在与否及能否排除执行的问题。

一、基本案情与裁判结果

（一）基本案情

2012 年 7 月 25 日，李某人（被执行人）与创宇公司签订《上海花园项目联合开发建设合同》（以下简称《联建合同》），约定双方合作开发建设"上海花园"商住楼项目。工程竣工后创宇公司须把房产总建筑面积的 67% 抵偿给李某人，作为李某人工程款投入的费用，李某人对抵偿的房屋具有处理权。同年 8 月 18 日，李某人与创宇公司签订《补充协议》，约定工程竣工后创宇公司把"上海花园"商住楼中的 2 号楼和 3 号楼抵偿给李某人，作为李某人工程款投入的费用，地下室除公共部分外均按此比例划分支配使用。

2017 年 3 月 22 日，广西壮族自治区北海市中级人民法院（以下简称北海中院）就安某堂（申请执行人）诉李某人、创宇公司民间借贷纠纷案，作出（2016）桂 05 民初 40 号民事判决。内容：（1）李某人向安某堂归还借款 2190 万元及利息；（2）驳回安某堂对李某人的其他诉讼请求；（3）驳回安某堂对创宇公司的诉讼请求。安某堂对此判决不服，向广西壮族自治区高级人民法院（以下简称广西高院）提出上诉。2017 年 11 月 27 日，广西高院作出（2017）桂民终 163 号民事判决。内容：（1）维持一审判决第二项、第三项；（2）变更一审判决第一项为：李某人在判决生效之日起十日内向安某堂归还借款本金 17,884,509.58 元及相应利息；（3）李某人在判决生效之日起十日内向安某堂归还借款本金 1,900,000 元及相应利息。

上述判决生效后，安某堂向北海中院申请执行。2018 年 4 月 15 日，北海中院作出（2018）桂 05 执 80 号执行裁定，查封了登记在创宇公司名下坐落于北海市江苏路以南、上海路以西的"上海花园"商住楼项目 2 号楼、3 号楼部分房地产（包括 3 幢 2102 号房屋，即本案涉案房屋）。其间，创宇公司出具《情况说明》。内容：上海花园商住楼项目总建筑面积的 67% 即三栋楼中的 2 号楼、3 号两栋楼归李某人，李某人已将其分得的房产全部销售完毕。涉案房屋属于上述《联建合同》及《补充协议》中约定抵偿给李某人的房产范围,亦在一审法院查封范围内。

李某人分别于2013年11月1日和2014年4月9日与黄某吉(另一债权人)签订《担保借款合同》,约定李某人向黄某吉借款600万元和800万元用于“上海花园”项目建设,借款期限3个月,李某人将其拥有销售、处置权的“上海花园”项目3080.44平方米和3275平方米的房产及相应分摊土地面积用于上述借款担保,由黄某吉和其指定的人与创宇公司签订《商品房买卖合同》和办理网签登记手续,借款转入李某人指定的创宇公司的账户,创宇公司出具给黄某吉或其指定的人名下的购房款收据来体现借款收据,办理完毕网签备案登记第二日放款给李某人。如李某人未按合同约定归还借款本息而赎回购房款收据的,购房款收据即成为黄某吉和其指定的人支付购房款凭据。上述合同签订后,黄某吉依约将600万元和800万元汇入了李某人指定的创宇公司的账户。2013年11月1日和2014年4月9日李某人分别向黄某吉出具《收据》记载:收到黄某吉交来借款本金人民币600万元和800万元。本款按本人指令直接转入创宇公司账户,同时创宇公司向黄某吉和指定的人出具收到购房款收据。当本人不能按《担保借款合同》约定还清本息向黄某吉和指定的人赎回房屋时,购房款收据即作为付购房款凭证。购房款差价部分由本人补足给创宇公司。

2014年9月10日,黄某与创宇公司签订《商品房买卖合同》(由0506房调换而来),约定购买涉案房屋,用途为住宅,建筑面积为62.74平方米,单价为3700元每平方米,总价款为232,138元。2014年4月9日,创宇公司出具收据,载明收到黄某吉交来购买涉案房屋等48套房款800万元。2014年5月9日,创宇公司与黄某办理了房屋交接手续,将涉案房屋交付黄某。

2016年5月5日,因李某人不能如期偿还借款本息,黄某吉和李某人、创宇公司签订了《补充协议1》,黄某吉与李某人确认截至2016年4月24日,尚欠借款本金1340万元和利息410万元,李某人以其与创宇公司合作开发的“上海花园”5833平方米房屋作价偿还黄某吉的借款本息,李某人和创宇公司同意并配合黄某吉以创宇公司的名义销售折价抵偿的房屋。同年11月21日,三方又签订一份《补充协议2》,对抵偿的房屋面积约定变更为6053平方米(包括涉案房屋在内),并对抵偿房屋的销售税费承担及相关违约责任作了约定。之后李某人和创宇公司依约配合黄某吉销售了部分抵债的房屋,黄某吉也依约向创宇公司交付了相关房屋税款。

在北海中院执行过程中,黄某提出执行异议。北海中院裁定中止涉案房屋的执行。安某堂不服,向北海中院提起申请执行人执行异议之诉。在一审诉讼中,黄某吉确认其向李某人出借的款项是由黄某等亲属朋友筹款以其名义出借的,同意黄某作为涉案《商品房买卖合同》的权利主体，其对该房屋不主张权利。“上海花园”商住楼项目于 2013 年 9 月 30 日取得《北海商品房预售许可证》，该商住楼项目在案件审理期间未办理综合竣工验收手续。

（二）裁判结果与理由

一审法院判决驳回了安某堂的诉讼请求。二审法院审理后维持了一审判决。其中，二审法院的判决理由是：根据当事人的诉辩意见，本案的争议焦点是黄某对案涉房屋是否享有足以排除强制执行的民事权益。

本案事实表明，在申请执行人安某堂与被执行人李某人民间借贷纠纷一案执行中，一审法院根据安某堂的申请，查封了登记在创宇公司名下的涉案房屋，案外人黄某以其购买为由提出执行异议，一审法院审查后裁定中止执行，安某堂为此提起本案申请执行人执行异议之诉。涉案房屋虽然登记在创宇公司名下，但根据《联建合同》《补充协议》的约定，被执行人李某人为涉案房屋的实际权利人。根据最高人民法院《关于人民法院民事执行中查封、扣押、冻结财产的规定》第 2 条第 3 款“对于第三人占有的动产或者登记在第三人名下的不动产、特定动产及其他财产权，第三人书面确认该财产属于被执行人的，人民法院可以查封、扣押、冻结”的规定，一审法院根据房产登记情况和创宇公司出具的情况说明，对涉案房屋采取查封措施具有相应事实和法律依据。

根据最高人民法院《关于人民法院办理执行异议和复议案件若干问题的规定》（以下简称《执行异议和复议规定》）第 28 条“金钱债权执行中，买受人对登记在被执行人名下的不动产提出异议，符合下列情形且其权利能够排除执行的，人民法院应予支持：（一）在人民法院查封之前已签订合法有效的书面买卖合同；（二）在人民法院查封之前已合法占有该不动产；（三）已支付全部价款，或者已按照合同约定支付部分价款且将剩余价款按照人民法院的要求交付执行；（四）非因买受人自身原因未办理过户登记”的规定，对于金钱债权执行案件，不动产买受人对登记在被执行人名下的房屋提出异议时，人民法院应当对相关事实作实质审查，这也是审理执行异议之诉案件应该遵循的原则。本案中，由于安某堂对李某人享有的是普通金钱债权，黄某作为购房者，对抗的是安某堂的普通金钱债权，因此该条应该作为本案执行异议之诉审理的参照。

关于黄某是否在人民法院查封之前签订合法有效的书面买卖合同的问题。根据《担保借款合同》《补充协议 1》《补充协议 2》《收据》的约定，李某人自愿将包括涉案房屋用于借款担保，担保表现方式为由黄某吉和黄某吉指定的人与创宇公司签订《商品房买卖合同》。如李某人未按本合同约定归还借款本息而赎回购房款收据的,购房款收据即成为黄某吉和黄某吉指定的人支付购房款凭证。李某人还清借款本息等款项而赎回黄某吉和黄某吉指定人的所购房屋及购房收据和《商品房买卖合同》,并同时已全部履行本合同各项条款,担保关系即告终止。因此《商品房买卖合同》具有为李某人向黄某吉借款担保的性质。而本案事实表明,借款期限届满后,李某人不能清偿借款本息,经与黄某吉、创宇公司协商,三方签订了《补充协议 1》《补充协议 2》,黄某吉与李某人对欠付的借款本息进行了结算确认,并约定用"上海花园"的 6053 平方米房屋抵偿债务。从约定和实际履行看,双方终止了借款合同关系,黄某与创宇公司签订的《商品房买卖合同》也由担保性质转化为商品房买卖性质。因此,本案《商品房买卖合同》是当事人的真实意思表示,内容没有违反我国法律的强制性规定,是合法有效的合同。根据《民法典》第 146 条、第 153 条、第 154 条以及第 215 条的规定,是否办理网签、备案、预告登记等手续并不影响《商品房买卖合同》的效力。安某堂上诉中主张《商品房买卖合同》无效,但并未就其主张提供相应证据证明。同时,本案中,黄某于 2014 年 9 月 10 日就涉案房屋与创宇公司签订了《商品房买卖合同》,一审法院于 2018 年 4 月 15 日才作出(2018)桂 05 执 80 号执行裁定,并查封了涉案房屋。因此,安某堂关于黄某与创宇公司《商品房买卖合同》不是人民法院查封前签订的合法有效合同的主张没有事实和法律依据,法院不予支持。

关于黄某吉对李某人是否享有债权的问题。本案一审中黄某吉提供了《联建合同》《担保借款合同》《补充协议 1》《补充协议 2》《银行流水》《银行转账凭证》《收据》等证据,证明其出借 600 万元和 800 万元并对李某人享有相应债权的事实,安某堂虽然有异议,但未能提供相应证据推翻《银行流水》《银行转账凭证》记载的事实,安某堂关于黄某吉对李某人不享有债权的主张,没有事实依据,法院不予支持。

关于黄某是否已支付价款的问题。根据黄某与创宇公司签订的《商品房买卖合同》约定,涉案房屋建筑面积为 62.74 平方米,单价为 3700 元每平方米,总价款为 232,138 元。本案中,安某堂也未能提供证据证明,该合同单价明显低于北海市同期同地段价格,且涉案房屋销售税费按总购房款 13.3% 计算,已由黄某吉承担。如前分析,从约定和实际履行看,双方终止了借款合同关系,黄某与创宇公司签订的《商品房买卖合同》也由担保性质转化为商品房买卖性质,黄某吉的借款本息则转化为黄某的购房款。黄某吉在本案诉讼中承认其向李某人出借的款项是由黄某等亲属朋友筹款以其名义出借,其对李某人拖欠的借款本息转为黄某的购房款无异议并确认黄某为案涉《商品房买卖合同》的权利主体,其对该房屋不主张权利。因此,根据本案黄某吉亲属朋友筹款出借给李某人、李某人与黄某吉对欠款结算并以房抵债的事实及对《商品房买卖合同》由担保性质转化为商品房买卖性质的认定，结合《联建合同》《担保借款合同》《补充协议 1》《补充协议 2》《银行流水》《银行转账凭证》《收据》等约定，认定黄某支付了全部购房款有事实和法律依据，安某堂关于黄某未支付价款的主张与现有证据不符，法院不予支持。

关于黄某是否在人民法院查封之前已合法占有涉案房屋的问题。根据创宇公司与黄某办理的房屋交接手续和黄某吉、李某人、创宇公司对《补充协议 1》《补充协议 2》的约定及履行情况，2014 年 5 月 9 日，创宇公司与黄某办理了房屋交接手续，将涉案房屋交付给黄某占用至今。而一审法院于 2018 年 4 月 15 日才作出（2018）桂 05 执 80 号执行裁定，并查封涉案房屋。因此，安某堂关于黄某没有在人民法院查封之前已合法占有涉案房屋的主张没有事实依据，法院不予支持。

关于是否因买受人黄某自身原因未办理过户登记的问题。由于是否符合办理不动产过户登记属于行政权审查范围，且本案“上海花园”项目未综合竣工验收，涉案房屋产权未办理至黄某名下，非黄某自身原因所致。安某堂关于黄某有过错导致未办理过户登记的主张没有事实和法律依据，法院不予支持。

综合上述分析，本案符合《执行异议和复议规定》第 28 条规定的条件，黄某对涉案房屋享有的不动产物权期待权，足以排除安某堂对李某人享有的普通金钱债权的强制执行。安某堂关于黄某对案涉房屋不享有足以排除强制执行民事权益的主张没有事实和法律依据，法院不予支持。

二、涉不动产买受人执行异议之诉的裁判思路

目前，涉不动产买受人执行异议之诉常用的审查依据是《执行异议和复议规定》第 27 条到第 30 条。在实务中，对于案外人在符合第 28 条、第 29 条、第 30 条规定的条件下，可以排除普通金钱债权的执行这一点是没有分歧的。有分歧的是，在申请执行人享有担保物权等优先权的情况下，第 28 条、第 29 条、第 30 条的适用如何把握的问题。

1. 不动产买受人物权期待权——《执行异议和复议规定》第 28 条

《执行异议和复议规定》第 28 条、第 29 条均规定了在金钱债权执行中，不动产买受人对登记在被执行人名下的房屋提出异议时如何进行审查的规则，该两条属于实质审查条款，可以作为涉不动产执行异议之诉审理的参照。其中，就《执行异议和复议规定》第 28 条而言，存在四种不同观点：（1）若房屋买卖合同订立前已经存在抵押

权，则“期待权”不成立。如最高人民法院（2018）最高法民终 695 号杨某、贵州金晨置业投资开发有限公司申请执行人执行异议之诉案民事二审判决书。（2）即使房屋买卖合同在抵押权设立后订立，“期待权”仍优先于“抵押权”。如新疆维吾尔自治区高级人民法院（2016）新民终字 481 号新疆聚鼎典当有限责任公司与朱某忠等案外人执行异议之诉民事二审判决书。（3）在房屋买卖合同订立后设立的抵押权不影响“期待权”成立，“期待权”优先于“抵押权”。如最高人民法院（2018）最高法民终 189 号杨某华、兴业银行股份有限公司天津分行案外人执行异议之诉判决书。（4）“期待权”仅能对抗普通债权，不能排除担保物权人申请的执行。最高人民法院（2018）最高法民申 5078 号再审审查与审判监督民事裁定书。笔者赞同第四种观点。理由：第一，从内容上来说，第 28 条的执行标的是登记在被执行人名下的不动产，第 29 条的执行标的是房地产开发企业名下的商品房。这二者之间很明显是包含与被包含的关系。如果均可以排除优先权的执行，那就没有设立两个不同条文的必要性，而直接合为一个条文的不同情形即可。否则从体系上无法解释这两个条文的关系。第二，所谓的物权期待权既不是物权，也不是准物权，而是建立在债权请求权基础之上的一种需要特殊保护的权益。就法理上而言，其并不存在优先于担保物权等优先权的效力和法律地位。无论抵押权等优先权成立时间的先后，其均不能直接排除优先权的执行。如果案外人认为出卖人与优先权人相互串通，损害了自己的合法权益，可以通过确认合同无效或者第三人撤销之诉来解决。否则只能向被执行人请求承担违约责任。第三，从构成要件上来看，第 28 条的四个要件内容法理与最高人民法院《关于审理买卖合同纠纷案件适用法律问题的解释》第 9 条、第 10 条关于动产多重买卖合同如何履行的规定是一致的。这体现了在债权平等保护的原理的基础上具体如何解决争议的标准。同时，就第四个构成要件而言，未办理过户的原因无非有三种情况：买受人原因、出卖人原因、客观条件无法办理过户。无论是哪种原因，除了优先权人主动参与其中造成过户不能以外，绝大多数情况下优先权人并无过错。当然不应承担不利后果。第四，房产抵押是出卖人向金融机构贷款的一种必要手段，如果一般买受人可以直接排除优先权的执行，将会导致金融机构的抵押权处于十分危险的地位，对金融市场安全造成危害。就个人利益与公共利益来看，这样的代价未免太大了。第五，从物权法理论角度来看，担保物权等优先权是在所有权基础上设立的他物权。而物权期待权与所有权并无关联。在没有明确政策指引下，缺乏与物权进行比较的基础。综上，不动产买受人物权期待权仅能对抗普通债权，不能排除担保物权人的申请执行。

2."消费者物权期待权"——《执行异议和复议规定》第29条

《执行异议和复议规定》第29条"消费者物权期待权"是"超级优先权",可以排除工程价款等优先权的强制执行。法院(2017)桂民终244号广西恒冠建设集团有限公司、潘某桦申请执行人执行异议之诉一案就是持这一观点。《执行异议和复议规定》第27条规定"申请执行人对执行标的依法享有对抗案外人的担保物权等优先受偿权,人民法院对案外人提出的排除执行异议不予支持,但法律、司法解释另有规定的除外"。通说认为,消费者物权期待权就是《执行异议和复议规定》第27条规定的但书情形。根据最高人民法院《关于建设工程价款优先受偿权问题的批复》中关于消费者与建设工程承包人、实际施工人的权利顺位比较,这一规定其实是对该批复第2条的继承。具有明显的政策指向性。从构成要件上看,相对于《执行异议和复议规定》第28条,其离实现所有权还有一大段距离。既未完成买卖合同的付款,也没有要求实际占有。对于过户而言也未言明是非消费者自身原因所致。因此受到了理论与实务界的质疑。但是其设定了"所购商品房系用于居住且买受人名下无其他用于居住的房屋"这一条件,似乎比《执行异议和复议规定》第28条更加严格,突出了对生存权益保护的目的。尽管实践中对于买受人名下无其他用于居住的房屋这一要件的判断比较困难,也很容易导致错误认定,毕竟通常情况下申请执行人与案外人并不相识,更不会了解案外人名下是否还有其他未登记的居住用房。但以下几点是可以确定的。(1)涉案房屋的性质必须是居住用房,商铺、杂物间等非居住用房不属于该条规定的情形。商住两用型需要具体审查房屋的实际用途来确定。(2)无其他居住房屋是包括其共同居住的家庭成员在内的,仅限于案外人长期居住生活所在地(县)市的城区范围内,时间上以认定法定的经常居住地的时间为准。(3)所购房屋是截止到执行时仍然没有其他可用于居住的房屋,体现出了对于生存权进行保护的要求。江苏省高级人民法院观点亦基本如此。[1]有观点认为,对于"消费者物权期待权"的效力应当进行限缩,对于先抵后买的情形则不能排除抵押权的优先效力。笔者认为,消费者的生存权不应受抵押权成立先后顺序的影响。理由:(1)在最高人民法院《关于建设工程价款优先受偿权问题的批复》的内容中,并没有对抵押权等优先权的形成时间进行区分。对于消费者而言,是否涉及其生存权益是一个客观问题,并不会受到房屋是否有抵押权的影响。最高人民法院无疑是考虑到了这一点,所以直接一视同仁未予区别。(2)第29条规定的被执行主体是开发商,本身是符合社会实际情况的。

---

〔1〕 江苏省高级人民法院《执行异议及执行异议之诉案件审理指南(二)》第9条。

开发商因资金不足才需要进行融资，而商业银行放贷又需要进行抵押担保。开发商不趁早将房产销售进行资金回笼，又如何偿还商业银行的贷款。既然如此，消费者虽然知道有抵押也要去购房就显得情有可原。同时，消费者购房支付相应购房款的行为本身也可以涤除抵押权所担保的债权。因为抵押的目的并不是获得所有权，依然是实现商业银行的债权。尽管消费者未全部缴纳完购房款，但第29条并未消除消费者的付款义务。银行仍可以要求开发商将剩余款项转移给自己。一样可以实现自己的债权。至于为何第29条只保护一手房购房人可以对抗优先权而不保护为生存需要购买二手房的人。笔者认为，相对于开发商而言的其他出卖人，其信用情况不易考证。买受人应当承担市场交易行为可能带来的交易风险，督促买受人寻找信用良好的出卖主体。

3.“预告登记物权期待权”——《执行异议和复议规定》第30条

《执行异议和复议规定》第30条规定的“预告登记物权期待权”，不可以排除登记前的优先权的执行。在房屋上设定了抵押权等担保物权或其他依法具有优先受偿效力的金钱债权，在性质上已经属于物权。因此，后者显然应优先于预告登记权利，从而不应被预告登记阻却其权利的实现。[1] 预告登记本身只是为了防止出卖人对标的物进行处分，而妨碍到买受人取得物权的一种特殊保护制度。本质上并不符合类似于《执行异议和复议规定》第28条或者第29条物权期待权的条件。特别是在尚未履行付款义务等情况下，其请求的权利更弱，亦存在不履行合同或者合同无法履行的可能性，自然不存在可以对抗已经存在在先的优先权的执行。否则将成为被执行人逃避执行的一种方式。当然，预告登记人可以通过履行合同来涤除银行等债权人的优先权，保证得房的机会。

三、多重以物抵债效力认定

本案属新类型、疑难复杂案件。因安某堂对李某人享有的是普通金钱债权，黄某作为居住房屋的买受人，可以选择适用《执行异议和复议规定》第28条或第29条来排除安某堂的普通金钱债权案件执行。在本案中，黄某以不动产买受人物权期待权即《执行异议和复议规定》第28条作为排除执行的根据，其他当事人对本案应当适用《执行异议和复议规定》第28条也无异议。但是应当注意到，本案存在以下三个特

---

〔1〕 参见司伟：《预告登记排除金钱债权执行中的几个问题——以房屋所有权预告登记为例》，载《法律适用》2017年第21期。

点:(1)被查封房产并未登记到被执行人李某人名下,而是登记在了创宇公司名下。(2)本案房屋买卖合同的签订主体是创宇公司与黄某,而非李某人与黄某。(3)房屋款项非由黄某自己支付,而是由合同外的第三人黄某吉代为支付。

前述内容对于物权期待权及《执行异议和复议规定》第28条至第30条的内容、适用原理和情形进行了详细说明。对于物权期待权构成要件的审查,很重要的一环就是审查付款的事实是否真实存在。特别是存在非买受人自己付款,而是由第三人债务抵消的情况下,如何认定不动产买受人物权期待权是否存在。因此,下文在全面分析本案三大特点及《执行异议和复议规定》第28条各个构成要件的基础上,将重点阐述对于第三人债务抵销(付款行为)效力认定。

(一)执行行为的合法性审查

本案的特点之一是执行标的未登记在被执行人李某人名下。实践中开发商与投资人进行房产联建开发的情况较为常见。因投资人通常不具有登记资格或者不愿进行显名投资,合作房地产项目一般都登记在开发商名下。尽管开发商与投资人都会签订合作协议,但在双方之间未彻底结算清各自的财产权属之前,人民法院不能直接以开发商投资人存在合作关系为由执行开发商名下的房地产。这是因为,根据《物权法》第16条"不动产登记簿是物权归属和内容的根据。不动产登记簿由登记机构管理"、第17条"不动产权属证书是权利人享有该不动产物权的证明……"以及《执行异议和复议规定》第25条"对案外人的异议,人民法院应当按照下列标准判断其是否系权利人:(一)已登记的不动产,按照不动产登记簿判断;……"的规定,人民法院原则上只能执行被执行人名下的财产。否则,在直接执行开发商名下财产时,由于执行行为存在错误,一旦开发商提出异议,很容易面临撤销执行裁定的问题。正确的途径是要求开发商在执行之初提供书面材料确认财产权属情况。这是最高人民法院《关于人民法院民事执行中查封、扣押、冻结财产的规定》第2条第3款"对于第三人占有的动产或者登记在第三人名下的不动产、特定动产及其他财产权,第三人书面确认该财产属于被执行人的,人民法院可以查封、扣押、冻结"规定的具体内容。

不动产登记在第三人名下,第三人对执行行为提出执行异议或者执行异议之诉的情况下,需要根据当事人的权利来源、权利性质以及权利对债权实现的影响来判断可否执行第三人的财产。对于权利来源于执行之前,债务之后,又无其他财产可以清偿债务的情况下,可以认定第三人不具有排除执行的权益。例如,再审申请人周某宏、周某传、韩某书与被申请人周某定申请执行人执行异议之诉一案中,法院裁定认为逃避债务执行而赠与财产的不享有排除执行的民事权益。[1] 虽然执行异议之诉主要目的是审查案外人对执行标的是否享有足以排除强制执行的民事权益。但对于审理中发现的执行行为错误或者被执行人与第三人相互串通有导致执行错误的可能时,也要进行相应的审查。本案中创宇公司出具了《情况说明》,说明房地产项目一部分归李某人所有。创宇公司又未有其他债权人提出异议,同时根据双方之间多次签署的《联建合同》《补充协议》等合同的约定,被执行人李某人确为涉案房屋的实际权利人无疑。

(二)与他人签订书面买卖合同是否合法有效

本案的特点之二是买卖合同的双方主体是买受人黄某与第三人创宇公司。而涉案房产的真实权利人是李某人。那么,与非被执行人签订的买卖合同能否认定为是合法有效的书面买卖合同。笔者认为是可以认定的。理由有三点:(1)涉案房产虽然为李某人所有,但是李某人与创宇公司是隐名合作关系,自身并不具备项目建设与对外销售的主体资格。其需要以创宇公司名义对外签订买卖合同,而其他类似房产均是以创宇公司名义销售。(2)就李某人、创宇公司与黄某吉签订的《担保借款合同》《补充协议1》来看,内容为约定由创宇公司负责配合签订买卖合同销售房屋。根据《民法典》第919条规定"委托合同是委托人和受托人约定,由受托人处理委托人事务的合同"可知,就房产销售事项,李某人与创宇公司已经形成了委托关系。《民法典》第925条规定,"受托人以自己的名义,在委托人的授权范围内与第三人订立的合同,第三人在订立合同时知道受托人与委托人之间的代理关系的,该合同直接约束委托人和第三人……"因此,以创宇公司名义签订的房产买卖合同对李某人与黄某具有约束力。(3)根据《民法典》第146条、第153条、第154条的规定,本案房屋买卖合同不存在上述规定无效的情形。综上可以认定,李某人与黄某事实上成立了合法有效的房屋买卖合同关系。

(三)以物抵债行为(付款行为)效力的识别

本案中,对于李某人与黄某吉所签的《担保借款合同》及黄某吉为黄某房屋买卖合同付款性质有着不同的看法。一审、二审判决认为,黄某与创宇公司签订房屋买卖合同具有担保性质。在李某人未能偿付对黄某吉所欠债务时,该房屋买卖合同由担保性质实质性转化为了买卖性质,黄某吉与李某人的借款,转化为了黄某的购房款。笔者认为,这是一种整体型的裁判思路。就本案而言,从法律关系上讲,对不同主体

---

[1] (2019)最高法民申2508号。

而言，法律关系并不相同。实质而言，李某人与黄某吉之间是以物抵债关系。黄某吉以李某人对其欠款代黄某支付购房款是在以物抵债关系的基础上形成的债务抵销的关系。

1. 名为担保实为以物抵债

担保是指当事人根据法律规定或者双方约定，为促使债务人履行债务实现债权人权利的法律制度。担保的目的是保证债权的实现，形式一般是就担保物进行优先受偿。而以物抵债在我国来说目前还没有关于以物抵债的法律概念，通常来说，以物抵债，就是以与原合同约定内容不同的其他物品清偿原债务的一种形式，也就是代物清偿。在黄某吉与李某人所签的《担保借款合同》中，双方约定的内容并不是对李某人份额内的房产进行优先受偿，而是直接将借款本息转为购房款，从而消除借贷关系。就此而言，该《担保借款合同》名为担保，实为以物抵债。

2. 以物抵债的效力判断

根据李某人与黄某吉签订的《补充协议1》及李某人所出具的《收据》来看，双方对于借款本金及利息的数额已经结算明确。因此，《借款担保协议》整体上已经成为债务履行期届满后的以物抵债协议。债务履行期届满后的以物抵债，只要不损害其他债权人的利益，该协议对当事人具有法律约束力。判定损害其他债权人利益的依据一般是第三人撤销权的情形。《民法典》第539条规定："债务人以明显不合理的低价转让财产、以明显不合理的高价受让他人财产或者为他人的债务提供担保，影响债权人的债权实现，债务人的相对人知道或者应当知道该情形的，债权人可以请求人民法院撤销债务人的行为。"就此而言，李某人对于其名下房产的抵债行为，并不存在无偿转让或者是不合理的低价转让的行为。另外，根据《民法典》第154条的规定，合同无效的情形之一是双方恶意串通，损害他人合法权益。安某堂如认为李某人与黄某吉恶意转让财产，应当承担相应的举证责任。

3. 多重以物抵债实为债务抵销

以物抵债，标的物的受让主体是债权人。本案中，借款合同双方当事人是李某人与黄某吉，黄某与李某人并不存在直接的债权债务关系。但黄某所签订的《房屋买卖合同》，其购房款却是由第三人黄某吉代为支付。这也是本案的特点之三。同时，该笔购房款并非黄某吉以其他方式交付，而是以其对李某人所享有的债权抵扣。就此而言，黄某吉的债务抵销实则是前述以物抵债协议的延伸，是以物抵债的一种特殊形式。而黄某吉之所以代黄某履行，是因为其对李某人的借款来源于黄某，是黄某吉从黄某处的借款。也就是说，黄某吉以其对李某人享有的债权，抵销了其对于黄某对李某人的债务。因此,本案中第三人债务抵销其实是在以物抵债基础上的债务抵销。

由上述分析可知,对于第三人债务抵销的效力,需要结合以物抵债协议的效力综合判断。此类案件如果证据审查不到位,则可能导致当事人与第三人通过债务抵销的方式规避执行。比如,双方是否存在真实有效的基础债权债务关系、第三人债务抵销行为是否具有合理性、房屋价值是否严重超过债权数额、第三人或者买受人是否补足差价等。是否已支付购房款是《执行异议和复议规定》第 28 条中的一个重点审查内容。就本案而言,应当重点审查以下几个方面的内容:(1)黄某吉与李某人之间的债权债务关系是否真实存在。这一点可以从相关合同及《银行流水》《银行转账凭证》《收据》等证据进行判断。(2)该债权是否转化为黄某的购房款。根据合同的约定和实际履行情况,黄某吉自愿将对李某人的债权抵扣为黄某的购房款。该行为并不存在受胁迫、欺诈等情形。(3)黄某吉代替黄某履行债务是否合乎情理。在诉讼中黄某吉说明其借款本身是从其亲属朋友黄某等处筹借而来,其对于涉案房屋不主张权利。也就是说,黄某吉将其对李某人的债权用来抵销其对黄某的债务,在黄某同意的情况下,对其发生效力。(4)代为支付购房款协议不存在规避执行或逃避债务情形。黄某吉与李某人的借款合同及黄某与创宇公司的购房合同等均签署于本案执行查封之前,且黄某吉与黄某等未主张还存在其他债务纠纷。(5)代付购房款的行为不存在超过法定利息的情形。根据《民法典》第680 条的规定,“借款的利率不得违反国家有关规定”,最高人民法院《关于审理民间借贷案件适用法律若干问题的规定》第 26 条规定,“借贷双方约定的利率未超过年利率 24%,出借人请求借款人按照约定的利率支付利息的,人民法院应予支持;借贷双方约定的利率超过年利率 36%,超过部分的利息约定无效。借款人请求出借人返还已支付的超过年利率 36% 部分的利息的,人民法院应予支持”。本案中,在《补充协议 1》签订时,黄某吉与李某人已经明确了双方借款的本金及利息,已经完成了结算。而包括黄某在内的系列案的案外人所涉房屋购房款总和并未超过黄某吉对李某人的借款本金,因此更不涉及是否存在高额利息的问题。至于黄某吉与李某人的借款合同形成的债务总和是否超过法律规定的利息,非本案执行异议之诉的审查范围。退一步讲,即使购房款超过了法定债务本息,黄某亦可以要求黄某吉补充房款差价或者自行补交房款差价来排除执行。(6)黄某在签订房屋买卖合同后不久,创宇公司已将房屋交付黄某,黄某实际占有并居住其中。这也侧面印证了购房合同及债务抵销的效力,否则李某人早已主张房屋买卖合同未实际履行而请求黄某付款了。法院同时对涉案房屋进行了实地调查,调查结果与案外人所提供的证据相同。综上所述,以第三人债务抵销的方式交付购房款是合法有效的。

（四）非因买受人自身原因未办理过户登记的认定

对于买受人自身原因而言，一般均是指因买受人主观方面的原因未办理过户登记。其主要有三种情况：一是忽视过户登记的障碍。比如，明知其所购买的房产已经设定了他人的权利或者存在其他的权属争议。二是故意为规避国家政策等情况。在限制购房或者登记的情况下，其当然无法办理过户手续。通常此种情况又常表现为借名买房的情形。对于借名买房而言，可以直接通过《执行异议和复议规定》第25条认定其不具有排除执行的权益。三是怠于行使过户的请求权。一般来说，房屋作为大额财产，买受人希望尽快完成过户是正常现象。如果在付款、占有等行为都完成后，一直不办理过户的，是其自愿担负风险的行为。无论其主观动机是逃避税费还是隐藏财产等个人原因。对于案外人而言，虽然其要承担证明非自身原因的举证责任。但是如何把握这一时间截点是一大难题。有观点认为，在买受人可以通过司法途径来请求进行权属变更登记时，其没有行使而导致未办理过户，应当归咎于买受人自身原因。笔者认为，合同通常都是由双方自行履行，通过司法途径解决并不是常用手段。而且走司法途径毕竟耗时耗力，还要承担败诉风险，买受人不愿意也情有可原。对于请求过户的时间截点，有合同约定的，应当按照合同约定的条件成就后三年为止，与民法中的诉讼时效相同。合同没有约定的，自可以办理过户登记时三年为止。买受人即便进行了过户催促，但三年内仍未提起诉讼的，可以认为是自身原因所致。

就本案而言，未办理过户登记的原因是涉案房地产项目还未通过消防竣工验收。是客观原因无法办理过户登记，也就是非买受人自身原因所致。

本案的占有事实较为清晰，故不再进行评价。综上分析可以看出，黄某的主张是符合《执行异议和复议规定》第28条规定的，可以排除人民法院的强制执行。

（五）案外人执行异议之诉的判项

根据《全国法院民商事审判工作会议纪要》第119条的规定，“案外人执行异议之诉以排除对特定标的物的执行为目的，从程序上而言，案外人依据《民事诉讼法》第227条提出执行异议被驳回的，即可向执行人民法院提起执行异议之诉。人民法院对执行异议之诉的审理，一般应当就案外人对执行标的物是否享有权利、享有什么样的权利、权利是否足以排除强制执行进行判断。至于是否作出具体的确权判项，视案外人的诉讼请求而定。案外人未提出确权或者给付诉讼请求的，不作出确权判项，仅在裁判理由中进行分析判断并作出是否排除执行的判项即可。但案外人既提出确权、给付请求，又提出排除执行请求的，人民法院对该请求是否支持、是否排除执行，均应当在具体判项中予以明确。执行异议之诉不以否定作为执行依据的生效裁判为目的,案外人如认为裁判确有错误的,只能通过申请再审或者提起第三人撤销之诉的方式进行救济”。对于案外人执行异议之诉的判项,应当以案外人诉讼请求为限。人民法院不能自行根据查明的事实,一并作出确认或者给付的判项。有观点认为,在审理中发现事实清楚,证据充分的情况下,可以大胆判定确认之诉或者给付之诉的内容。第三人发现判决有误的情况下,通过第三人撤销之诉来解决。笔者认为,为了避免出现误判的风险,对于执行异议之诉中请求确权与给付的,审理人员应当保持谨慎的态度。在基础关系并不明朗的情况下,可以通过他诉或者在本案结束后由当事人自行履行合同义务来解决,也防止出现一物多权等状况的出现。

结　论

对于案外人执行异议之诉案件的审查,重点是要严格把握证明责任及证据的效力。而实践中发现除此之外存在不当适用《民事诉讼法》第227条的情况。其主要包括三种情形:一是人民法院错误指引案外人按照《民事诉讼法》第225条的规定,提起执行异议、复议程序后,案外人又提起执行异议之诉的。二是人民法院在执行程序中直接认定第三人名下的财产是被执行人的财产,导致案外人提起执行异议之诉的。三是人民法院在执行异议之诉的过程中审查发现原执行依据错误,而判定案外人享有排除执行的权益的。这些情形下的案外人执行异议之诉的审查范围,均已超出了《民事诉讼法》第227条的规定。应当通过其他程序来解决。当然,为减少当事人的诉累和提高执行效率,在立法上可以尝试扩大执行异议之诉的审查范围,对于程序错误的可以在本诉程序中进行纠正。

我国环境民事公益诉讼鉴定意见的四元联动采信辅助机制之构建

李　媛*

一、现状分析:我国环境民事公益诉讼鉴定意见采信实践样态

随着经济的持续发展,越来越多的环境诉讼涌入法院,笔者在中国裁判文书网以2013年1月1日至2019年6月1日为起讫时间,以民事案由"环境污染责任纠纷"作为关键词进行搜索,筛选出民事裁判文书4320份(该数据包含同一案件的一审、二审乃至再审裁判文书)。在4320份裁判文书中包含"鉴定"关键词的裁判文书为1216份,占比将近30%,司法鉴定成为法官审理环境纠纷中非常重要的一环。

环境民事公益诉讼作为环境纠纷的一部分,正式被纳入国家法律层级是在2012年《民事诉讼法》修改中,但其较为活跃的出现在司法审判视野中却是在2015年《环境保护法》的出台阶段。环境公益诉讼旨在保护环境公共利益、填补环境损害,一经"面世"就受到了理论界与实务界的热捧。笔者以"环境民事公益诉讼"为关键词,以"2016年1月1日至2019年8月1日"为设定时间,在中国裁判文书网上检索到共128份裁判文书(见图1)。由图1可知,环境民事公益诉讼案件数逐年上涨。同时,环境民事公益诉讼的专业性与复杂性让司法鉴定在其中拥有了比一般案件更大的被需求性。在检索到的128份环境民事公益诉讼裁判文书中包含关键词"鉴定意见"的裁判文书为31份(见图1),每年鉴定意见在环境民事公益诉讼中的占比分别为15.7%、17.1%、33.3%、15.7%,

* 灵山县人民法院刑事审判庭法官助理。

鉴定意见在环境民事公益诉讼中拥有着高占比,特别是在2018年达到将近1/3。

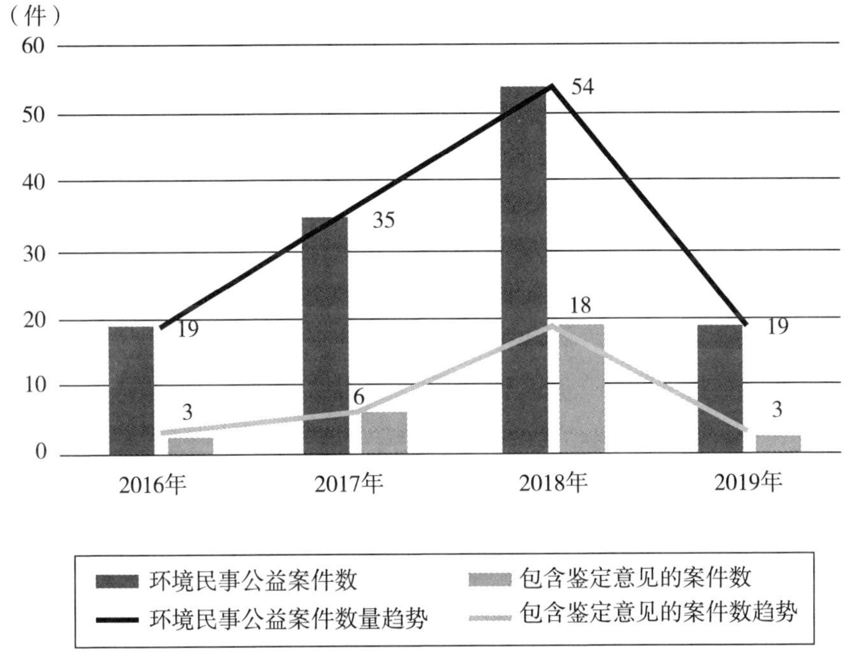

图1　环境民事公益诉讼及鉴定意见案件情况

鉴定意见在环境民事公益诉讼中的高占比与科学性让法官在审理环境民事公益诉讼时经常赋予鉴定意见“超然地位”,经过鉴定的案件,鉴定意见经常居于该案所有证据中的核心地位。因此,很多人认为环境民事公益诉讼成败的关键在于鉴定意见。在鉴定意见的采信过程中,法官居于核心地位,具有结果的选择权和决定权,一份鉴定意见是否能被采信,最终取决于法官。因此,环境民事公益诉讼鉴定意见采信规则研究应着眼于法官的行为,[1]通过如何加强法官对鉴定意见的认识来完善对此类鉴定意见的采信。

但是环境民事公益诉讼涉及领域具有很强的专业性,范围广、复杂程度高,无论是认定污染行为与损害后果还是推定因果关系及确定损害赔偿需要的数额都让法官难以只凭个人能力完成对鉴定意见的采信。司法实践迫切需要引入环境科学领域的

[1] 参见孟勤国:《司法鉴定规则应重在规范法官行为——最高法院(2011)民一终字第41号判决书研读》,载《法学评论》2013年第1期。

专家角色来辅助法官对环境民事公益案件中的鉴定意见进行采信。

二、问题厘定：环境民事公益诉讼鉴定意见采信困境分析

鉴定意见如何采信一直是困扰法官的问题之一，实践中出现的各种问题也导致环境民事公益诉讼鉴定意见的采信遭遇重重困难。

（一）法官对鉴定意见过分依赖

在环境民事公益诉讼案件领域，由于涉及的争议焦点多为一般人所不了解的复杂、专业的问题，因此需要借助拥有专门知识的人的帮助。而鉴定意见作为科学技术与专业知识在证据方面的化身，其具有的科学性容易让人产生天然的信任感。而且，鉴定意见通常是以案件里的其他证据材料如书证、物证为基础作出的判断，因此更容易让法官产生鉴定意见优于其他证据的错觉，导致过分信任鉴定意见而直接采用。在检索到的包含“鉴定意见”关键词的31份环境环境民事公益诉讼裁判文书中，法官完全采信鉴定意见的为29份，法官部分采信鉴定意见的为2份，几乎达到了对鉴定意见的“绝对信任”。（如图2所示）

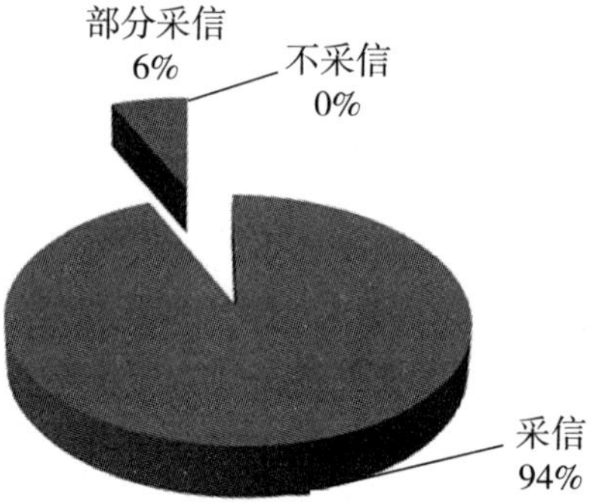

图2 法官对鉴定意见的采信情况

法官对鉴定意见的过分依赖存在很大的危害。

1. 鉴定意见虽以科学性见长，但仍不可避免带有一定的主观性。[1]

鉴定意见的主观性主要表现：一方面，科学知识本身具有的主观性决定了鉴定意见的主观性；另一方面，鉴定人会将其个人的主观性带入司法鉴定中，最终影响鉴定意见。鉴定意见是鉴定人对具体问题的判断性意见，其必然包含鉴定人的主观价值

〔1〕 参见李醒民：《论科学不可避免的主观性》，载《社会科学》2009年第1期。

取向,而鉴定人的价值取向受他的文化背景、社会背景、知识水平、心理结构等影响。科学理论的经验多样性与动态发展意味着鉴定人在鉴定过程中可以选取不同的科学理论、方法作为其鉴定的依据,选择哪一种科学理论、方法受到鉴定人自身的主观价值影响,带有强烈的主观色彩。

2. 涉及利益庞大易驱动“权力寻租”。

虽然环境民事公益诉讼具有公共性与公益性,利益归属于社会,但环境民事公益纠纷涉案标的都比较大,从江苏省泰州市中级人民法院判决排污企业支付1.6亿元的天价环境修复费用一案[1]中我们可以一管窥豹看到环境民事公益诉讼涉及的巨大经济利益。而鉴定意见往往用于确定被告需要承担的具体的赔偿数额与生态环境修复费用,具有重大利益决定性。在泰州市中级人民法院判决排污企业需承担多少污染修复费时就是采用了鉴定意见所认定的虚拟治理成本为计算基数得出污染企业需支付的修复费用。因此,在利益的驱使下,很多诉讼参与人可能会铤而走险与鉴定人合作操控鉴定意见,造成司法不公,削弱司法公信力。

(二)庭审质证流于形式

在对环境民事公益诉讼的鉴定意见进行质证时,当事人及其诉讼代理人因为“专业壁垒”,常常把握不到技术要点,提不出合理异议,导致整个质证流于形式。[2]

庭审质证流于形式的一个主要影响因素就在于鉴定人出庭率低。以司法行政机关登记注册的社会鉴定机构的鉴定人的出庭率为例,2015～2016年通知鉴定人出庭人数与通知鉴定人出庭率均有所增长。而2017年,在鉴定总量有十几万的大幅增长的情况下,通知鉴定人出庭人数却有所下降(见表1)。然而,与大众过去的固有印象认为鉴定人出庭率低是因为鉴定人不愿意出庭不同,鉴定人在接到法院通知后出庭率非常高。根据表1,2015～2017年鉴定人在接到法院通知后出庭率分别为97.86%、99.96%、98.48%,几乎达到了只要法院通知鉴定人必出庭的程度。而相对应的是法院通知鉴定人出庭的积极性并不高。根据表1,2015～2017年法院通知鉴定人出庭率分别为0.92%、0.94%、0.65%,比例非常低,均没有超过1%。在环境民事公益诉讼案件的审理中,这个问题同样存在。在我们检索到的31份包含鉴定意见的环境民事公益诉讼裁判文书中,申请鉴定人出庭的只有6件,申请率只有19%;而鉴定人在

---

[1] 该案历经一审、二审及申请再审,最高人民法院于2016年1月31日作出裁定驳回申请的裁定。详见最高人民法院(2016)民申字第1366号民事裁定书。

[2] 参见陈如超:《民事司法鉴定中的法官行为规制》,载《法商研究》2018年第2期。

接到法院通知后实际出庭的同样是 6 件，出庭率达到了 100%（见表 2）。有的鉴定人在出庭接受质询后如果法官或者当事人还有疑问的还会在出庭后继续出具书面的说明来解答。

表 1 2015～2017 年全国司法行政机关管理注册的社会鉴定机构鉴定人出庭率

年份	鉴定总量（件）	通知鉴定人出庭（件）	通知鉴定人出庭率	鉴定人接到通知后实际出庭率
2015 年	1,933,928	17,867	0.92%	97.86%
2016 年	2,131,578	20,152	0.94%	99.96%
2017 年	2,273,453	14,917	0.65%	98.48%

表 2 检索裁判文书中鉴定机构鉴定人出庭率

鉴定总量（件）	申请鉴定人出庭（件）	申请率	鉴定人出庭（件）	鉴定人出庭率
31	6	19%	6	100%

造成申请鉴定人出庭率低的原因主要在于当事人的庭审应对能力不足。一方面，当事人特别是被告方由于缺乏对鉴定人出庭制度的了解以及对鉴定人出庭制度的“不信任”，认为即使鉴定人出庭了也不能帮助其实现诉讼目的而普遍对申请鉴定人出庭积极性不高。另一方面，当事人特别是部分被告经济实力不足，在进入环境民事公益诉讼程序之前，大部分被告已经接受了行政处罚甚至刑事处罚，其资金与精力大都用于应对行政处罚与刑事诉讼，对于环境民事公益诉讼往往不甚上心也疲于应对。通过对前文检索到的 31 份裁判文书进行样本分析可知，被告人因同一事实已承担了刑事责任或作为同一案件的刑事被告人的有 15 份，占比接近 50%，有 4 件案件被告没有请诉讼代理人，有 1 个案件被告方甚至无人出庭，法庭是在只有原告出庭的情况下进行的缺席审判。因此，在这样的情况下被告很少会申请鉴定人出庭，在表 2 的 6 件鉴定人出庭的案件中由被告申请鉴定人出庭的只有 2 件。同时，由于通知鉴定人出庭要耗费一定的诉讼成本，出于诉讼成本与审判实效的考虑，很多法官对鉴定人出庭制度也采取消极心态。

三、原因剖析：导致鉴定意见采信问题频发的三重性因素解读

综合分析，造成环境民事公益诉讼案件中鉴定意见采信过程中出现诸多问题，主

要由以下三个因素导致：

（一）司法权的过于强化

由于环境民事公益诉讼所涉的环境污染问题牵涉面广、影响范围大，法院在审理环境民事公益诉讼案件时有更强的职权性。因此，我国在设计环境民事公益诉讼制度时通过强化司法权与借用行政资源的方式来确保环境公益诉讼制度落到实处。[1]

司法权的强化主要表现在法官对整个环境民事公益诉讼的把控。无论是"指导"原告提出"足以保护社会公共利益"的诉讼请求还是主动调查收集证据和为原告进行委托鉴定都体现了司法权在环境民事公益诉讼中的强化。与此同时，法院还可以运用行政资源解决司法问题。例如，法院在确定生态环境修复费用时，除了可以选择委托鉴定外还可以参考对环保负有监管职责的行政机关的意见、专家意见再结合环境被污染破坏的程度、后果等因素进行确定。

司法权的强化有其的积极作用，比如，在认定被告应承担的责任时法院可以进行综合考量与平衡。法院在判决被告承担赔偿或恢复生态责任时可以综合考量被告在进入环境民事公益诉讼程序之前已经支付了相应的行政罚款、履行了一定赔偿金和生态恢复资金的情况。实践中，一些法院在审理环境民事公益诉讼案件时在强调环境损害救济的同时，也开始兼顾预防原则及促进经济可持续发展。例如，河北省高级人民法院在审理中国生物多样性保护与绿色发展基金会诉秦皇岛方圆包装玻璃有限公司的环境民事公益诉讼上诉案中，[2]法院在审理确定被告需承担的生态环境修复费用时将被告缴纳行政罚款的行为与防污采取的积极措施等折抵了被告因超标排污造成的部分损害。

司法权的强化能保证环境民事公益诉讼程序的正常有序高效运转，确保被告责任被依法追究，有利于实现保护环境的目标。但是，过于强化司法机关的司法权，容易使司法机关在环境民事公益诉讼中扮演了"过于主动"的角色。表现在鉴定意见的采信方面就是法官对鉴定意见采信的强力控制，这样容易导致法官在采信鉴定意见时"孤军难战"。

（二）法官对鉴定意见的认识能力不足

法官对鉴定意见的评判有时是"心有余而力不足"，这个问题在法官审理环境民

---

〔1〕 参见王明远：《论我国环境公益诉讼的发展方向：基于行政权与司法权关系理论的分析》，载《中国法学》2016年第1期。

〔2〕 详见河北省高级人民法院（2018）冀民终758号民事判决书。

事公益诉讼中尤其明显。环境问题不是一个单一的问题，它包含了大气、土地、海洋等方面的知识。而所谓“隔行如隔山”，法官作为法律专家很难在审理此类案件时对案件所涉专业知识有一个清楚的了解。因此，环境民事公益案件的复杂性与特殊性使自由心证在审理环境民事公益案件时成为一种必然的选择，法官在审理时要凭借本身的学识、逻辑思考、经验、常识等对具体情况作出判断。

自由心证原则成立的事实基础是大众对于法官能正确审查证据及认定案件事实的信任，而法官对鉴定意见认识不足的问题，对于证据裁判原则及自由心证原则的运用将是一个很大的挑战。首先，囿于经验与知识的不足，法官可能在认定鉴定意见时不能作出正确的判断。这在一定程度下会削弱证据裁判原则的适应基础。众所周知，鉴定意见的出现正是因为鉴定人具有法官所缺乏的科学知识，但在审查认定鉴定意见时又要求法官正确评判认定这些他们缺乏的科学知识，这本身就具有一定的矛盾性与难度。其次，缺乏相关方面的专业知识会影响法官对鉴定意见的自由心证判断，限制了自由心证原则的运用。最后，专业知识的匮乏会使大众对于法官能否正确认定鉴定意见产生质疑，进而削弱司法权威性。

（三）缺乏具体的鉴定意见采信规则

环境民事公益诉讼鉴定意见的采信缺乏具体的鉴定意见采信规则进行指导，这也是问题频发的一大诱因。只有在统一的司法鉴定标准下，细化鉴定意见采信规则，才能指导法官更加科学公正合理地采信鉴定意见。

目前，我国法律对于鉴定意见的采信规则只作了原则性的规定，只规定了鉴定意见必须经过质证，而质证的具体规则、内容、程序均没有予以具体的细化。最高人民法院《关于民事诉讼证据的若干规定》第 36 条规定审查的内容为：(1)委托法院的名称；(2)委托鉴定的内容、要求；(3)鉴定材料；(4)鉴定所依据的原理、方法；(5)对鉴定过程的证明；(6)鉴定意见；(7)承诺书。对于该规定的第(1)、(2)、(5)、(7)项内容法官可以凭借自己的经验与知识进行实质审查；但是对于第(3)、(4)项，由于涉及的内容包含一定的专业知识，法官几乎只能进行形式化审查。

需要明确的是，鉴定意见相比其他证据并不具有“特权”，对其采信也要符合证据的客观性、合法性、关联性。法官在审理环境民事公益诉讼时对鉴定意见的偏爱，更加需要制定具体的鉴定意见采信规则来进行规制。

四、体系构建：四元联动采信辅助机制

法官是鉴定意见采信的“主导者”，我们在鉴定意见采信过程中遇到的难题归根

结底其实都源于法官缺乏相关的专业知识。但是我们不能指望审理环境民事公益纠纷的法官普遍成为环境专家,了解环境诉讼的每一个专业问题,客观上也不具有期待可能性。因此,我们能做的是发挥多方专业资源的联动作用,形成辅助合力,加强法官对鉴定意见的认识,使之更好地运用和把控鉴定意见,形成对鉴定意见是否采信的自由心证。

(一)辅助法官采信鉴定意见的组成元素

1. 鉴定意见提供者:司法鉴定人

司法鉴定人在司法鉴定活动中运用自身的专业知识针对涉案的专业问题提供鉴定意见,为整个司法鉴定活动服务。鉴定意见是司法鉴定人的意见性产物,必须经过庭审举证、质证,并由法官审查判断后才能达到证明案件事实的目的。

司法鉴定人出具的鉴定意见为整个鉴定意见的采信奠定了基础、提供了平台。按照法律的规定,其应具有中立性与客观性,但是我国环境民事公益诉讼司法鉴定的启动主要采取"当事人申请—法官决定"和"法官依职权启动"的混合模式,且以第一种模式为主。[1]司法鉴定的启动模式决定了鉴定意见会带有一定的主观性与倾向性。因此不能仅依靠司法鉴定人的意见就作出是否采信的决定,还需要其他专业元素的辅助。

2. 鉴定意见补充替代者:专家辅助人

专家辅助人制度在我国法律规定中被表述为"具有专门知识的人"或"专家意见"。在环境民事公益诉讼中专家辅助人主要以鉴定意见的补充者或替代者发挥作用。

专家辅助人作为鉴定意见的补充者,主要作用是接受诉讼双方的委托,帮助当事人对鉴定意见进行质证,解答当事人、法官对鉴定意见涉及的专业问题的疑问并提供专业意见。最高人民法院《关于审理环境民事公益诉讼案件适用法律若干问题的解释》第 15 条规定,经当事人申请,专家辅助人可以参与诉讼就鉴定意见或其他专门性问题提出意见,进行质证,质证后的意见可以被采信作为认定案件事实的根据。专家辅助人帮助当事人在庭审中针对鉴定意见或出庭的鉴定人等进行质证,避免因当事人缺乏专业知识,不能进行有效质证而使鉴定人出庭制度流于形式,也有利于提高庭审质证质量,实现庭审的公平对抗。

在庭审中对鉴定意见进行质证时,专家辅助人针对鉴定意见根据自己的专业知识提出问题与看法,在有鉴定人出庭的情况下,鉴定人再针对专家辅助人提出的意见与看法进行反驳或答疑。在双方相互质证过程中,法官可以对专家辅助人或鉴定人

---

〔1〕 参见陈如超:《民事司法鉴定中的法官行为规制》,载《法商研究》2018 年第 2 期。

进行询问,对方当事人或诉讼代理人在经法庭准许的情况下也可向专家辅助人进行质询。法官在整个质证的过程中综合判断专家辅助人意见的科学性、客观性能否达到确定或动摇鉴定意见的证明标准,然后形成是否采纳鉴定意见的内心确信。在专家辅助人与鉴定人进行质证之前,法官已经对鉴定意见的内容有了一定的了解,在其心中已经有了对鉴定意见的初步看法与判断,专家辅助人出庭进行质证就是要动摇或降低法官对鉴定意见的确信度,专家辅助人与鉴定人针对鉴定意见进行质证的规则是从"有"到"否"的过程。这实质上是一种"逆向的推理"模式。〔1〕

在环境民事公益诉讼中专家辅助人还可以"专家意见"的形式成为鉴定意见的替代者。最高人民法院《关于审理环境民事公益诉讼案件适用法律若干问题的解释》第23条规定,"生态环境修复费用难以确定或者确定具体数额所需鉴定费用明显过高的,人民法院可以结合污染环境……因素,并可以参考负有环境保护监督管理职责的部门的意见、专家意见等,予以合理确定"。在河南省企业社会促进中心诉铜仁市铜鑫汞业有限公司等人环境民事公益诉讼一案〔2〕中,法院就是在没有进行司法鉴定的情况下,以专家辅助人出具的专家意见为依据认定被告需支付的具体环境修复费用。

然而,专家辅助人的专业意见也会带有一定的倾向性与主观性,特别是当专家辅助人作为"补充者"时,其接受一方当事人的委托,为一方当事人发声,司法解释中对专家辅助人出具的意见"视为当事人陈述"的表述也让法官对专家辅助人意见的客观性、中立性持怀疑态度。在这种情况下,由于这种天然的不信任感以及专家辅助人不可避免的偏袒性,法官需要一个更加客观中立的"专家"对案件所涉专业问题进行解释,帮助其形成关于鉴定意见是否采信的自由心证。

3. 中立型法官助手:司法技术人员

司法技术人员是法院内部工作人员,是"中立型"的法官助手,在鉴定意见采信过程中其以独立于控辩双方的中立身份向法官提供关于鉴定意见的专业性意见。《人民法院组织法》将司法技术人员归属于司法辅助人员序列,其主要的功能就是承担司法鉴定工作、向审判人员提供技术咨询与技术审核服务,就专业问题辅佐法官,加强法官对鉴定意见的认识。

司法技术人员作为法院内部工作人员,不接受任何一方当事人的聘请,与法官也不属于上下级隶属关系,因此其提供的专业意见具有独立性、中立性、客观性,也更能

〔1〕 参见窦淑霞:《法官对专家辅助人意见的采信与心证形成的路径分析》,载《法学杂志》2018年第2期。

〔2〕 详见河南省洛阳市中级人民法院(2016)豫03民初253号民事判决书。

让当事人信服。具体来说，司法技术人员可以从鉴定程序启动到鉴定意见采信的不同环节为法官提供实质性的技术帮助。[1] 司法技术人员不是合议庭成员，没有决定鉴定意见能否采纳的审判权，其提供的关于鉴定意见的专业意见也不属于证据，只能作为合议庭认定事实时的参考。

实践中司法技术人员也存在一些问题与困境。在很多法院特别是部分偏远地区法院的司法技术人员专业背景与法律知识都相对匮乏，对鉴定意见涉及的专业性知识了解不是很深，提供的意见相对贫瘠。同时，司法技术人员与审判人员之间没有形成对鉴定意见采信情况的考评联动机制。[2] 司法技术人员独立于业务庭，无办案责任的压力，一些技术人员因此缺乏辅助法官采信鉴定意见的动力。权力与压力的双重缺失让司法技术人员的专业意见不能及时、高效、保质保量的提供，因此，法官需要一个能与其共享审判权力与义务的专家，辅助鉴定意见的采信。

4. 审判权力分享者：专家陪审员

专家陪审员是法官审判权力的分享者，也是具体案件审理压力的承担者。专家陪审员与法官组成合议庭，是鉴定意见是否采信的判断主体。

对于构建专家陪审员制度，司法实践的呼吁与学术界的探讨已经持续了一段时间，特别是2015年发布的《人民陪审员制度改革试点工作实施办法》第9条第2款规定，“人民法院可以根据人民陪审员专业背景情况，结合本院审理案件的主要类型，建立专业人民陪审员信息库”。这份文件的出台让建立专家陪审员制度具有了期待可能性。但是2018年颁布的《人民陪审员法》中却并未提及专家陪审员的问题。而在该部法律颁布前最高人民法院在关于人民陪审员制度改革试点情况的报告中指出，虽暂时不建立专家陪审员制度，但允许按专业对人民陪审员进行分类，参与审理一些专业性较强的案件。因此，我们可以得知，虽然新的《人民陪审员法》让建立专门的专家陪审员制度短期内难以实现，但是这并不代表对专家陪审员的全盘否定，我们依然要看到专家陪审员在解决现阶段鉴定意见采信难题的合理性与优越性。我们可以探索在现有人民陪审员制度的框架下建立专家陪审员序列，在现有的人民陪审员范围内专门分出按所属行业、领域不同的不同专家陪审员分类。例如，医疗侵权类专家陪审员，建筑工程类专家陪审员、环境类专家陪审员等。

---

〔1〕 参见［日］佐久间泰司、平野武：《日本民事诉讼中的司法鉴定——以近年的制度改革委视角》，张英译，载《中国司法鉴定》2016年第6期。

〔2〕 参见陈如超：《民事司法鉴定中的法官行为规制》，载《法商研究》2018年第2期。

专家陪审员作为合议庭成员在案件的审理过程中与法官拥有相同的权利，履行相同的义务，具有相同的中立性。在庭审过程中，专家陪审员与法官一起主持控辩双方、鉴定人、专家辅助人等对鉴定意见进行质证，以合议庭成员的身份就鉴定意见有关的专业性问题进行针对性的发问，避免鉴定意见的质证变成“走过场”；在合议阶段，专家陪审员对鉴定意见涉及的专业问题进行解释，帮助法官更好地理解鉴定意见并以合议庭成员身份对鉴定意见的认定独立发表意见，与法官等其他合议庭成员共同进行表决。随着裁判文书上网等制度的推进，专家陪审员对鉴定意见的认定过程与结果会以合议庭的最终意见形式载入裁判文书，让控辩双方进行充分了解，并给予了当事人对鉴定意见的采信有异议时可以通过上诉保障自己的权利，并形成监督。

（二）构建四元联动采信辅助机制：合力组成鉴定意见采信的专业服务群体

司法鉴定人、专家辅助人、司法技术人员与专家陪审员“四元联动”共同组成辅助法官采信鉴定意见的专业服务群体。专家辅助人与鉴定人“二元对抗”，有利于最大限度地揭示鉴定意见涉及的案件事实，帮助法官了解鉴定意见并形成鉴定意见是否客观真实的心证；司法技术人员这一元则有利于帮助法官“去伪存真”，用其专业知识协助法官理解鉴定意见，帮助法官更加准确地认定鉴定意见；专家陪审员这一元是法官的“合作伙伴”，与法官一起组成合议庭把控庭审，运用专业优势组织控辩双方、专家辅助人与鉴定人有针对性地对鉴定意见进行质证，同时听取鉴定人、司法辅助人、司法技术人员“三元”关于鉴定意见的专业意见，与法官共同作出是否采信鉴定意见的认定。“四元联动采信辅助机制”是一个灵活可自由拆解组合的辅助机制，法官可以视不同案件的不同情况引入不同的专家“元素”来辅助采信鉴定意见。（如图3所示）

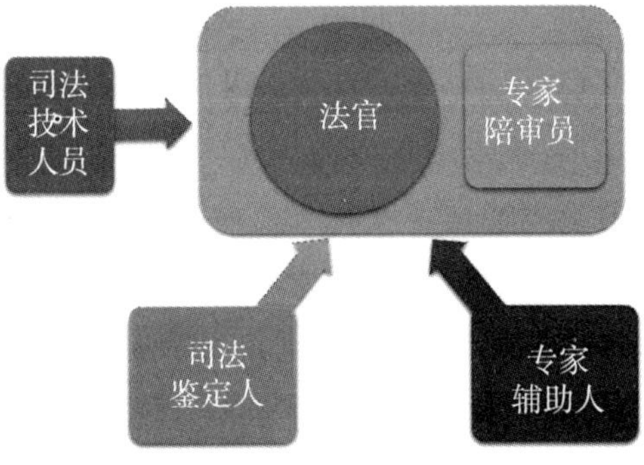

图3　四元联动采信辅助机制

构建“四元联动采信辅助机制”旨在帮助法官形成对鉴定意见采信与否的自由心

证。在审查鉴定意见的过程中,法官心证的形成可细化为五个阶段:第一,审查司法鉴定人、专家辅助人、司法技术人员、专家陪审员的资质、经验、专业素质等;第二,审查鉴定材料是否来源真实,鉴定的方法、依据及专家意见作出的依据以及过程是否科学、客观;第三,审查鉴定意见及各方针对鉴定意见提出的专家意见与待证事实之间是否具有关联性,关联性的大小;第四,审查鉴定意见及各专家意见的推理是否符合逻辑,结论是否准确唯一、与案内其他证据是否有矛盾,能否达到证明标准;第五,审查鉴定意见的形式、内容是否具备诉讼证据的合法性、客观性、关联性。在这五个阶段,"四元联动采信辅助机制"中的每一元专家都可以单独或合力发挥辅助作用,帮助法官查明案件事实,形成是否采信鉴定意见的自由心证,作出公正合理的判决,实现环境民事公益诉讼的公益性目的。

结　语

环境民事公益诉讼是解决环境难题的一个关键措施之一,而鉴定意见又是环境民事公益诉讼中不可或缺的证据之一,构建"四元联动采信辅助机制"是完善鉴定意见采信的方式之一,是解决环境民事公益诉讼鉴定意见采信难题的"高配"模式。但是,在实践中不是所有环境民事公益诉讼案件都需要如此高规格的配置,双方都配备司法辅助人对当事人来说也是一笔不小的开销,司法技术人员与专家陪审员的数量都相对较少,很难满足环境民事公益诉讼案件的需求。"四元联动"同时也意味着司法成本的升高和诉讼效率的降低。因此,在具体操作中,我们要明确"四元联动"的具体适用条件和程序选择问题,包括什么情况下需要"四元"的共同参与,什么情况下只需要"一元"或"几元"的介入,均要进行具体细化的规定,增强"四元联动采信辅助机制"的可操作性,降低运行的诉讼成本,实现设计初衷,更好地运用鉴定意见帮助法官审理环境民事公益诉讼,为社会公共环境利益保驾护航。

论我国民事诉讼证人出庭作证制度的现状及对策研究

梁 燕*

一、我国民事诉讼证人出庭作证制度概述

(一)民事诉讼证人出庭作证的理论基础

所谓证人,是指除当事人以外,知道案件有关情况的人把自己所了解的事实如实向法庭陈述的人。有关证人资格的问题,在我们国家,单位和个人都具备证人的资格。这一点与大陆法系、英美法系不同,两大法系中仅把证人限定为自然人,将单位排除在证人资格主体的范畴。笔者认为,法律虽然赋予单位具有证人资格主体,但这样的规定是不科学的。首先,单位是由多个自然人构成的集合体,单位作为一个集合体,无法表现出全部自然人的意志。其次,在单位作证的情况下,单位的意思需要通过自然人来表达,所以单位作证的本质仍然属于自然人作证。相比之下,不管是我国《刑事诉讼法》,还是《行政诉讼法》,乃至世界上其他国家的法律,都没有单位作为证人的规定。[1]

1. 证人出庭作证是法律规定的义务

美国有一句颇为经典的司法格言:"国家有权利得到任何人的证据。"[2]显然,在美国的法律乃至司法实践中,证人应当出庭作证,这是

* 天等县人民法院诉讼服务中心副主任。

〔1〕 参见王驱新、陈杭平:《证人出庭作证的一个分析框架——基于对若干法院民事诉讼程序的实证调查》,载《中国法学》2005 年第 1 期。

〔2〕 孙玮琳:《民事诉讼证人出庭作证制度研究》,烟台大学 2017 年硕士学位论文。

证人的一项法律义务。有关证人出庭作证的规定可以在我国《民事诉讼法》中找到相关的法律依据,法律规定,只要是知道案件情况的单位和个人,都有义务出庭作证。可见,证人出庭作证是在履行法律义务。证人是社会中的人,他在国家提供的司法保障下安定的生活,所以,当某种法律秩序遭到破坏的时候,他具有不可推卸的作证义务。也就是说,他在行使国家赋予的权利时,应当履行国家义务,这也符合权利义务相一致原则。

2. 证人出庭作证是诚实信用的原则要求

证人应当向法庭如实陈述自己知道的案件情况,事实上,证人如实陈述的义务来源于民法中的诚实信用原则。诚实信用原则是我国自古以来沿袭下来的道德信条、伦理标准。现代社会,中国和其他国家都相继把诚实信用原则作为民法的基本原则,主要是用来约束民事主体实施的民事行为,可见诚实信用原则在民事活动中的重要作用。证人出庭作证是诚实信用原则的体现及要求,证人在民事诉讼活动中应该信守承诺、讲究信用,且不能有损害国家、集体、第三人利益的行为。

(二)民事诉讼证人出庭作证的意义

1. 有利于查明案件事实

证人在庭审中陈述可以最大化地还原案情,因为在作证过程中不仅要经过当事人的质证,还要接受法官的询问,法官可以观察证人的神态、语言表达等细节,一旦发现存在疑点可以继续追问证人,经过直接质证和交叉询问等环节,证人如果存在作伪证的情形也较容易露出破绽。所以,证人出庭有助于法官在庭审活动中剥茧抽丝、去伪存真,从而最大限度地保障法官查明案件事实。

2. 体现了审判公开

证人出庭作证体现了审判公开。倘若证人在庭审活动中缺席,当事人仅仅向法庭提交了证人的书面证言,实际上会导致法庭质证虚化,群众肯定会怀疑证人证言的真实性,很大程度上会降低当事人及旁听群众对整个庭审活动的信任,司法公信力也会因此大打折扣。换言之,证人出庭从某种意义上来说彰显了司法公开,言词证据不仅当庭进行了公开展示,还经过了公开质证,这一诉讼过程是在法官、诉讼参与人、旁听人员的共同见证下完成的,所以,群众对法律的认知和信仰才会增强。可见,证人出庭作证更符合民事诉讼的价值和目的。

二、我国民事诉讼证人出庭作证的现状及原因分析

据有关调查数据显示,自我国《民事诉讼法》实施以来,证人出庭作证的比例不

高,大多数证人采用书面证言的方式进行作证。造成证人出庭率低的原因是多方面的,既有立法层面的原因,又有制度方面的原因。本文以我国民事诉讼证人出庭作证的现状为切入点,分析证人出庭难的原因,从而找出制约证人出庭作证的症结。

(一)我国民事诉讼证人出庭作证的现状

1. 证人出庭率低

据统计,在我国司法实践中,证人拒绝出庭、拒绝作证的现象比比皆是,证人出庭率远比我们想象中的要低。出于某种原因,证人不出庭,取而代之的是书面证言。证人拒绝出庭接受询问,俨然已经成为民事诉讼中一个难以攻克的顽疾。以笔者所在的天等县人民法院为例,近三年来审理的民商事案件中,证人证言在案件中出现的频率大约为 8%,涉及的案件类型也比较多,但证人的出庭率只在 2% ~3% 左右,出庭率与预期相差甚远。通过上述数据我们不难发现,证人出庭率低已是摆在我们面前不争的事实。如前文所述,证人出庭率低不仅在程序上损害了公开审判,还与现代化庭审的要求相悖。

2. 证言可信度低

证人虽然具有不可替代性,但其主观性较强,容易受到其他因素的干扰。证言可信度较低,主要有以下几个方面的原因:一是案件发生以后,证人经过一段时间再去回忆当时的案件情况,由于时间的间隔,证人的表述极有可能存在模糊不清的现象,所以证人提供的证词难免会出现偏差。二是证人存在故意作伪证的情形。在部分民事案件中,证人与原告、被告一方存在亲属、朋友、同事、合作等特殊关系,因此,证人作出的证言通常会有利于申请证人作证的一方当事人,其作出的证词具有倾向性,可信度自然就会低。

3. 证言采信率低

很多法官表示,中国是一个人情社会,证人的社会属性决定了证言可能存在失真的情形,所以法官通常不会单独采信该份言词证据,而是需要综合其他证据才能认定案件事实。在证人证言真伪难辨时,法官宁可模糊处理,也不贸然采信。这种模糊处理实际上是对证人不信任的表现。据不完全统计,80% 以上的法官在裁判意识里是排斥证人证言的,法官认为证人的信用度较低,证言难以被采信。针对证人出庭率低的问题,虽然各级法院采取了各种措施来促进证人出庭,但效果并不明显。

(二)证人"出庭难"之肇因

证人"出庭难"的原因是多方面的,既有法律方面的原因,也有法律之外的原因。具体来说可归纳为以下几个方面。

1. 公民法律意识淡薄，存在“厌讼”“耻讼”心理

证人拒绝出庭作证的根源其实可以追溯到几千年前。一方面，受中国传统文化的影响，老百姓存在“厌讼”“耻讼”心理。自西汉以来，儒家思想就占据着主导地位。数千年来一直强调“礼之用，和为贵”，出现纷争的时候倡导双方通过协商的方式和平解决。所以人们排斥剑拔弩张、对簿公堂，从心理上排斥运用诉讼的方式解决纠纷。在这样的文化背景下，人们会认为诉讼是一件不光彩甚至可耻的事情，所以证人自然而然地不愿意参与到诉讼当中，更不愿意出庭作证。另一方面，受“趋利避害”思想的影响，老百姓不愿意“惹祸上身”。很多人觉得“事不关己高高挂起”，对与自身没有利益关系的诉讼，不必要花费那么多时间和精力去出庭作证，而且更害怕得罪人，受到打击报复。在这种诉讼观念的驱使下，群众将出庭作证看作一种负担，抱着“能躲就躲”的心理，绝大多数情况下拒绝出庭。此外，公民的法律意识淡薄在一定程度上也会降低证人的出庭率。如前文所述，几乎没有人把出庭作证当成是一种法律上的义务，更没有人会为了实现公平正义而主动要求出庭作证，这是最大的讽刺和悲哀。

2. 权利保障机制不足，证人出庭作证支出得不到保障

事实证明，权利和义务始终是对等的。证人出庭作证是一种义务，但并不意味着证人出庭履行义务就应该是无偿的。简言之，证人在履行出庭作证义务的基础上，应当享有一定的权利。证人出庭作证实际上是在参与民事诉讼活动，证人在参与的过程中必然要耗费一定的时间和精力，甚至还要花费一定的财力和物力，这些合理的费用支出应该得到支持。关于证人出庭产生的交通费、住宿费、误工费等，我国《民事诉讼法》及《诉讼费用交纳办法》当中也有明确的规定。不可否认的是，相关条文设置得不够周严，具体性不够，容易导致操作上的漏洞。证人出庭作证不仅耽误了工作，还产生了额外的费用支出，证人的补偿请求权又得不到很好的保障，很大程度上会挫伤证人出庭的积极性。综上，过高的成本导致证人不愿意出庭。

3. 立法缺失，导致民事诉讼证人拒绝作证存在法律空白

就我国现行民事诉讼法而言，证人无正当理由拒不出庭作证方面还未有实质性的突破，既没有任何法律规定，亦无任何惩罚措施。可见，我国民事诉讼法并未真正把强制证人出庭作证制度纳入民事法律之中，实乃法律之空白。法律规定法院开庭前要通知证人出庭作证，然而，法院承担的只是通知义务，当证人无故拒不出庭作证时，法律并没有规定法院可以对证人采取何种强制措施强制其到庭。也就是说，证人出庭作证具有随意性，可以出庭，也可以不出庭，即使不出庭也不用受到任何惩罚措施，不用承担任何法律责任。对比其他国家的立法，尤其是大陆法系国家，很多国家

都在法律条文中明确规定证人拒绝出庭作证应承担的法律后果，只要证人拒不履行出庭作证义务，就会被认为是触犯了国家的法律，相应的会受到惩处。我们应该学习和借鉴国外的先进经验，把证人的作证义务以法律条文的形式呈现出来，从而保障证人的出庭率。

4. 立法保护过于僵硬，没有建立起完整的证人保护体系

在司法实践中，证人遭受打击报复的事例屡见不鲜，法律对证人及证人家属人身权利保护方面的确缺乏相应的保障机制。虽然法律规定要对证人及其亲属加以保护，但是没有规定在何种情况下要进行保护，以及采取何种方式进行保护。我们国家面临的主要问题是，缺乏事前预防性保护及事后保护，也就是说，对证人的保护缺乏连续性。我国刑法虽然规定了打击报复证人罪，但这只是对犯罪分子的一种事后惩戒，只能起到一定的警示作用，不能有效预防证人免受人身及财产上的损害。立法的缺失，等同于纵容了打击报复行为的社会危害性。因此，立法上需要迫切制定完善的证人保障机制，打消证人出庭的恐惧心理，让证人出庭作证没有心理负担及后顾之忧。

三、完善我国民事诉讼证人出庭作证制度的若干建议

任何法律制度都不是完美的、无懈可击的，虽然我国有关证人出庭制度进行了较大的改进，但依然存在许多问题，不少问题并没有因为《民事诉讼法》的修订而得以解决。笔者认为，我们应该立足实际，不断完善我国民事诉讼证人出庭作证制度，从而提高公民对司法作证的参与度，捍卫司法权威。

（一）加强宣传教育，转变公民落后陈旧的作证观念

法律应该被信仰，否则，不被信仰的法律将形同虚设。陈旧的诉讼观念、模糊的法律意识是证人不愿意出庭的重要原因之一。过去宣传法律的手段比较单一，群众在生活中接触到法律的机会也不多，法律信仰不够。

我们可从以下几个方面开展形式多样的法治宣传。一是充分利用互联网、官方微信、官方微博、电视、报刊等媒体加大法治宣传力度，提高群众对法律的认知度，摒弃过去"畏讼、耻讼"的传统思想和愚昧无知的行为作风。让证人逐渐树立起守法、用法的法律意识，也让证人从内心上认识到出庭作证是自己应尽的法律义务，应当认真履行。二是定期到社区、村屯开展法治宣传活动，以群众喜闻乐见的方式进行法治宣传，重点解读《民事诉讼法》《刑法》等与群众息息相关的法律，帮助证人打破禁锢，消除和摆脱错误观念的束缚。同时，鼓励证人出庭作证，对证人出庭作证行为进行表扬，让证人意识到出庭作证是一项义务，更是一件光荣的事情，是在为国家司法工作

作出贡献的有意义之举。

(二)制定与完善相关的配套制度,给予证人出庭一定的经济补偿

证人出庭作证是证人在本职工作以外参与的一种司法活动,也是一种对社会有益的活动。因此,证人花费的时间和金钱成本理应得到合理的经济补偿。目前,国内有关证人出庭作证费用补偿方面的法律条文比较简单,操作起来也较为机械,证人出庭作证的费用支出往往难以得到保障,这些因素都挫伤了证人出庭作证的积极性,使证人望而止步。

对于自愿出庭的证人,合理的费用支出应该得到支持,对于强制到庭的证人,其费用支出应由其自行承担。最高人民法院《关于适用〈中华人民共和国民事诉讼法〉的解释》对证人出庭费用的补偿标准有明文规定,证人支出的必要费用应该按照机关事业单位工作人员差旅费用和补贴标准计算,证人的误工损失则应该按照国家上年度职工日平均工资标准计算。另外,法律还规定这部分费用由申请人预缴。但是,在一些案件中,申请人经济困难,如果让其预缴费用,无疑加重了申请人的负担,让申请人觉得诉讼成本过高,更让他们有"打不起官司"的心理包袱。笔者认为,可由人民法院预先垫付该支出费用。具体操作如下:首先,由证人就其必要的费用向法院申报,法院按照法律规定的计算标准确定一个合理的数额。其次,经过双方当事人确认无异议后,该费用支出先由法院进行垫付。最后,法院预先垫付的费用要在判决书中列明由哪一方承担。这样既避免了申请人因家庭困难而不敢申请证人出庭作证的尴尬,又保障了证人的经济补偿请求权。

(三)完善立法,明确规定证人拒不出庭应负的法律责任

如前文所述,证人出庭作证对审判的重要意义在于,可以保障当事人的质证权利。倘若任由证人随意不出庭,我国法院的权威必然会被削弱。正如学者所说的,"由于我国缺乏强制传唤证人到庭作证机制,造成了证人出庭率低的司法现状"。[1]因此,在民事诉讼法中应增设强制证人出庭作证的条文,并明确规定证人拒不出庭应承担的法律责任。笔者认为,可以建立以下几项惩戒措施。

首先,建立传唤制度。我们应打破传统方式,不应以通知的方式告知证人出庭,而是直接采用传票传唤的方式告知其到庭。传票传唤本身就带有一定的强制性,若经合法传唤,证人仍未到庭,法院可由法警拘传其到庭。其次,建立罚款制度。对拒不到庭作证的证人施以一定数额的罚款,以达到威慑作用。很多国家都有对拒不到

〔1〕 宋春雨:《民事诉讼法修改中完善民事证据制度的若干设想》,载《法律适用》2011年第7期。

庭的证人进行罚款的规定，因该制度不涉及限制人身自由，所以得到了很多学者的赞同。最后，建立拘留制度。对无正当理由拒不到庭作证的证人，情节严重的，经法院院长批准，可以对证人处以十日以下的拘留。显然，藐视法庭的行为应该受到法律的制裁，否则，拒绝出庭的法律后果太弱，证人不出庭的现状依然得不到有效的改善。

（四）健全证人保护体系，充分保障证人权益

当前，我国对证人的保护力度不足，对证人保护制度不完善，尤其是缺乏对证人及利害关系人的人身保护配套措施。[1] 笔者认为，应该在立法上确定证人保护的对象、范围、保护机构、保护措施等，使保护具有针对性。

关于证人保护的对象。虽然理论界存在争议，认为应该扩大保护对象。但笔者认为，保护的对象范围不宜过宽，也不能太窄，对象范围应该仅限于证人及其亲属。如果保护对象太大，势必会造成司法资源的浪费，按照我国当前的国情也难以实现。

关于证人保护的范围。应该包括人身权利和财产权利，原因很简单，有些报复行为是对证人的财产进行破坏，向证人施压，从而满足报复人的报复心理。如果将财产权利排除在保护的范围，容易让报复人钻法律漏洞，变相纵容了违法犯罪行为的发生。

关于证人的保护机构。司法实践中，公安机关、人民检察院、人民法院都承担着保护证人的职责，但是三个机关之间并不是隶属的关系，容易造成操作上的混乱。因此，我们可以进行统一归口管理，可以在公安机关内部设立一个专门的证人保护中心，作为常设机构，对公、检、法申报的证人保护案件予以审查，符合条件的，即安排公安人员对证人开展保护工作。这样既避免了三个机关之间相互推诿，又能确保证人保护工作形成常态化。

关于证人的保护措施。对证人的保护措施应贯穿于整个民事诉讼的始终，即庭审前、庭审中、庭审后三个阶段。关于证人保护措施方面，英美法系国家就做得很好，它们会为证人提供隐蔽性住房、变更身份等。从我国的国情来看，提供隐蔽性住房很难实现，成本过高。笔者认为，具体的保护措施应结合审判实践而定。首先，庭审中需要对证人的身份进行核实，无形中暴露了证人的家庭住址等身份信息，将证人置于危险的境地。因此，我们可以灵活操作，比如庭前由审判人员核对证人的信息，庭审中应作保密处理，可以隐去证人的有关信息，避免泄露证人的信息。其次，在证人及其亲属可能遭受侵害时，公安机关应派员采取跟踪保护措施，尽量杜绝伤害证人的事件发生。最后，如果证人受到侵害的，要依据相关法律追究侵权人的责任，同时，应从

---

〔1〕 参见李宗泽：《证人出庭作证制度是世界司法之传统》，载《科教导刊》2014年第11期。

法律援助等方面对证人提供帮助。

（五）建立以传统手段为主、远程作证为辅的作证方式

传统作证方式中证人必须到庭作证，接受双方当事人的质证，但有时候客观上的困难是横亘在证人面前的最大阻碍。美国、德国等发达国家远程作证运用得较早，技术也趋于成熟，值得我们借鉴。

据统计，截至2018年12月，我国网民数量已达到8.29亿，互联网的普及率已飙升至59.6%。如此庞大的网民规模足以显示，中国的信息化建设正在快速发展，网络也日渐普及。我们惊喜地看到，信息化技术被广泛应用于法院系统。近两年来，各地法院不断尝试网上立案、远程庭审、电子送达等模式，并取得了良好的社会效果。早在2009年，北京市丰台区人民法院就有证人网上作证的先例，实现了三名异地证人网上作证。因此，我们可以将远程作证方式运用到民事诉讼当中，让交通不便的地区能够享受到远程作证带来的诉讼便利。

笔者认为，我们可以建立以传统手段为主、远程作证为辅的作证方式。因为远程作证技术还不够成熟，而且传统作证方式在某些方面具有不可替代的优势，所以还是以出庭作证为主。具体可以这样操作，一种是在异地法院远程作证，另一种是在审理的法院远程作证。前一种情况适用于证人与审理案件的法院不在同一个辖区，此时由证人所在地的法院协助证人完成远程作证。后一种情况主要是出于对证人的保护目的，证人可以在法院的多媒体作证室向法庭作证，对证人的容貌、声音进行技术处理，如对证人的脸部打马赛克，对声音进行变声处理等，防止当事人在日后对证人进行打击报复。

结　语

证人出庭作证保障了双方当事人的质证权利，在民事诉讼证据中具有积极的意义。从整体上看，证人的权利义务不对等、证人的人身安全难以保障、证人出庭支出的费用难以兑现等问题依然突出，得不到有效的解决，这些问题都严重影响着证人的出庭率。可见，证人出庭率低是摆在我们面前的顽疾，解决证人“出庭难”问题刻不容缓。完善民事诉讼证人出庭作证制度势在必行，更是一个需要长期坚持的司法过程。本文立足于我国实际，参考借鉴了国外的先进经验及我国部分发达地区的成功做法，提出了完善证人出庭作证的意见建议，以期对我国民事诉讼证人出庭作证制度提供些许有价值的参考。随着我国法治社会的发展，相信人们对司法活动参与的程度会越来越高，越来越多的人会自愿参与民事作证。

刑事审判实践中如何把握刑事政策

韦宗昆*

法律效果和社会效果的统一始终是刑事审判工作追求的目标，要达到两个效果的统一，就要考量刑事法官是否熟知以及能否正确把握刑事政策，如果对刑事政策不熟知，判决的效果很有可能出现偏差。据我们对近三年刑事抗诉案件统计，因为对刑事政策把握不准被检察机关抗诉后改判的案件占全部抗诉案件的16.66%。例如，有的法官未能正确执行《关于依法惩治性侵害未成年人犯罪的意见》规定，对老师在学校教室且有多名学生在场的情况下强制猥亵儿童案件未认定“在公共场所当众猥亵儿童”，抗诉后由判有期徒刑七个月改判有期徒刑八年等。故，只有保持刑事政策敏感性，办案才能取得两个效果的统一。

一、熟知刑事政策的途径和方法

刑事政策是刑事法律的灵魂，也是刑事审判工作的根本指南。宽严相济刑事政策是我们党在总结长期与犯罪斗争的经验教训的基础上慎重提出的，体现了追求和谐、保障民生的人文精神，有利于分化瓦解犯罪分子，维护社会稳定，促进社会和谐。宽严相济刑事政策，在司法实践中，主要是指基于对社会形势和犯罪态势的科学判断，针对具体犯罪、具体犯罪的人的不同情况，应当实行区别对待，综合运用从宽和从严两种不同手段处理案件，以做到既有力打击和震慑犯罪，维护法制的严肃性，又尽可能减少社会对抗，化消极因素为积极因素，最大限度地实现法律

---

* 广西壮族自治区高级人民法院刑二庭副庭长。

效果和社会效果的统一。宽严相济刑事政策的核心是区别对待,目标是促进社会和谐稳定,关键是要做到该宽则宽、当严则严、宽严相济、罚当其罪。审判实践中,可以通过以下途径和方法熟悉、掌握刑事政策:

(一)综合性刑事政策

为贯彻宽严相济刑事政策,继续坚持依法严惩严重刑事犯罪的方针,注意从宽处罚的情形以及如何正确把握从宽情节,对同时具备从宽与从严情节并存的如何处理,如何正确处理赔偿与量刑的关系、将调解贯穿于刑事诉讼全过程、探索建立刑事和解制度、落实被害人司法救助制度,最高人民法院出台了《全国法院维护农村稳定刑事审判工作座谈会纪要》、《关于贯彻宽严相济刑事政策的若干意见》(以下简称《宽严相济刑事政策》)、《关于充分发挥刑事审判职能作用深入推进社会矛盾化解的若干意见》(以下简称《推进社会矛盾化解意见》);在危害公共安全案件频发的形势下,最高人民法院出台了《关于充分发挥审判职能作用切实维护公共安全的若干意见》(以下简称《切实维护公共安全的意见》)。此外,在孙某刚强奸杀人案、胥某祥抢劫案、李某明杀人案、佘某林杀妻案、赵某海杀人案等错案发生后,为提高刑事案件质量,落实证据裁判和疑罪从无原则,有关部门先后出台了《关于建立健全防范刑事冤假错案工作机制的意见》《关于办理刑事案件严格排除非法证据若干问题的规定》《关于全面推进以审判为中心的刑事诉讼制度改革的实施意见》等。

(二)服务大局类刑事政策和典型案例

1. 服务大局类刑事政策。为不同时期党和国家中心工作大局服务是我国刑事政策的一贯要求,具有鲜明的中国特色,需要刑事法官及时领会,通过充分发挥刑事审判职能为大局提供保障和司法服务。主要有:《关于为实施乡村振兴战略提供司法服务和保障的意见》《关于依法平等保护非公有制经济促进非公有制经济健康发展的意见》《关于充分发挥审判职能作用切实加强产权司法保护的意见》《关于人民法院为企业兼并重组提供司法保障的指导意见》《关于充分发挥审判职能作用为深化科技体制改革和加快国家创新体系建设提供司法保障的意见》《关于为改善营商环境提供司法保障的若干意见》《关于充分发挥审判职能作用为企业家创新创业营造良好法治环境的通知》《关于深入学习贯彻习近平生态文明思想为新时代生态环境提供司法服务和保障的意见》《关于在人民法院工作中培育和践行社会主义核心价值观的若干意见》《关于进一步发挥审判职能作用为打好三大攻坚战提供司法服务和保障》《关于人民法院进一步为"一带一路"建设提供司法服务和保障的意见》等。

2. 服务大局的典型案例。如最高人民法院 2016 年 3 月 10 日发布大力弘扬社会主义核心价值观十起典型案例,2018年1月30日及12月4日先后发布两批保护产权典型案件(其中刑事案件四件),2019年3月2日发布生态保护十大典型案例等。

（三）对某一类犯罪作出的刑事政策和发布典型案例

1. 某一类犯罪的刑事政策。刑事政策总是反映人民群众的关切,有关部门总是根据不同时期人民群众关切、关注的突发、多发、高发犯罪而出台不同的刑事政策指导意见。如《关于依法惩治拐卖妇女儿童犯罪的意见》《关于依法惩治性侵未成年人犯罪的意见》《关于依法办理家庭暴力犯罪案件的意见》《关于醉酒驾车犯罪法律适用问题的意见》《关于办理醉酒驾驶机动车刑事案件适用法律若干问题的意见》《关于依法惩治妨害公共交通工具安全驾驶违法犯罪行为的指导意见》《关于依法惩治涉医违法犯罪维持正常医疗秩序的意见》《关于充分发挥审判职能作用切实维护学校、幼儿园及周边安全的通知》《关于办理侵犯知识产权刑事案件适用法律若干问题的意见》《关于办理环境污染刑事案件有关问题座谈会纪要》《关于办理思信网络诈骗等刑事案件适用法律若干问题的意见》《关于依法惩治袭警违法犯罪行为的指导意见》《关于依法妥善审理高空抛物、坠物案件的意见》《关于依法惩治妨害新型冠状病毒感染肺炎疫情防控违法犯罪的意见》《关于做好新型冠状病毒感染肺炎疫情防控期间医务人员安全维护良好医疗秩序的通知》等。

2. 发布依法惩治某类犯罪典型案例。为配合刑事政策实施,依法惩治某类突发、多发、高发犯罪,最高人民法院、最高人民检察院都会适时召开新闻发布会并发布一些典型案例。如最高人民法院于2015年5月26日发布四起涉医犯罪典型案例,于2019年7月24日发布四起强奸猥亵儿童典型案例,于2019年11月19日发布十起电信诈骗案例等;最高人民检察院于2019年12月22日发布十一起性侵未成年人犯罪典型案例等。

（四）适用刑事政策的指导意见

保留死刑,严格控制死刑是我们党和国家的一贯政策。作为一项具体的刑事政策,死刑政策完全从属于、也应当更好服务于宽严相济刑事政策。为了更好贯彻党和国家的死刑政策,最高人民法院先后出台了一系列指导意见和指导性案例。主要情况如下:

1. 具体案件指导意见。最高人民法院各业务庭先后下发贯彻宽严相济刑事政策的指导性文件,包括死刑政策:《关于审理故意杀人、故意伤害案件正确适用死刑问题的指导意见》《在审理故意杀人、伤害及黑社会性质组织犯罪案件中切实贯彻宽严相济刑事政策》《宽严相济在经济犯罪和职务犯罪案件审判中的具体贯彻》《关于审理抢劫、抢夺刑事案件适用法律若干问题的意见》《全国法院毒品犯罪审判工作座谈会纪要》等。

2. 指导性案例。指导性案例第4号王某才故意杀人案、第12号李某故意杀人案都是对判处死缓、限制减刑适用的指导。

3. 典型案例。最高人民法院各刑庭共同出版《最高人民法院依法不核准死刑典型案例》一书，供审判实践参考。

二、关于刑事政策的不变与变化

（一）从严从宽对象的不变与变

1. 从严对象的变与不变

《宽严相济刑事政策》第4点意见，“根据犯罪情况的变化，在法律规定的范围内，适时调整从宽和从严的对象、范围和力度。要全面、客观把握不同时期不同地区的经济社会状况和社会治安形势，充分考虑人民群众的安全感以及惩治犯罪的实际需要，注重从严打击严重危害国家安全、社会治安和人民群众利益的犯罪”。可见，从严惩治对象有变与不变两个方面内涵，变是因“考虑人民群众的安全感以及惩治犯罪的实际需要”而变，不变则是“注重从严打击严重危害国家安全、社会治安和人民群众利益的犯罪”：

（1）不变的情形。以下对象基本不变：①2010年2月8日《宽严相济刑事政策》第7点～第9点意见，“对于危害国家安全犯罪、恐怖组织犯罪、邪教组织犯罪、黑社会性质组织犯罪、恶势力犯罪、故意危害公共安全犯罪等严重危害国家政权稳固和社会治安的犯罪，故意杀人、故意伤害致人死亡、强奸、绑架、拐卖妇女儿童、抢劫、重大抢夺、重大盗窃等严重暴力犯罪和严重影响人民群众安全感的犯罪，走私、贩卖、运输、制造毒品等毒害人民健康的犯罪，要作为严惩的重点，依法从重处罚。尤其对于极端仇视国家和社会，以不特定人为侵害对象，所犯罪行特别严重的犯罪分子，该重判的要坚决依法重判，该判处死刑的要坚决依法判处死刑；对于国家工作人员贪污贿赂、滥用职权、失职渎职的严重犯罪，黑恶势力犯罪、重大安全责任事故、制售伪劣食品药品所涉及的国家工作人员职务犯罪，发生在社会保障、征地拆迁、灾后重建、企业改制、医疗、教育、就业等领域严重损害群众利益、社会影响恶劣、群众反映强烈的国家工作人员职务犯罪，发生在经济社会建设重点领域、重点行业的严重商业贿赂犯罪等，要依法从严惩处；当前和今后一段时期，对于集资诈骗、贷款诈骗、制贩假币以及扰乱、操纵证券、期货市场等严重危害金融秩序的犯罪，生产、销售假药、劣药、有毒有害食品等严重危害食品药品安全的犯罪，走私等严重侵害国家经济利益的犯罪，造成严重后果的重大安全责任事故犯罪，重大环境污染、非法采矿、盗伐林木等各种严重破坏环境资源的犯罪等，要依法从严惩处，维护国家的经济秩序，保护广大人民群众的生命健康安全”；②2010年12月31日《推进社会矛盾化解意见》第6点意见“对以农村留守妇女、儿童、老人及社会弱势群体为侵害对象，人民群众深恶痛绝的犯罪，坚决依法严惩……重大环境污染、非法采矿、盗伐林木等严重破坏生态环境的犯罪，依法从严惩处”；③2015年9月16日《切实维护公共安全的意见》亦遵循上述从严惩治的重点。

（2）变的情形。随着形势发展，2014年3月1日昆明火车站暴恐案、2014年5月28日山东招远邪教信徒杀人案、2015年8月12日天津港瑞海公司危险品存放仓库爆炸案等案件发生严重影响公众的安全感，老百姓从大米里认识石蜡、从火腿里认识敌敌畏、从咸鸭蛋里认识苏丹红、从齐齐哈尔第二制药厂“二甘醇”事件中知道假药、从雾霾里认识PM2.5，食品药品和生态环境安全触动老百姓的神经；网络诈骗猖獗导致领到大学入学通知书的徐某玉自杀引发公众愤怒；开展扶贫攻坚战国家在民生领域加大资金投入后，有关资金成为“唐僧肉”引发群众对该领域背后的职务犯罪关注等。为此，最高人民法院在《切实维护公共安全的意见》第2点意见明确“要坚持问题导向。坚持从人民群众反映最强烈、现实社会最突出的问题入手，扎实做好有关农产品质量安全、食品药品安全、生产安全、环境安全、网络安全等案件的审判工作”，并在接下来的意见中强调“……3. 依法严惩暴力恐怖犯罪活动。……5. 强化涉众型犯罪案件的审判工作。6. 加大对危害安全生产犯罪的惩治力度。……10. 依法惩治危害食品药品安全犯罪。11. 强化生态环境司法保护。12. 从严惩治危害民生的职务犯罪。13. 依法惩治利用网络实施的各类犯罪……”此外，如上所述，当醉驾案、医闹案以及校园门口伤害学生案等危害公共安全的犯罪多发高发时，相关部门及时出台有关指导意见依法从严惩治，不再一一列举。

2. 从宽对象的不变与变

（1）不变的情形。《宽严相济刑事政策》第4点意见“对于犯罪性质尚不严重，情节较轻和社会危害性较小的犯罪，以及被告人认罪、悔罪，从宽处罚更有利于社会和谐稳定的，依法可以从宽处理”及第14点意见“对于情节较轻、社会危害性较小的犯罪，或者罪行虽然严重，但具有法定、酌定从宽处罚情节，以及主观恶性相对较小、人身危险性不大的被告人，可以依法从轻、减轻或者免除处罚；对于具有一定社会危害性，但情节显著轻微危害不大的行为，不作为犯罪处理；对于依法可不监禁的，尽量适用缓刑或者判处管制、单处罚金等非监禁刑”。可见，从宽对象则相对稳定。

（2）变的情形。需要注意的是，为鼓励犯罪嫌疑人、被告人认罪认罚，提高刑事审判效率，立法机关、司法机关以两种方式拓展了从宽对象和幅度：一是在量刑规范化指导意见中，规定合议庭、独任庭在拟定宣告刑后，再综合考虑个案的社会危害性及人身危险性，可行使10%以内的自由裁量权（仅指主刑），确定最终的宣告刑。上述10%的自由裁量权，当然也包括从宽幅度。二是刑事诉讼法增加了认罪认罚制度，给予在提起公诉前认罪认罚的被告人更大幅度的从宽处罚。

（二）刑罚适用的不变与变

1. 死刑政策的不变与变

（1）不变的情形。《宽严相济刑事政策》第7点意见明确了从严惩治的重点，尤其对于极端仇视国家和社会，以不特定人为侵害对象，所犯罪行特别严重的犯罪分子，该重判的要坚决依法重判，该判处死刑的要坚决依法判处死刑。《切实维护公共安全的意见》第3点意见明确了对暴力恐怖犯罪活动，要坚持严打方针不动摇，对首要分子、骨干成员、罪行重大者，该判处重刑乃至死刑的应当依法判处。

（2）变的情形。《刑法修正案（八）》一次性取消13个死刑罪名，同时规定限制减刑，延长因累犯和故意杀人、强奸、抢劫、绑架、放火、爆炸、投放危险物质或者有组织的暴力性犯罪被判处死刑缓期二年执行的犯罪分子的实际执行刑期，为不是必须判处死刑立即执行设置了更为有力、有效的替代性措施。此外，还规定对已年满75周岁的被告人，除以特别残忍手段致人死亡外，不适用死刑。这些规定都体现了进一步贯彻党和国家保留死刑、严格控制和慎重适用死刑政策的精神。

2. 非监禁刑的不变与变

（1）不变。①《全国法院维护农村稳定刑事审判工作座谈会纪要》“对农民被告人适用刑罚，既要遵循罪罚相适应的原则，又要充分考虑到农民犯罪主体的特殊性。要依靠当地党委做好相关部门的工作，依法适当地多适用非监禁刑罚。对于已经构成犯罪，但不需要判处刑罚的，或者法律规定有管制刑的，应当依法免予刑事处罚或者判处管制刑。对于罪行较轻且认罪态度好、符合缓刑条件的，应当依法适用缓刑”；②《宽严相济刑事政策》第8点、第16点意见“要严格掌握职务犯罪法定减轻处罚情节的认定标准与减轻处罚的幅度，严格控制依法减轻处罚后判处三年以下有期徒刑适用缓刑的范围；对于所犯罪行不重、主观恶性不深、人身危险性较小、有悔改表现、不致再危害社会的犯罪分子，要依法从宽处理。对于其中具备条件的，应当依法适用缓刑或者管制、单处罚金等非监禁刑”；③《推进社会矛盾化解意见》第12点意见“妥善处理附带民事赔偿与量刑的关系。被告人案发后对被害人积极赔偿,并认罪、悔罪的,依法可以作为酌定量刑情节予以考虑,对轻微刑事案件的被告人,应当考虑适用非监禁刑",第19点意见"重视依法适用非监禁刑。充分发挥非监禁刑轻缓、经济、执行多样的优势,使罪行较轻者避免因被监禁与其他罪犯'交叉感染',尽可能减少对其家庭、社会关系的影响,减少社会对立面",第20点意见"依法正确把握非监禁刑适用的对象。对于犯罪性质恶劣、罪行严重、主观恶性深、人身危险性大,或者具有法定、酌定从重处罚情节,以及依法大幅度减轻处罚后的被告人,一般不适用非监禁刑。对于依法减轻处罚后判处三年有期徒刑以下刑罚的职务犯罪案件,严格控制缓刑适用"。

(2)变的情形。①进一步扩大非监禁刑适用。最高人民检察院出台《人民检察院办理羁押必要性审查案件规定(试行)》,加大羁押必要性审查,这将为人民法院扩大非监禁刑适用创造良好条件。②醉驾案从一律入刑到可以适用缓免刑。因醉驾案的初期的危害以及醉驾案件一律入刑的口号的影响,对醉驾案件被告人能否适用缓免刑从一开始就充满争议,一直以来适用缓免刑甚少。但醉驾入刑多年,近年来醉驾案件收案数竟然居各类案件第一位,且大量醉驾案件入刑,对公民的就业、入职等影响巨大,在此情形之下,人民检察院、人民法院对醉驾案件情节轻微的不起诉、免予刑事处罚,对情节较轻的适用缓刑逐渐得到社会大众的接受。③加强对部分适用非监禁刑犯罪分子的管控。根据有关司法解释或规范性文件规定,下列犯罪分子应当严格缓免刑的适用:侵犯知识产权犯罪、危害安全生产犯罪、职务犯罪(包括行贿犯罪)、危害食品药品犯罪、性侵未成年人犯罪、毒品犯罪,网络诈骗犯罪、袭警犯罪等。④以禁止令的形式对部分适用缓刑的犯罪分子加强监管。《刑法修正案(八)》增加禁止令制度,根据有关司法规范性文件或者司法解释,对下列犯罪分子适用缓刑时需要一并判处禁止令:危害生产安全犯罪、危害食品药品犯罪、性侵未成年人犯罪、家庭暴力犯罪等,禁止犯罪分子在缓刑考验期间"从事特定活动,进入特定区域、场所,接触特定的人"。⑤以职业禁止的形式对部分对利用职业便利实施犯罪或者因实施违背职业要求的特定义务的犯罪分子刑满释放后禁止其在一定期限内从事相关职业,预防再犯。《刑法修正案(九)》增加职业禁止制度,至于具体哪些犯罪应适用职业禁止,目前仅有《关于办理非法利用信息网络、帮助信息网络犯罪活动等刑事案件适用法律若干问题的解释》规定"对于实施本解释规定的犯罪被判处刑罚的,可以根据犯罪情况和预防再犯的需要,依法宣告职业禁止"。实践中,已有部分法院判决对学校老师利用教学便利条件实施性侵未成年人的被告人宣告职业禁止。

(三)保护对象的变与不变

1. 不变的情形。以严重影响人民群众安全感为指标,以保护人民为中心。如《宽严相济刑事政策》强调对于极端仇视国家和社会,以不特定人为侵害对象的犯罪坚决依法严惩;《推进社会矛盾化解意见》强调对以农村留守妇女、儿童、老人及社会弱势群体为侵害对象的犯罪坚决依法严惩,并要求将调解贯彻于刑事诉讼全过程,推进刑事和解工作,切实维护被害人合法权益;《切实维护公共安全的意见》明确严惩危害公共安全和民生领域的各类犯罪,确保人民群众的生命财产安全。

2. 变的情形。

(1)进一步保护被害人的权益,尊重被害人的选择。刑事诉讼法增设当事人和解的公诉案件诉讼程序,最高人民法院《关于适用〈中华人民共和国刑事诉讼法〉的解释》第505条第1款规定"对达成和解协议的案件,人民法院应当对被告人从轻处罚;符合非监禁刑适用条件的,应当适用非监禁刑;判处法定最低刑仍然过重的,可以减轻处罚;综合全案认为犯罪情节轻微不需要判处刑罚的,可以免除刑事处罚",最大限度保护被害人权益和修复已被破坏的社会关系。

(2)从侧重保护公有财产到保护公有财产和私有财产并重。《关于依法平等保护非公有制经济促进非公有制经济健康发展的意见》《关于充分发挥审判职能作用切实加强产权司法保护的意见》《关于充分发挥审判职能作用为企业家创新创业营造良好法治环境的通知》都已体现,不再赘述。

(四)刑事政策促进刑事司法理念转变

1. 从重实体、轻程序到实体、程序并重甚至程序做优先

过去虽然也强调实体、程序并重,但没有政策性文件保障。在出台《关于全面推进以审判为中心的刑事诉讼制度改革的实施意见》等程序性政策文件后,从重实体、轻程序到实体、程序并重甚至程序优先的理念有了实质性、根本性转变。

2. 一些标志性个案处理实际上也是贯彻了宽严相济刑事政策的体现,并最终促使司法理念的转变。例如:

(1)正当防卫、防卫过当的把握。从2016年于某故意伤害案到2018年昆山于某明致刘某龙死亡案,在公众的高度关注下,于某案认定为防卫过当,于某明案认定为正当防卫,特别是于某明案,在司法机关认定于某明的行为是正当防卫后,舆论给予了充分的肯定,认为这是正义的胜利,甚至认为这是中国司法的一个里程碑,是"无限防卫权"终于回归了司法实践。之后,最高人民检察院于2018年12月20日发布了第十二批指导性案例,其中四个案例为正当防卫。当前正当防卫、防卫过当的把握尺

度较过去要宽松，目的在于鼓励公众敢于与行凶和其他严重危及人身安全的暴力犯罪作斗争。这些个案实际上也是弘扬社会主义核心价值观刑事政策的体现。

（2）经济纠纷与刑事犯罪之间界限的区分。最高人民法院对该案再审并改判张某中无罪，被视为依法保护产权和企业家合法权益的“标杆”案件。促使人民法院在审判实践中要更加严格区分经济纠纷与犯罪案件、区分涉案财物与案件无关财产。这也是保护产权刑事政策直接体现。

（3）非法经营罪范围。内蒙古自治区王某军无证收购玉米被法院以非法经营罪定罪并判处缓刑，引发社会关注，最高人民法院指定再审此案，改判王某军无罪。最高人民法院将该案作为第 97 号指导性案例公布，该案的裁判要点是，确认对于虽然违反行政管理有关规定，但尚未严重扰乱市场秩序的经营行为，不应当认定为非法经营罪。该案直接促使人民法院在审判实践中重新审视非法经营罪的范围，对除有司法解释规定为非法经营罪之外的行为入罪，持更加谨慎的态度。这也是《刑法》规定“情节显著轻微危害不大的，不认为是犯罪”的直接体现。

事实上，近年来出现的天津大妈持枪案、辽宁马戏团运输动物案、河南采伐兰草案等社会关注的个案，或多或少都与刑事政策的把握有关，在不同程度上促进了刑事司法理念的转变。

三、实践中部分案件把握刑事政策不到位的情形

1. 把握死刑政策不到位的情形。

《宽严相济刑事政策》第 29 点意见提出“要准确理解和严格执行‘保留死刑，严格控制和慎重适用死刑’的政策。对于罪行极其严重的犯罪分子，论罪应当判处死刑的，要坚决依法判处死刑。要依法严格控制死刑的适用，统一死刑案件的裁判标准，确保死刑只适用于极少数罪行极其严重的犯罪分子。拟判处死刑的具体案件定罪或者量刑的证据必须确实、充分，得出唯一结论。对于罪行极其严重，但只要是依法可不立即执行的，就不应当判处死刑立即执行”。

实践中把握死刑政策不到位的情形主要有：

（1）没有结合死刑政策指导意见进行审查把握。以对毒品犯罪案件的被告人适用死刑为例，应当结合 2015 年 5 月 18 日《全国法院毒品犯罪审判工作座谈会纪要》（以下简称《毒品座谈会纪要》）进行审查。例如，《毒品座谈会纪要》提出“涉案毒品为其他滥用范围和危害性相对较小的新类型、混合型毒品的，一般不宜判处被告人死刑”，实践中一审对新类型、混合型毒品简单以数量判断适用死刑被二审改判；又如，

《毒品座谈会纪要》提出“共同毒品犯罪案件的被告人依法应当适用死刑的，要尽量区分主犯间的罪责大小，一般只对其中罪责最大的一名主犯判处死刑”，实践中一审不认真区别共同犯罪各被告人的地位作用，判处死刑的被告人地位作用次于在案或另案处理的同案人被二审改判，或者同一案判处两名以上被告人死刑的案件能够区分谁地位作用更突出而没有进一步区分被二审改判；再如，《毒品座谈会纪要》提出“对于贩卖毒品案件中的上下家，要结合其贩毒数量、次数及对象范围，犯罪的主动性，对促成交易所发挥的作用，犯罪行为的危害后果等因素，综合考虑其主观恶性和人身危险性，慎重、稳妥地决定死刑适用。对于买卖同宗毒品的上下家，涉案毒品数量刚超过实际掌握的死刑数量标准的，一般不能同时判处死刑；上家主动联络销售毒品，积极促成毒品交易的，通常可以判处上家死刑；下家积极筹资，主动向上家约购毒品，对促成毒品交易起更大作用的，可以考虑判处下家死刑”，实践中一审判死刑的被告人不能认定为对促进交易起到更大作用的被二审改判；此外，《毒品座谈会纪要》提出“对于不能排除受人指使、雇用初次运输毒品的被告人，毒品数量超过实际掌握死刑数量标准，但尚不属数量巨大的，一般也可以不判处死刑”，实践中一审简单以数量论，不认真分析证据能否排除被告人系受人指使、雇用即简单判被告人死刑被二审改判等。

（2）没有正确适用死缓限制减刑。死刑限制减刑适用有两个条件：一是死刑限制减刑仅适用于《刑法》第 50 条第 2 款规定的犯罪，即“对被判处死刑缓期执行的累犯以及因故意杀人、强奸、抢劫、绑架、放火、爆炸、投放危险物质或者有组织的暴力性犯罪被判处死刑缓期执行的犯罪分子，人民法院根据犯罪情节等情况可以同时决定对其限制减刑”。二是死缓限制减刑主要适用于本应判处死刑立即执行，但有可以不杀情节的犯罪分子，即针对的是以往应判处死刑立即执行的案件，而不是以往判处死缓的案件。实践中有两种把握不到位的情形：一是将本应判处死缓限制减刑的被告人仅判处死刑，缓期两年执行。如黄某涌故意杀人案。2017 年 5 月 30 日 10 时许，被害人黄某廷（殁年 33 岁）与其家人到村委九冬村太昌土地西侧空地祭拜。黄某涌在其位于该村的家中洗衣服，从黄某廷驾驶的皮卡车以及黄某廷的背影判断，误将黄某廷认作曾经借钱给其的黄某廷。黄某涌想到黄某廷一直对其追讨债务就非常生气，想打他，遂从其父亲房中拿取一把斧头后径直走到黄某廷身后，持斧头朝黄某廷的后脑部砍击一下后逃离现场。黄某廷受伤倒地，后被送至平吉镇卫生院抢救。黄某廷因被他人用锐器砍伤头枕部，引起严重颅脑损伤经抢救无效于同日 12 时 25 分死亡。黄某涌逃跑至村委小坪村附近借村民手机向 110 报警，供述其在平吉镇打了人，要投案自首,当其正在与 110 话务人员通话时被公安民警抓获归案。一审以故意杀人罪判处其死刑,缓期两年执行;检察机关以量刑过轻为由提出抗诉;二审认为:黄某涌因想到黄某廷曾追讨债务而心生怨愤,遂持斧头朝黄某廷的后脑部砍击而致黄某廷当场死亡,可见黄某涌心胸狭隘,报复心极强,虽然是报复对象错误,但属无故杀人,确系漠视他人生命。黄某涌作案的动机特别卑劣,犯罪主观恶性特别大,具有极大的人身危险性,依法应当予以严惩。黄某涌犯罪后,主动用电话向 110 报案,表明自己是作案人、所在的位置和投案自首的意愿,归案后,对自己用斧头砍死被害人黄某廷的犯罪事实供认不讳,有投案的主动性和自愿性,可认定为自首,可以从轻处罚。遂对黄某涌在判死刑,缓期两年执行,并限制减刑。二是将判死刑,缓期两年执行就已经合适的被告人不当适用死缓限制减刑。如莫某宏故意杀人案。2007 年 10 月 15 日中午莫某安、莫某保到莫某宏家中索要赌债未果后,持木椅将莫某宏及上前阻拦的莫兰某打伤,双方对打已被在场人拉开。之后莫某宏到自家厨房拿出菜刀追砍莫某安,在莫某安倒地失去反抗后,仍然继续砍击莫某安,直至莫某安当场死亡。一审认为,从尸体检验报告反映死者莫某安身上创口多达 19 处,其中头部、颈部等要害部位的创口多达 6 处,创口下颈椎骨折、脊髓暴露、颅骨骨折。但被害人于本案发生有过错,可以酌情从轻处罚。遂以故意杀人罪判处其死缓限制减刑。莫某宏以量刑过重为由提出上诉。二审认为,被害人莫某安上门索要赌债,并先动手持椅子殴打被告人莫某宏及其妻子而引发本案,具有一般过错。莫某宏作案后打电话报警,并在现场等候公安机关处理,可视为自动投案,莫某宏归案后对其持菜刀砍死莫某安的主要犯罪事实一直供认在案,一审开庭审理时其辩解自己的行为是防卫过当、过失杀人,是对其行为性质的一种辩解,并不影响自首的成立。考虑到本案是民间矛盾引起,被害人有过错责任,莫某宏有自首情节,认罪、悔罪,应依法改判死缓,对其不限制减刑。

(3)没有养成检索案例的习惯。《最高人民法院司法责任制实施意见(试行)》第 39 点、第 40 点意见要求法官办案过程中要检索类案和关联案件,拟作出的判决与类案不同的或者系新类型案件的,要交专业法官会议或者审委会讨论。所以,应当让检索案例成为每一个员额法官办案的习惯。事实上,如前所述,为统一死刑政策适用,最高人民法院对死缓限制减刑发布了两起指导性案例(指导性案例第 4 号王某才故意杀人案、第 12 号李某故意杀人案),对不核准的死刑案例出版了《最高人民法院依法不核准死刑典型案例》一书,我们办案时应当加强检索,比照办理的案件,审慎把握死刑适用。

2. 强奸及性侵未成年人案件政策把握不到位。

如前所述，严惩强奸犯罪，突出保护农村留守妇女以及未成年人免遭性侵一直是刑事政策强调的重点。但实践中存在不能正确把握这方面刑事政策的情形：

（1）性侵未成年人未认定“造成其他严重后果”。如侯某强奸案。被告人侯某利用金钱引诱12周岁的幼女三次发生性关系，并致幼女怀孕产子。一审法院以强奸罪从重判被告人候某有期徒刑七年；检察机关抗诉认为应适用《刑法》第236条第3款第1项“强奸妇女、奸淫幼女情节恶劣的”，在十年以上刑罚判处；二审法院认为应适用《刑法》第236条第3款第5项“致使被害人重伤、死亡或者造成其他严重后果的”。并改判被告人候某有期徒刑十一年。二审法院把握政策与最高人民法院量刑规范实务手册一书“强奸造成其他严重后果，一般是指因强奸致使被害人流产、病情加重、自杀、自残、精神失常、怀孕、不孕等严重后果的”理解相符。

（2）强制猥亵未成年人未认定“在公众场所当众或者有其他恶劣情节”。如黄某强奸案。被告人黄某身为某小学老师，在教室利用未满12周岁学生年幼无知强行多次抠摸三名女学生阴部等敏感部位。一审法院认为，被告人构成猥亵儿童罪。判处有期徒刑八个月。检察机关抗诉提出，被告人系在公共场所当众猥亵儿童，且系猥亵儿童多人多次、对象为未满12周岁、被告人负有特殊职责，应当从重惩处；二审法院支持抗诉，改判有期徒刑八年。二审判决符合《关于依法惩治性侵害未成年人犯罪的意见》第23点在校园等场所对未成年人实施猥亵犯罪，只要有其他多人在场，无论在场人员是否实际看到，均可以认定为“当众”猥亵儿童的规定，并对黄某从重处罚。

（3）对人身危险性极大的强奸犯同时具有法定从轻、减轻处罚情节时把握政策不当。如李某强奸案。李某采用有预谋的方式入室采用持刀威胁、捆绑的方式强奸妇女5次，其中一次是强奸未成年女性，一次强奸未遂。经鉴定李某患有精神分裂症，案发时处于残留期，在本案中具有限刑事责任能力。一审法院认为李某案发时是限制行为能力，依法可以减轻处罚。遂以强奸罪判处李某有期徒刑七年十个月。检察机关认为李某犯罪前精心准备犯罪地点和作案对象，并且采用入室、持刀、捆绑的方式强奸妇女5次，有极大的人身危险性，结合本案案情，不宜选择减轻处罚，原判量刑畸轻；二审法院采纳抗诉意见，改判李某有期徒刑十年。应该说，虽然《刑法》第18条第3款“尚未完全丧失辨认或者控制自己行为能力的精神病人犯罪的，应当负刑事责任，但是可以从轻或者减轻处罚”，法官在决定适用从轻还是减轻时，应当结合具体案情审慎决定。《宽严相济刑事政策》第7点指出“必须毫不动摇地坚持严惩严重刑事犯罪的方针。对……强奸、绑架、拐卖妇女儿童……严重暴力犯罪和严重影响人民群众安全感的犯罪,依法从重处罚”,第10点指出“严惩严重刑事犯罪,必须充分考虑被告人的主观恶性和人身危险性,对于事先精心预谋、策划犯罪的被告人……要依法严惩,以实现刑法特殊预防的功能”,第28点指出“对于被告人同时具有法定、酌定从严和法定、酌定从宽处罚情节的案件,要在全面考察犯罪事实、性质、情节和对社会危害程度的基础上,结合被告人主观恶性、人身危险性、社会治安状况等因素,综合作出分析判断,总体从严,或者总体从宽”。故二审判决根据政策结合案情对人身危险性极大的被告人李某决定总体从严、选择从轻而非减轻是正确的。

3. 适用非监禁刑没有注意需要严格控制缓免刑适用的情形。

(1)职务犯罪适用免刑不当。如被告人张某、吴某滥用职权案。被告人张某和吴某在政府某公路征收拆迁办公室任职,在征地现场组织测绘工作中,明知在未事先召开某村村民会议、没有当地村干部和相关村民到现场指界的情况下,随意将原本属于村民集体所有的土地及灌木林登记在个别村民名下并冒充村干部签字确认,并在张贴公示材料时未按规定在村民住地进行公示,致使村民无从知晓征地补偿的相关信息。最终被他人冒领补偿费用156余万元,事后仅挽回经济损失19余万元,至立案后还有130余万元经济损失未追回。一审法院以滥用职权罪,对张某判处有期徒刑一年缓刑一年,对吴某免予刑事处罚。检察机关提出抗诉称,被告人犯罪行为属情节特别严重,并引发村民不断上访或者阻拦施工,不能适用缓免刑。二审法院认为本案犯罪数额尚未达到150万元,不是情节特别严重,但鉴于涉案款项至今尚未追回,造成部分群众的合法权利受到了重大损失,张某、吴某的行为也严重损害党和政府在人民群众中的形象,对其量刑时应当予以考虑。改判张某一年六个月,吴某有期徒刑一年。二审判决符合刑事政策,《宽严相济刑事政策》指出“对于国家工作人员贪污贿赂、滥用职权、失职渎职的严重犯罪,黑恶势力犯罪、重大安全责任事故、制售伪劣食品药品所涉及的国家工作人员职务犯罪,发生在社会保障、征地拆迁、灾后重建、企业改制、医疗、教育、就业等领域严重损害群众利益、社会影响恶劣、群众反映强烈的国家工作人员职务犯罪,发生在经济社会建设重点领域、重点行业的严重商业贿赂犯罪等,要依法从严惩处”,《推进社会矛盾化解意见》《切实维护公共安全的意见》强调“对国家工作人员贪污贿赂、滥用职权、失职渎职的严重犯罪,包庇……征地拆迁……领域严重损害群众利益、社会影响恶劣的国家工作人员职务犯罪,依法从严惩处”,《关于办理职务犯罪案件严格适用缓刑、免予刑事处罚若干问题的意见》指出“对于情节恶劣、社会反映强烈的职务犯罪案件,不得适用缓刑、免予刑事处罚”。

(2)没有根据需要对被告人适用缓刑时同时宣告禁止令。如陈某甲、蒙某生产、销售假药案。被告人陈某甲、蒙某2013年11月至2015年10月27日间，在未向药品监督管理部门申请办理相关批文、许可的情况下，从广东购进冬青油、樟脑和薄荷冰等原料。陈某甲在其住宅处将上述三种原料按照一定比例进行混合后，由蒙某协助陈某甲进行装瓶，共同非法生产“二合一中药油”“三合一中药油”“百草葫芦油”三种物品。县食品药品监督局共查获并扣押了“二合一中药油”“三合一中药油”“百草葫芦油”共计601瓶，以及制作上述三种物品所需的水杨酸甲酯共7罐、白色粉末共65斤、薄荷冰1罐等原料和空瓶、标签、说明书、漏斗、杆秤、灌装工具等工具。经鉴定，“二合一中药油”“三合一中药油”“百草葫芦油”未经批准生产，未经检验即销售，按生产、销售假药论处。2015年11月5日，被告人陈某甲、蒙某在接到电话通知后，主动到县公安局经济犯罪侦查大队接受调查。一审法院认为，被告人陈某甲、蒙某生产和销售假药，其行为构成生产、销售假药罪。在生产、销售假药的共同犯罪过程中，陈某甲、蒙某分工合作并共同实施生产、销售假药行为，均起主要作用，均是主犯，依法应按其所参与的全部犯罪处罚。陈某甲、蒙某在接到电话通知后主动到公安机关接受调查，可视为自动到案，是自首，依法可从轻或减轻处罚。判决：①被告人陈某甲犯生产、销售假药罪，判处有期徒刑一年，缓刑二年，并处罚金人民币5000元；②被告人蒙某犯生产、销售假药罪，判处有期徒刑一年，缓刑二年，并处罚金人民币5000元。检察机关抗诉提出，原审判决对二被告人适用缓刑，但没有同时宣告禁止令，刑罚适用不当；二审法院支持抗诉意见，在维持原判缓刑判项的同时，一并判处：禁止原审被告人陈某甲、蒙某在缓刑考验期内从事药品生产、销售及相关活动。二审法院的判决是正确的，如上所述，危害生产安全犯罪、危害食品药品犯罪、性侵未成年人犯罪、家庭暴力犯罪依刑事政策都是需要从严惩处的犯罪，但对其中情节较轻的犯罪，也要体现宽严相济，可以适用缓刑，但在适用缓刑的同时，还应当对其宣告禁止令，防止其再危害社会。最高人民法院、最高人民检察院《关于办理危害药品安全刑事案件适用法律若干问题的解释》第11条第1款规定“对实施本解释规定之犯罪的犯罪分子，应当依照刑法规定的条件，严格缓刑、免予刑事处罚的适用。对于适用缓刑的，应当同时宣告禁止令，禁止犯罪分子在缓刑考验期内从事药品生产、销售及相关活动”。

4.不注意认定过错、防卫过当或者正当防卫等能弘扬社会主义核心价值观的情节。

（1）有的案件没有正确依法认定被害人对案件发生有过错或者重大过错的情节。如王某甲故意伤害案。被害人李某一因生活琐事与被告人王某甲有过节，2018年7月12日晚，李某一遇到王某甲的女朋友张某，即上前打了张某一巴掌，并对张某扬言要打王某甲,张某即打王某甲电话告知此事,之后驾驶电动车前去找王某甲。李某一听到张某打电话的内容知道张某要前去找王某甲,即叫人驾驶电动车搭其尾随张某前往,之后找到王某甲,李某一、王某甲二人又发生争吵,争吵过程中被双方都认识的朋友孙某等人拉住,孙某提出让李某一道歉此事双方即可握手言和,但李某一拒绝,还继续扬言要打王某甲,王某甲即持随身携带的刀具上前捅了李某一胸部一刀,李某一倒地后,王某甲逃离现场。李某一经送医院抢救无效死亡。第二天王某甲投案自首。一审认定王某甲构成故意伤害罪,但认定李某一对本案发生仅是诱因,不是过错。二审认为,李某一先打王某甲女朋友张某一巴掌并扬言要打王某甲,无故挑起事端在先,之后主动尾随张某寻找王某甲引发双方继续争吵在中,最后在他人劝说下提出让其道歉平息事端时拒不接受还继续扬言打王某甲,进一步激化矛盾在后,故其行为明显违反了公序良俗,对本案发生有一定的过错,故在量刑上应对王某甲酌情从轻处罚,遂予以改判。再如被告人乙故意伤害案。被害人甲曾因盗窃被告人乙的抽水机与乙发生矛盾。2013年7月21日22时许,甲喝酒后持水果刀来到乙的养猪场附近向乙辱骂、挑衅。乙听到后从家里拿起一把镰刀找到甲与其理论,双方在争吵过程中发生打斗。打斗中,甲持水果刀划伤乙左前额,乙持镰刀砍中甲右手臂。甲受伤后逃离现场,乙没追上即返回养猪场并由他人送去医院治伤。次日7时许,村民在村口的草丛中发现甲的尸体,并向公安机关报警。乙闻知此事即投案自首。经鉴定,甲系被人用锐器砍破右肱动脉断裂致大失血而死亡。一审法院认为,被告人乙的行为已构成故意伤害罪。乙有自首情节,被害人有事先辱骂、挑衅乙的行为对本案的引发存在一定过错,对乙从轻处罚。案发后,被告人亲属代为赔偿被害人亲属经济损失20,000元,可视为被告人有一定的悔罪表现,对其可予以酌情从轻处罚。遂作出一审判决:被告人乙犯故意伤害罪,判处有期徒刑十四年,剥夺政治权利三年。二审法院认为原判对乙定罪准确,认定有自首情节也正确,但仅认定被害人甲有过错不当,甲盗窃乙的发动机在先,之后酒后持刀上门挑衅,严重违反公序良俗,于本案发生有严重过错。应对乙再从轻处罚。遂改判:上诉人乙犯故意伤害罪,判处有期徒刑十年。

(2)未认定防卫过当的情节。如黄某伍故意伤害案。2016年7月6日23时许,黄某伍途经黄某天家门外小路与黄某天相遇,吸毒并患有艾滋病的黄某天突然打了黄某伍一拳,在双方拉扯中黄某天咬伤黄某伍的右手背,黄某伍担心被黄某天传染艾滋病,惊慌中摸到地上的一根木棍打倒黄某天即跑回家,告诉其妻被黄某天咬伤,其妻开摩托车送黄某伍到县人民医院治疗。次日3时许,黄某天被其母亲甘某桂发现死在其家门外的小路上。听说黄某天死亡后,黄某伍到公安机关投案自首。经鉴定,黄某天是因左侧腰背部被钝性物体打击致脾脏及左肾破裂引起急性失血性休克而死亡;黄某伍的损伤程度构成轻微伤。一审认定黄某伍构成故意伤害罪,但没有认定黄某伍有防卫性质;二审认为,双方相遇时黄某伍突然受到众所周知的患艾滋病的黄某天袭击和咬伤,黄某伍在人身安全突然受到严重侵害且害怕继续受侵犯的情况下不得已对黄某天实施反击行为具有防卫性质,但其防卫行为与黄某天的不法侵害相比明显不相适应,黄某天咬伤黄某伍后,黄某伍持木棍猛击黄某天的腰部造成脾脏和左肾破裂引起急性失血性休克死亡,黄某伍反击行为的力度和强度明显超过其所受到的侵害,应认定其防卫行为明显超过必要限度造成重大损害,属于防卫过当。

上述几个案例认定过错或者防卫过当,符合《宽严相济刑事政策》"对于因恋爱、婚姻、家庭、邻里纠纷等民间矛盾激化引发的犯罪,因劳动纠纷、管理失当等原因引发、犯罪动机不属恶劣的犯罪,因被害方过错或者基于义愤引发的或者具有防卫因素的突发性犯罪,应酌情从宽处罚"的要求。

5. 对没有查清财产所有权的涉案财物予以没收。

一些案件,如被告人借他人的汽车运输毒品的,一审法院在没有查清汽车所有权的情况下即判决对汽车予以没收,上缴国库;二审认为上述涉案款物无法证明是被告人本人的财物,与《刑法》第 64 条"违禁品和供犯罪所用的本人财物,应当予以没收"规定不符,即撤销原判该项判决,将涉案款物退回办案机关由办案机关依法处置。二审判决符合《关于充分发挥审判职能作用切实加强产权司法保护的意见》关于"严格区分违法所得和合法财产,对于经过审理不能确认为违法所得的,不得判决追缴或者责令退赔"的要求。

6. 不注意发挥刑事政策的分化瓦解作用,没有深入化解社会矛盾。

如某故意毁坏财物案。该案实际上是一起旅游公司在经营一座乡村山庙时,与村民因山庙经营权问题发生纠纷,进而引发村民不满,村民即聚众将旅游公司的山庙价值 8 万元的财物砸烂,案发后,公安机关共抓了 16 名被告人,检察机关以故意毁坏财物罪提起公诉,一审法院认定 16 名被告人故意毁坏财物,且数额巨大,构成故意毁坏财物罪,其中 9 人为主犯,分别判处三年至三年六个月不等有期徒刑;其余 7 人为从犯,全部判处有期徒刑两年。一审宣判后,被告人全部上诉,并在二审开庭时一度引发闹庭事件,引发社会公众关注。这个案件造成损失价值 8 万元,认定为损失数额巨大也可以,但一审认定这么多主犯以及对从犯全部判那么重的刑罚是否有利于社会矛盾化解?我们在量刑时应当考虑以下问题:一是本案是民间纠纷而起,如果做调解工作每一个被告人赔 5000 元左右,即可以适用刑事和解化解矛盾,且旅游公司要在当地经营,也必须取得村民的配合,双方完全有和解的可能,再不行也可以进行附带民事调解,争取双方达成谅解。二是如果刑事和解或调解不成,就算认定故意毁坏财物数额巨大,也应当正确区别主从犯,充分发挥情节对量刑的调节作用,将最主要的两三人定为主犯并在三年之上量刑,其他均为从犯,或免予刑事处罚,或关多久判多久,或适用缓刑,或判一两人三年以下实刑,则宣判后就不可能有那么多人上诉,二审开庭审理时也不会遇到很大的难度,就能充分发挥化解社会矛盾、达到构建和谐社会的目的。故,从上述案例可以看出,法官办案过程中不注意《推进社会矛盾化解意见》提出"对严重刑事犯罪依法严厉惩处的同时,对具有法定或酌定从宽处罚情节的被告人,依法在量刑时予以考虑,最大限度地分化、瓦解犯罪分子,最大限度地减少社会对立面"的规定,也没有按照《推进社会矛盾化解意见》的要求将化解社会矛盾贯穿于审判的全过程,有附带民事诉讼的,应通过调解化解社会矛盾的作用。属于刑事和解范围的,应通过刑事和解化解纠纷。被告人没有赔偿能力、被害人生活困难的,对及时实施司法救助,彰显司法关怀,打通将司法温暖传递到被害人手上的最后一公里。同时对符合低保的被害人及时向当地党委、政府报告将被害人纳入社会低保,为构建和谐社会提供司法服务等。

此外,对危害不大的家庭成员共同犯罪的案件,在案的家庭成员被告人系家中主要经济收入来源,且家中有老人、小孩需要照顾的,一审法院没有区分主从犯,全部重判。被告人上诉后,二审法院充分发挥情节对量刑的调节作用,认真区分主从犯,将作用较小的家庭成员被告人认定为从犯并予以减轻处罚,让其尽早出监狱照顾家庭。

7. 没有注意刑事政策中的刑罚运用原则。

有的案件被告人既有从宽处罚情节又具有从严处罚情节时,不注意刑事政策的运用,对一些被告人量刑不当,如上述李某强奸案。在办理这些案件中,需要注意的刑事政策如下:一是《宽严相济刑事政策》第33条"在共同犯罪案件中,对于主犯或首要分子检举、揭发同案地位、作用较次犯罪分子构成立功的,从轻或者减轻处罚应当从严掌握,如果从轻处罚可能导致全案量刑失衡的,一般不予从轻处罚;如果检举、揭发的是其他犯罪案件中罪行同样严重的犯罪分子,或者协助抓获的是同案中的其他主犯、首要分子的,原则上应予依法从轻或者减轻处罚。对于从犯或犯罪集团中的一般成员立功,特别是协助抓获主犯、首要分子的,应当充分体现政策,依法从轻、减轻或者免除处罚"。二是最高人民法院《关于处理自首和立功若干具体问题的意见》第8条第5款规定"对于被告人具有自首、立功情节,同时又有累犯、毒品再犯等法定从重处罚情节的，既要考虑自首、立功的具体情节，又要考虑被告人的主观恶性、人身危险性等因素，综合分析判断，确定从宽或者从严处罚。累犯的前罪为非暴力犯罪的，一般可以从宽处罚，前罪为暴力犯罪或者前、后罪为同类犯罪的，可以不从宽处罚”。

8. 对亲属协助抓获归案或者动员自首的被告人没有体现从宽。

《宽严相济刑事政策》第 17 条第 2 款意见“对于亲属以不同形式送被告人归案或协助司法机关抓获被告人而认定为自首的，原则上都应当依法从宽处罚；有的虽然不能认定为自首，但考虑到被告人亲属支持司法机关工作，促使被告人到案、认罪、悔罪，在决定对被告人具体处罚时，也应当予以充分考虑”。个别案件一审对亲属送子型投案自首的被告人适用死刑，二审改判死缓。

当然，实践中把握刑事政策不到位的情况还有很多，不一一列举。以上仅是笔者在实践对刑事政策的一些肤浅理解，希望通过抛砖引玉，起到共同探讨的作用。

防城港开展国际医学合作机制的几点思考

——从国际法主体与国际经济法主体视角展开

李洪波[*]

自从2019年6月14日习近平主席在上海合作组织成员国元首理事会第十九次会议上明确指出“支持在防城港市建立国际医学开放试验区”以来，防城港市围绕国际医学合作实验区建设规划等事项开展了紧锣密鼓的筹备工作。国际医学合作需要具备国际法或者国际经济法法律人格的主体，该主体能够就医学合作事项通过独立地开展国际交往，直接承受产生的权利和义务。本文将从防城港市开展对外交往与合作现实经验着手，从国际法主体和国际经济法主体的视角进行初步分析，力图从国际合作主体和国际经济交往方式为防城港市开展国际医学合作提供参考。

一、从国际法主体来看，防城港市根据法律或者国家层面授权，具有一定开展国际交往和国际合作的实践经验，并为下一步建设国际医学合作奠定基础

国际法主体，是指能独立从事国际交往和参加国际法律关系，直接承受国际法上的权利和义务，且能进行国际求偿以保护自己合法权益的实体。国家和国际组织是国际法两种主要主体。

1. 国家向来是国际法的主体，防城港市作为中国毗邻越南的边境城市，根据法律和上级授权，在中越双边开展国际交往和国际合作方面

---

* 防城港市中级人民法院副院长。

具有丰富的实践经验。

外交事务是中央事权，地方政府只拥有在授权范围内承担有限对外交往的事权。2009年11月18日，中国与越南签订了《中华人民共和国政府和越南社会主义共和国政府关于中越陆地边界管理制度的协定》，该协定为中越双边在陆地边境地区边界管理提供原则和规则，并规定了中越边境地区开展经济合作和联系制度。防城港市下辖的东兴市、防城区作为该协定明确可以进行对等联系的县级政府，同毗邻的越南广宁省芒街市、海河县、平辽县通过对等联系的方式，积极开展交往和合作，在边境管理和国际合作方面进行了诸多有益的探索和实践，取得了丰硕的成果，并建立了一些常设性合作机制和交流项目。例如，边民互市贸易、边境警务合作、跨国劳务合作、1369生命直通车、党务交流等合作机制和节庆互访、元宵节足球赛、商品交流会等交流项目。

2. 政府间的国际组织对现代国际社会产生了越来越重要的影响，基于地缘优势和国家对外交往需要，防城港市多次承接举办或作为特邀代表参与国际组织举办的国际交流活动，并积累了丰富的实践经验。

（1）中国—东盟自由贸易区。2002年，中国与东盟国家签署了《中国—东盟全面经济合作框架协议》，决定在2010年建成中国—东盟自由贸易区，并正式启动了自由贸易区建设的进程。2003年中国加入了《东南亚友好合作条约》，成为第一个加入该条约的非东盟国家。2004年11月，双方签署自贸区《货物贸易协议》，并根据协议于2005年7月开始相互全面降税。2007年1月，双方又签署了自贸区《服务贸易协议》。

在中国—东盟自由贸易区框架下，防城港市通过组团参加每年在南宁举办的中国—东盟博览会和商务与投资峰会的方式，积极参与到中国与东南亚国家联盟这一国际组织的各项政治、经济、文化、旅游等方面的交流合作。以防城港口岸、东兴口岸为平台，同东盟国家开展国际货物贸易、国际货物运输、国际服务贸易方面的合作，防城港口岸获批成为进境粮食指定口岸、进境水果指定口岸等，东兴口岸获批成为进境种苗（景观树）指定口岸、进境水果指定口岸、恢复边境旅游定点办证业务等。成功承办中国—东南亚民间高端对话会、“魅力东盟·走入中国”文化之旅、中国—东盟国际马拉松赛等国际文化交流活动。

（2）上海合作组织是中华人民共和国、哈萨克斯坦共和国、吉尔吉斯斯坦共和国、俄罗斯联邦、塔吉克斯坦共和国、乌兹别克斯坦共和国于2001年6月15日在中国上海宣布成立的永久性政府间国际组织。2007年8月16日，上海合作组织成员国签署了《上海合作组织成员国长期睦邻友好合作条约》，该条约于 2012 年 10 月 31 日生效。2013 年 9 月 13 日，上海合作组织成员国元首理事会第十三次会议批准了《长期睦邻友好合作条约实施纲要》。

在上海合作组织框架下，防城港市通过承办论坛、主办对话会、美术展等方式，主动搭建交流平台，积极开展对外交流，服务国家周边外交。2019 年 5 月 26 日至 29 日防城港市成功承办了国际医学创新合作论坛（中国—上海合作组织）。2019 年 6 月 14 日，中国国家主席习近平在上海合作组织成员国元首理事会上表示，上海合作组织医疗机构和企业 5 月在中国广西防城港市成功举办国际医学创新合作论坛，各方达成许多合作共识。我们支持在防城港市建立国际医学开放试验区，继续推动上海合作组织医学创新合作。2019 年 9 月 23 日，防城港市在南宁主办防城港国际医学开放试验区（中国）战略对话会。2019 年 12 月 25 日，防城港市主办“多彩的文明，共同的命运”中国—吉尔吉斯斯坦美术作品展。

二、从国际经济法主体来看，防城港市拥有数量庞大的从事国际经济活动的主体，主要包括自然人、法人、跨国公司等，经营范围涉及国际贸易、国际投资、国际金融、国际税收等领域

1. 自然人作为国际经济法主体。根据《中越陆地边界管理制度的协定》第 1 条第 1 款第 9 项的规定，“边民”，是指毗邻边界线两侧乡（镇）的本国常住居民。《边民互市贸易管理办法》赋予中越双方边民直接从事国际经济活动的主体资格，并具体规定了商品类型、交易地点、限定金额等。2013 年，为了规范越南籍自然人在东兴市经营行为，东兴市出台《越南籍自然人在东兴市经营登记管理暂行办法》，以行为地法的方式赋予越南籍自然人的从事辖区内国际经济活动的行为能力。2017 年 12 月，防城港市出台了《东兴市外国籍自然人经营户登记管理办法（试行）》，将东兴市从事国际经济活动的自然人范围进一步扩大外国籍自然人。

2. 法人作为国际经济法主体。防城港市拥有国际海港和多个国际口岸的优势决定了具有完备的国际货物贸易和国际货物运输产业，从事国际货物贸易、国际货物贸易代理、国际货物运输、国际货物运输代理、进出口报关代理等业务的公司比比皆是、数不胜数。五年前，由于非市场因素、未考虑运输成本让全部国际海上运输航线转移至钦州港区，让投资的物质环境中交通运输方式发生改变，进而导致部分从事国际货物贸易、国际海上货物运输的公司、由其提供相关配套服务生产企业及为其提供服务的代理、报关等服务型公司在防城港市的商业存在有所减少，简言之，就是作为

国际经济法主体的法人数量(至少在防城港实际经营的法人数量)和从业人员数量有一定幅度减少。为了避免港口经营企业因为自身经营调整或其他原因发生类似国际海上航线转移事件发生,影响本地国际投资的物质环境,政府部门可以考虑适时引入港口服务竞争机制,建设业主码头,在降低国际货物贸易和国际货物运输成本上有所作为,为仍然在或者计划在防城港市从事国际货物贸易、国际货物运输的法人吃上定心丸。

3. 跨国公司是国际经济关系的重要参加者,在国际经济中有着举足轻重的影响和作用,是国际经济法的重要主体。防城港市范围内拥有一定数量的跨国公司,经营范围涵盖国际贸易,国际投资、国际金融等国际经济关系的所有方面,在全市经济活动中发挥着重要作用。例如,经营汽车出口贸易的东兴联友进出口有限公司,生产经营大豆色拉油和豆粕的外商独资企业大海粮油工业(防城港)有限公司,与北部湾港务集团合作在马来西亚投资钢铁项目的广西盛隆冶金有限公司,印度博拉集团投资的博拉暨广顺化工(防城港)有限公司,从事跨境人民币结算业务的工、农、中、建四大行东兴支行等。

三、国际经济交往方式涵盖产品交换和商业交往,防城港市常见的方式主要有国际贸易、国际投资、国际金融三大类,国际医疗合作实践主要存在于国际贸易中

国际贸易是指国家之间货物、技术、服务的交易,一般由进口贸易、出口贸易组成。

1. 防城港市国际货物贸易相对活跃,贸易种类齐全,包括一般贸易、边小贸易、互市贸易、商贩直销,并拥有数量庞大、业务熟悉的从业队伍。国际医药贸易在防城港市由来已久,贸易类型包括一般贸易和商贩直销。2019 年,东兴口岸获批成为进口中药材的指定口岸,并于同年 10 月 17 日首次进口一批产自印度尼西亚的中药材肉豆蔻。东兴口岸附近越南籍流动商贩将部分药品作为旅游产品直销给中国游客,药品类型为家用常备中成药,产品包括越南白虎膏、红虎膏、军膏、人字贴、白虎贴、蛇毒贴、追风贴、泰国蜈蚣贴等,由于药品用途广泛、价格便宜,交易方式简单(即时交易方式,近来出现网上销售方式),因此交易活动频繁,在中越边民和到访游客中早就司空见惯。

2. 国际技术贸易又称国际技术转让,是指跨越国境的技术转让。在防城港市的国际贸易实践中,由于本地没有高校和科研院所,科研实力比较薄弱,转让技术所有

权或者使用权的情况不是很多。

3. 国际服务贸易是指各种类型服务的跨国交易。世界贸易组织《服务贸易总协定》从提供服务的方式界定服务贸易，并列举了协定适用的四种类型服务，即跨境服务、过境消费、商业存在和自然人存在，这四种服务贸易类型在防城港市都不同程度存在，例如双边通信行业在边境地区的跨境服务，双边游客办理边境旅游通行证过境旅游的过境消费，双边商业机构过境建立分支机构或代表处的商业存在，双边自然人通过劳务合作机制过境务工的自然人存在。在国际医疗合作方面，就国际服务贸易而言，防城港市已经有了丰富实践，服务贸易类型为过境消费，主要以越南籍自然人过境到防城港市医疗机构接受医疗服务的形式存在。由于中越两国边境地区医疗水平的差异，防城港市范围内的防城港市第一人民医院、东兴市人民医院、东兴市妇幼保健院等一些公立医疗机构经常会有越南籍自然人看病就医的现象，为了方便越南籍自然人看病就医，东兴市人民医院率先用中越双语标识公共区域和科室指示牌，并选派中越双语医护人员在越南籍自然人经常就医的科室提供医疗服务。

四、下一步开展国际医学合作的几点建议

1. 充分运用《中越陆地边界管理制度的协定》框架下地方政府联系机制，扩大东兴市、防城区与越南毗邻的芒街、海河、平辽之间双边医学交流合作，积极推动双边医药卫生主管部门人员互访、医务人员培训实习、职业资格相互承认等交流与合作。推广东兴市人民医院的实践经验，通过互设定点医院的方式，提高国际医疗服务水平，为两国自然人过境医疗消费提供便利，促进国际服务贸易中医疗服务的发展。充分利用广西与越南边境四省省委书记新春会晤、东兴—芒街商交会等现有机制，将国际医学合作纳入会晤、展会的内容，促进国际医药贸易、服务贸易的发展。充分利用防城港市与越南下龙市、泰国黎逸市等友好城市交流机制，开展以国际医学合作为主题的一系列专项交流活动。

2. 参照《中越陆地边界管理制度的协定》中地方政府联系机制，在上海合作组织框架下，以双边国际条约的方式确定地方政府联系机制，并赋予防城港市与对方参与国际医学合作目标城市开展医学合作的相应事权，以此解决地方政府不具备国际法主体而无法有效开展对外合作交流的问题。

3. 充分发挥《外国籍自然人经营户登记管理办法（试行）》中赋予了外国籍自然人在东兴市从事国际经济活动行为能力的政策优势，通过行政指导的方式，积极引导外国籍自然人将经营范围拓展至医药、医疗产品方面，通过展示、展销等方式，参与国

际医药贸易。

4. 高度重视跨国公司在国际经济活动中的影响和作用,全面梳理防城港市范围内现有的跨国公司的国籍、性质、经营范围,通过行政指导的方式,引导有意参与国际医学合作的跨国公司将生产经营范围拓展至医药,医疗产品方面。通过上海合作组织、中国—东盟自由贸易区等多边平台引进从事国际医药贸易和医疗服务的跨国公司,通过在防城港市设立公司或者设立分支机构、代表处等商业存在方式,增加从事医学合作的商业主体。

特许经营合同纠纷案件常见问题的分析

兰丹丹*

［裁判规则］

1. 当事人依约定解除条件行使约定解除权的，法院除审查合同约定的解除条件是否成就外，还应当审查该约定的解除条件是否影响合同目的不能实现，根据诚实信用原则，确定合同应否解除。

2. 特许经营合同案件的审理应遵循特许经营民行交叉，民事合同性质为主，行政管理为辅的特性，不应随意扩宽效力性强制规定的解释与认定。特许人违反《商业特许经营管理条例》中备案或信息披露等行为管理性规范的，不会导致特许合同无效。

3. 特许经营合同是继续性的有偿双务合同，但鉴于特许人一次性收取特许经营加盟费的行业惯例，法院确认合同解除后，应依职权一并处理未履行期间特许经营费用的返还。解除权人同时主张违约损害赔偿的，法院应全面审查是否属于双方违约之场合，不宜简单依违约金条款进行处理，而应当平衡保护特许经营合同中信息不对等的被特许方利益。

［基本案情］〔1〕

广西东呈酒店管理有限公司，是“城市便捷”酒店品牌的商务连锁酒店，拥有“城市便捷”“City Comfort Inn”“圆月之家”（图形）等注册商

---

* 广西壮族自治区高级人民法院民三庭法官。

〔1〕（2019）桂民终 422 号。

标专用权。东呈公司(甲方)与欧阳兴林签订《特许经营合同》及《补充协议》,许可欧阳兴林使用上述经营资源,由东呈公司委派店长驻店,在统一的经营管理模式下独立开展加盟连锁酒店经营,合同对特许经营加盟费、特许经营使用费、信息系统使用费、连锁酒店(PMS)维护费、甲方店长(驻店总经理)费等金额及付款方式、延期付款的滞纳金等,以及乙方的不同违约情形及相应的违约责任作出了约定,合同期限为二十年。合同签订后,欧阳兴林依约成立了城市便捷湘潭易俗河店开展经营,一次性缴纳特许经营加盟费10万元、特许经营保证金5万元。双方履行合同一年多后,东呈公司以欧阳兴林未依约缴纳剩余加盟费、财务培训费、店长费、信息系统维护费、宣传资料费、运营质检费等费用的行为构成重大违约,符合合同第17.1条、第17.2条、第17.4条甲方有权单方面终止合同的条件,提起本案起诉:请求确认涉案合同解除;判令欧阳兴林支付未缴纳的特许经营加盟费等各项费用共计49,010.8元;支付违约金20万元;停止使用相关的特许经营资源等。一审时,欧阳兴林经合法传唤未出庭应诉,一审法院根据东呈公司的主张作出缺席判决,认定欧阳兴林构成根本违约,判令涉案合同解除;欧阳兴林向东呈公司支付尚欠加盟费5000元、支付违约金20万元、律师费5000元,共计21万元;停止使用经营资源并拆除相关商标招牌标识。欧阳兴林不服提起上诉,首先,其主张涉案合同因特许人未履行跨省特许经营备案义务而无效;其次,其主张东呈公司存在未依约委派店长、未安装酒店中央预订系统等严重影响其酒店经营的重大违约行为,东呈公司应对其相应的损失承担赔偿责任;一审判决未审查认定东呈公司的违约行为直接依照合同中的违约金条款判令其向东呈公司支付20万元的违约金与违约事实明显不符。二审另查明,东呈公司确实存在无故撤离店长、未依约继续派驻店长和未安装酒店中央预订系统的违约行为。

[**裁判结果**]

南宁市中级人民法院于2018年11月29日作出(2018)桂01民初9号民事判决,判决解除原告东呈公司与被告欧阳兴林于2014年8月23日签订的《特许经营合同》及《〈特许经营合同〉补充协议》;欧阳兴林向东呈公司支付加盟费5000元、违约金20万元、律师费5000元,共计21万元;欧阳兴林在本判决生效之日起停止使用并拆除或销毁任何带有“城市便捷”“City Comfort”“CCinn”“圆月之家”(图形)商标、标识的招牌、宣传长幅、海报、广告牌等所有物品等。判决后,欧阳兴林提起上诉。广西壮族自治区高级人民法院于2019年8月1日作出(2019)桂民终422号民事裁定:撤销南宁市中级人民法院(2018)桂01民初9号民事判决;发回南宁市中级人民法院重审。

[常见问题分析]

特许经营活动从在我国出现时，就呈现出许多问题，如一些从事特许经营活动的特许人不具备相应的条件、特许经营活动不规范、市场秩序混乱、以特许经营名义进行欺诈等违法犯罪活动时有发生、被特许人的合法权益得不到保障等。2007 年国务院制定颁布的《商业特许经营管理条例》（以下简称《条例》），从行政立法层面加强了对特许经营活动的规范和管理，不断促进特许经营健康、有序的发展。然而，近年来随着特许经营行业的高速增长，其潜在的矛盾日益突出，特许经营合同纠纷案件不断激增，主要表现在合同解除和违约赔偿案件中。而我国关于特许经营的立法制度少之甚少，合同法或司法解释亦没有专门的特许经营合同规定，特许经营行业的法律保障主要体现于人民法院对具体纠纷案件的司法裁判中，可见，统一特许经营合同纠纷案件的相关裁判标准尤为重要，亦是司法对知识产权保护的重大体现。针对该类案件存在的常见问题，如特许经营合同的效力认定、合同解除的确认及解除后的恢复原状与损害赔偿责任问题，本文根据《民法典》中关于合同的相关规定，2019 年《全国法院民商事审判工作会议纪要》（以下简称《会议纪要》）的指导精神，结合特许经营合同的固有特性，对相关法律的适用进行梳理与分析，以供司法实践参考。

一、特许经营合同的效力审查

（一）合同效力的相关规定

新颁布的《民法典》合同编废除了原《合同法》第 52 条、第 53 条合同效力的规定，规定合同效力审查认定适用民事法律行为效力的相关规定，应遵照执行。《民法典》第 153 条规定，违反强制性规定、违背公序良俗的民事法律行为无效，因此原最高人民法院《关于适用〈中华人民共和国合同法〉若干问题的解释（二）》第 14 条及 2009 年最高人民法院《关于当前形势下审理民商事合同纠纷案件若干问题的指导意见》第 15 条的规定，对司法审判仍具有参考适用意义。

（二）《条例》的强制性规定

针对我国特许经营领域存在的问题，《条例》主要就特许人从事特许经营活动应当具备的条件、特许人的信息披露制度、特许人备案制度、特许经营合同内容、特许人和被特许人的行为规范五方面进行规范管理，并通过严格、明确的法律责任保证其切实得以落实。但国家对每种行为的管理强度不同，从违法行为承担的责任变化看，具体表现：违反第 3 条第 2 款“企业以外的其他单位和个人不得作为特许人从事特许经营活动”的,由商务主管部门责令停止非法经营活动,没收违法所得,并处罚款;违反第7条第2款“两店一年”规定,由商务主管部门责令改正,没收违法所得,并处罚款;违反第8条“备案”规定,由商务主管部门责令限期备案,处以罚款,并予以公告;违反第21条、第23条“信息披露制度”,由商务主管部门责令改正,处以罚款,并予以公告。

(三)规定的理解与适用

针对强制性规定的识别问题,最高人民法院分别在2009年《关于当前形势下审理民商事合同纠纷案件若干问题的指导意见》及2019年《会议纪要》均作出指导,提出要慎重判断强制性规定的性质,稳妥认定民商事合同效力的理念,并提出综合考量强制性规定所保护的法益类型、违法行为的法律后果及交易安全保护因素等具体意见。结合以上,本文对《条例》相关强制性规定分析如下:(1)第3条第2款“企业以外的其他单位和个人不得作为特许人从事特许经营活动”。该条文表述上使用了“不得”的绝对禁止性语言;违法后果上,承担的行政责任类型属《条例》责任规定中最严重的,“停止非法经营活动,没收违法所得……”的行政责任强度亦与合同无效财产返还的民事责任相当;所保护的法益上,该规定规制的是特许经营行业的合同行为,即只要违反该规定的合同行为发生就很可能会损害整个行业的市场经济秩序,甚至社会公共利益。以此综合考量,该款规定应当属于效力性强制规定,如违反,则导致合同无效。(2)第7条第2款、第8条、第21条、第23条关于“两店一年”、特许经营备案、信息披露等规定。上述条文表述均使用“应当”用语;违法后果上,均是责令改正或处以罚款等可事后补救的责任措施;所保护的法益上,更倾向规制合同履行中的双方行为,而非某类合同行为,法益影响面相对较狭窄,以此综合考量,该类规定应属于管理性强制规定,如违反,一般不导致合同无效。

二、特许经营合同的解除认定

我国《民法典》第562~563条规定合同解除包括约定解除、法定解除与协商解除三种形式。广义上看,约定解除与法定解除均属于法律赋予的合同解除权,两类权利的产生、行使方式和行使期限由法律进行规范限制。约定解除权因当事人约定解除合同的条件成就而产生,法定解除权因出现第563条及法律规定的其他解除情形而产生,经当事人行使发生法律效力。同时法律又规定了法定解除的异议审查制度,充分体现了公平正义理念,防止意思自治的完全放任可能导致的实质不公平。

（一）约定解除的审查

《会议纪要》第 47 条规定“合同约定的解除条件成就时，守约方以此为由请求解除合同的，人民法院应当审查违约方的违约程度是否显著轻微，是否影响守约方合同目的的实现，根据诚实信用原则，确定合同应否解除。违约方的违约程度显著轻微，不影响守约方合同目的的实现，守约方请求解除合同的，人民法院不予支持；反之，则依法予以支持”，该规定表明了最高人民法院在合同自由原则与诚实信用原则之间的拿捏和取舍态度。人民法院在审查约定解除条件是否成就时，不能完全根据合同文本机械地确定合同是否解除，而应根据诚实信用原则，综合考量违约方的过错程度、违约行为形态及违约行为的后果程度等进行认定，不宜轻易地否定一个已经生效甚至已经作出大部分履行的合同。

（二）特许经营合同的具体适用

特许经营又称特许加盟，是一种营销模式。它是指拥有注册商标、企业标志、专利、专有技术等经营资源的企业，也就是特许人，通过订立合同，将其拥有的这些经营资源许可其他经营者也就是被特许人使用，被特许人按照合同约定在统一的经营模式下开展经营，并向特许人支付相应费用的经营活动。可见，特许经营是一种高度系统化、组织化的营销方式，统一的经营模式是其核心要求之一，也是保证服务的规范性、一致性以及维护品牌形象的需要，故有些发展较为成熟壮大的特许经营品牌在促进中小企业发展，扩大就业方面发挥了积极作用，比如我们较为熟知的肯德基、麦当劳、华联超市等。然而，我国的特许经营行业起步较晚，法律制度保障或行业自律规范方面极其缺乏，近年来涌现的众多商业特许经营品牌，在活跃特许行业的同时亦暴露着许多问题和弊端。实践中较为突出的是特许人实质缺乏统一的经营资源能力或是未诚信履行提供特许经营资源的义务等，导致被特许人难以维持经营，引起因拖欠特许经营费用等一系列的违约赔偿或合同解除纠纷。被特许人选择加盟经营目的是得以使用特许人现有的经营模式及品牌效应，获取利润。然而，在繁荣复杂的市场经济舞台，被特许人的市场洞察力有限，特别是基于我国商业主体信息登记制度的不完善，特许经营合同中被特许人的信息不对等问题尤为突出，有时合同双方利益失衡从合同签订开始就存在，在特许人一次性收取特许加盟费后如何实现被特许人的合同履行利益需要法律给予保护。从《条例》主要规定特许人的行为规范以及赋予被特许人一定期限的单方解除权，即充分体现了我国立法调整被许人利益的倾向性保护。因此审判实务处理特许经营合同类纠纷时，法官在遵守合同自由、商事意思自治原则的同时，又应兼顾特殊行业的固有特性，结合当前社会经济发展需求，合理平衡当事人之间的合同利益，最大限度地保障公平之交易。

三、合同解除的法律效果

关于合同解除的效果，在法理上如何构成，素有争论。但法律规定上主要包括三种：一是尚未履行的债务免予履行；二是已经履行的部分发生返还请求权；三是损害赔偿请求权。鉴于各国所采解除效果理论学说的不同，对于返还请求及损害赔偿范围的理解存在差别。我国当前学说主流采“直接效果说”，[1]即以合同溯及消灭为中心，尚未履行的免予履行，已经履行的部分发生返还请求权；同时损害赔偿又以履行利益作为主张赔偿的范围。审判具体适用上，应围绕《民法典》第566条规定予以解释。

（一）恢复原状及补救措施

该法律效果源自《民法典》第566条第1款的中段表述“已经履行的，根据履行情况和合同性质，当事人可以要求恢复原状或者采取其他补救措施”，规定首先表明并不是所有的合同解除都会发生恢复原状的效果，而是由合同的已履行情况及合同性质决定的。为此我国有力说将合同区分为非继续性合同（一时的合同）与继续性合同，认为违约解除有无溯及力应具体分析，非继续性合同的解除原则上有溯及力，继续性合同的解除原则上无溯及力。[2] 该区分有其合理性，但容易陷入一个理论误区，即以溯及力为前提虽然可以得出恢复原状的结论，但恢复原状并非只能建构在解除具有溯及力的基础之上；解除前的受领仍然具有相应的法律原因，比如，从等价交换均衡之原则考究原状恢复义务之性质。[3] 既不能让非违约方陷入“解除陷阱”，也不可以因违约方违约而获取额外的利益。就各理论学说之间的争执观点，针对合同解除恢复原状的具体法律适用，本文理解如下：（1）合同双方当事人均负有恢复原状的义务，具体根据合同的性质及履行情况决定。如典型的买卖合同，基于同时履行抗

---

〔1〕 崔建远主编：《合同法》（第4版），法律出版社2007年版，第250页；王利明：《合同法研究》（第2卷），中国人民大学出版社2003年版，第301页以下；谢怀栻等：《合同法原理》，法律出版社2000年版，第253页以下；陈小君主编：《合同法学》，高等教育出版社2003年版，第222页；张广兴、韩世远：《合同法总则》（下册），法律出版社1999年版，第46页以下；李永军：《合同法原理》，中国人民公安大学出版社1999年版，第619页；余延满：《合同法原论》，武汉大学出版社1999年版，第493页；柴振国、何秉群等：《合同法研究》，警官教育出版社1999年版，第274页。

〔2〕 参见崔建远主编：《合同法》，法律出版社1998年版，第178～181页。

〔3〕 参见韩世远：《合同法总论》（第4版），法律出版社2018年版，第676、680页。

辩之关系，双方对于已履行部分可请求相互之返还；如租赁合同、委托合同、劳务合同等继续性的双务合同，因履行中双方一般已相互进行给付与对待给付之交易，已不具备返还的事实，故原则上已履行部分不发生恢复原状之义务；但有些继续性合同存在特殊性，如特许经营合同，虽然属于继续性有偿双务合同，而基于特许人签订合同后往往一次性收取特许经营加盟费或使用费的行业惯例，合同解除后被特许人未得以特许经营年限的相关特许经营费用，特许人应当予以返还。(2)广义的恢复原状范畴的补救措施。从《民法典》第566条的规定可以看出“采取其他补救措施”与“恢复原状”具有相同的目标，属于“恢复原状”的辅助性规定；鉴于合同标的种类的不同，动产或不动产给付可以通过“有体物返还”或“复原登记”予以恢复，而对于“所提供劳务的恢复原状”、“受领标的物为金钱的恢复原状”或“受领的有体物消失时的恢复原状”，应当属于“采取补救措施”之情形，对该类无法原状恢复的相应给付予以相当价值之赔偿或补偿。因此，合同解除的“恢复原状义务”，所对应的结果应当分别是实物形态的恢复原状和价值形态的恢复原状。但值得注意的是“价值形态的恢复原状”与另一责任形式“赔偿损失”不是同一概念范畴。

(二)赔偿损失

(1)双方当事人均有主张赔偿损失的权利。为有效保护非违约方的利益，从各国立法规定及我国法体系化之解释，合同解除不影响当事人要求赔偿损失的权利，因为一方或双方违约时，损害赔偿已经成立，不能因合同解除而化为乌有。因此，《民法典》第566条的损失赔偿，属于违约损害赔偿范围，依然应当根据双方的违约情形及过错进行全面审查。但审判实践往往容易忽视双方违约场合的审查，即违约解除案件中，如解除权人亦存在违约行为过错时，法院应当行使充分的释明权以全面审查合同违约情形，确定损失赔偿的范围。(2)损失赔偿的范围。《民法典》第566条的损失赔偿范围亦因违约行为的不同而有所区分。比如，因履行不能产生替代履行的赔偿、因迟延履行产生迟延违约的赔偿、加害给付行为产生遭受损害之赔偿等。违约损害赔偿系转换的损害赔偿之债，属于本来之债权的扩张(迟延赔偿之场合)或者内容的变更(填补赔偿之场合)，与本来的债权具有同一性。[1] 因而审判实务中应区分不同违约行为所指向的不同利益损失，合理确定赔偿范围。

---

〔1〕［日］我妻荣：《新订债权总论》，王燚译，中国法制出版社2008年版。

结　语

审判实务中,不论是特许经营合同还是其他合同类纠纷,法院在审理时,应当坚持鼓励交易原则,充分尊重当事人意思自治的同时,应兼顾公平交易与诚实信用原则。依法审慎认定合同效力,合理解释合同条款、确定履行内容,合理确定当事人的权利义务关系,审慎适用合同解除制度,秉着尽可能一次性解决纠纷,减轻当事人诉累的处理原则,全面处理合同解除后的财产返还及损失赔偿等责任问题。

技术类案件审理中的技术调查官：实践现状与制度展望

潘塈东*

主要创新观点：自北京、上海、广州三家知识产权法院成立以来，技术调查官作为知识产权审判机制改革的重要探索备受理论界和实务界关注。目前，针对技术调查官制度的研究多集中于制度间的国际经验比较、针对制度中某一项具体内容展开研究或者对三大知识产权法院的制度实践进行总结，而对其他审理技术类案件的法院如何构建技术调查官制度的研究较少。2018 年 12 月 23 日，国务院办公厅印发《关于推广第二批支持创新相关改革举措的通知》，其中将技术调查官制度作为知识产权审判体制改革中的一项重要内容向全国法院推广，2019 年 3 月最高人民法院出台《关于技术调查官参与知识产权案件诉讼活动的若干规定》（以下简称《技术调查官司法解释》），技术调查官向其他审理技术类案件的法院进行推广势在必行。基于此，本文结合北京知识产权法院实地调研情况，对如何在其他法院推广技术调查官制度进行了前瞻性的研究。目前我国技术调查官制度很大程度上是移植借鉴了日本、韩国和我国台湾地区的经验，因此在思考如何全面推行该制度时，首先，必须进行比较法经验的考察从而“取其精华、去其糟粕”；其次，技术调查官制度推广不能脱离我国现有的制度实践，必须结合已有的实践经验并尽可能避免实践中存在的问题；最后，不搞“一刀切”而要考虑到我国东部、中部、西部地区的实际情况，建设性提出高效、经济、合理的技术调查

* 广西壮族自治区高级人民法院民三庭法官助理。

官制度推广可行路径。

在专利、植物新品种、集成电路布图设计、技术秘密、垄断等专业技术性较强的知识产权案件(以下简称技术类案件)审理中,技术事实查明一直是这类案件审理的重难点问题。究其原因,一方面是由于技术事实本身所具有的专业性和前沿性,另一方面则因为技术事实往往与法律问题联系紧密。因此,在审理技术类案件时,尽管通过对证据的灵活运用可在一定程度上缓解技术事实难以查明的问题,但目前我国绝大多数知识产权法官并不具备自然科学领域的教育背景,单纯依靠法官自身力量无法从根本上解决作出裁判时,由于自身专业技术知识缺乏所导致的事实理解障碍和心证生成困境。[1] 面对这一普遍性难题,世界各国法院选择了不同的解决路径:美国通过专业法官协同技术助理,并配合专家证人制度来查明涉案技术事实;德国在联邦专利法院设置技术法官,并且对技术法官的技术资质和法律专业知识提出要求,提高技术类案件审理的专业化水平;日本、韩国和我国台湾地区则在法院建立技术调查官制度,让技术调查官充当法官的技术助手,将晦涩难懂的专业术语转化为法官容易理解的通俗法律表达。

2014 年 12 月,最高人民法院发布《关于知识产权法院技术调查官参与诉讼活动若干问题的暂行规定》,标志着我国正式在知识产权审判中引入技术调查官制度;随后,北京、上海、广州三家知识产权法院经过四年多的实践探索,具有中国特色的技术调查官制度逐渐成型。《技术调查官司法解释》充分吸收借鉴三家知识产权法院技术调查官制度的实践经验,将技术调查官制度的适用范围扩展至审理技术类案件的其他法院。基于此,本文结合最高人民法院《技术调查官司法解释》及笔者在北京知识产权法院调研技术调查官制度的实施情况,主要对该制度的实践现状进行系统梳理与整体分析,进而为审理技术类案件的其他法院推广技术调查官制度提出初步构想。

一、技术调查官的内涵及特征

技术调查官或称技术审查官,是指在技术类案件审理中,利用自身所具备的自然科学领域专业知识,针对案件所涉技术问题履行特定职责,以帮助法官理解技术事实问题的审判辅助人员。依照上述内涵,可以总结出技术调查官具有以下特征:(1)适用范围的特定性。《技术调查官司法解释》第 1 条规定了技术调查官适用于专利、植

---

〔1〕 参见李响:《知识产权审判中的技术调查官制度刍议》,载《南京大学学报》(哲学·人文科学·社会科学版)2017 年第 6 期。

物新品种、集成电路布图设计、技术秘密、计算机软件、垄断等专业技术性较强的案件审理。(2)工作职责范围的特定性。《技术调查官司法解释》第 6 条规定了技术调查官参与技术类案件审理的六项具体工作职责,[1]主要包括:为案件查明技术事实提供支持、参与案件技术事实调查、与外部专家沟通协调、参与调查取证和保全等。(3)法律地位的中立性。《技术调查官司法解释》第 2 条第 1 款规定技术调查官属于审判辅助人员,表明技术调查官在参与诉讼时明显区别于鉴定人、专家辅助人或法官自行咨询的专家,其代表法院独立地查明案件涉及的技术事实问题,既不受制于法官也不受制于当事人,所出具的技术调查意见更有参考价值。

二、法律移植视野下的技术调查官制度透视

(一)技术调查官的选任

1. 技术调查官选任的域外经验考察

技术调查官制度并非中国大陆法院首创,目前三家知识产权法院的技术调查官制度在很大程度上移植借鉴了日本、韩国、我国台湾地区等域外国家或地区的经验。技术调查官的选任是其制度展开的逻辑起点,从比较法的经验看,域外设置技术调查官的国家或地区在选任方面均进行了明确规定:(1)日本。日本知识产权高等法院实行技术调查官和专门委员并行的技术事实查明机制,技术调查官属于法院编制内人员,主要来源于特许厅审查员或复审员,少数具备专利代理人的经验,任期一般为两年,两年任期之后可以选择回到原工作岗位或继续留任。专门委员主要是由最高法院任命的非专职职员,来自各个技术领域知识渊博的大学教授或公共机关的研究人员。[2] (2)韩国。《韩国技术审查官规则》从相关科学技术细分领域的任职经历、职称等级、学历等方面对选任技术调查官的资质提出具体要求,韩国的技术调查官主要有三个选任渠道:第一,政府部门的公职人员,主要包括特定任职年限的专利局审查员、法官、科技部门公职人员。第二,科技领域的研究人员,主要从科技领域的硕士、

---

〔1〕《技术调查官司法解释》第 6 条规定了技术调查官参与诉讼活动的七项职责,分别是:(1)对技术事实的争议焦点以及调查范围、顺序、方法等提出建议;(2)参与调查取证、勘验、保全;(3)参与询问、听证、庭前会议、开庭审理;(4)提出技术调查意见;(5)协助法官组织鉴定人、相关技术领域的专业人员提出意见;(6)列席合议庭评议等有关会议;(7)完成其他相关工作。

〔2〕参见日本知识产权高等法院官网:http://www.ip.courts.go.jp/chi/aboutus/organization/index.html,2019 年 6 月 29 日最后访问。

博士研究人员中选拔。第三,从通过技术资格考试获得相关技术资质的人员中选拔。[1] (3)我国台湾地区。我国台湾地区在知识产权审判中设置技术审查官制度,我国台湾地区"智慧财产法院"技术审查官的类型主要有正式编制、约聘和借调三种,选聘人员主要适用于高校学者、科研院所的研究人员等非公职人员,借调主要适用于专利或商标审查员等公职人员,多数任职为短期。[2]

2. 域外技术调查官选任机制分析

综合上述域外国家或地区的技术调查官选任机制,可总结出以下特点:(1)法院编制内的工作人员为主要选任方式,但对任期时间的长短规定不同。属于法院编制内的技术调查官在参与诉讼活动时能更好地独立于各方当事人,一定程度上也确保其所出具的技术调查意见的中立性。(2)人员选任渠道宽泛。如日本、韩国、我国台湾地区的技术调查官选任机制规定,符合特定条件的专利审查员、高校学者、科研机构研究人员均可选任为技术调查官。技术调查官选任渠道的宽泛有利于拓宽技术事实查明所涉专业领域的覆盖面,尤其是生产、科研一线的技术人员对本领域的前沿技术和科技创新敏感度高,有助于更好地查明技术事实。(3)选任标准较高。域外国家或地区对于技术调查官选任标准要求较高,一般要求具有3~5年的专业技术工作经验,且在专业资质、学历学位方面亦提出相应要求。选任高素质和实务经验丰富的技术调查官,可以提高技术类案件事实查明的质量和效率,有利于为合议庭正确作出裁判结论提供保障。

3. 技术调查官选任机制的中国实践

结合日本、韩国和我国台湾地区技术调查官的选任经验和笔者在调研时了解的实际情况,目前我国法院针对技术调查官的选任模式主要有以下几种:(1)在编型。在法院内部设置技术调查室,通过公务员招录的方式选拔技术调查官,并按照在职在编人员的管理方式进行管理,目前广州知识产权法院采用此模式。(2)交流型。交流型技术调查官主要从专利局、专利复审委、各地专利审查协作中心等选派干部,在不改变与原单位人事关系的前提下,交流至知识产权法院担任一定期限(通常为2年)的技术调查官并参与案件审理,例如,北京知识产权法院、上海知识产权法院、成都知识产权审判庭均采用此种模式。(3)聘用型。聘用型技术调查官通过购买社会化服务的方式招聘、选任、管理,一般采用约定年薪制的方式确定报酬待遇,目前南京知识

[1] 参见北京知识产权法院编:《技术调查官制度创新与实践》,知识产权出版社2019年版,第15页。

[2] 参见徐俊、李若源:《日本和我国台湾地区知识产权审判体制改革速览》,载《中国审判》2018年第8期。

产权法庭采用此种模式。(4)兼职型。兼职型技术调查官是北京知识产权法院技术调查官群体的主要来源,人员来自于科研机构、高等院校、国有大型企业、专利代理人协会等科研、生产、实务一线,技术领域涵盖机械、材料、通信、化学、医药、光电、计算机等专业领域,此类型技术调查官也不改变与原单位的人事关系,一般任期为2年,部分技术调查官可通过参与案件审理获取报酬;(5)志愿者型。此类型技术调查官选任方式为北京知识产权法院首创,北京知识产权法院通过与北京志愿者协会合作,旨在为公职人员参与技术调查官事务创设途径,将技术调查官参加案件审理的时间视为志愿活动服务时间,满一个月便可注册成为北京志愿者协会会员。据了解,目前北京知识产权法院通过志愿者身份担任技术调查官的人员共8名。

综合上述技术调查官的选任模式,可以对我国法院技术调查官选任模式作出以下评述:(1)北京知识产权法院技术调查官的选任模式呈现多元化的特征,所选任的技术调查官所属技术细分领域涵盖范围广泛,这与北京作为全国政治、经济、科教、文化中心的区位条件密切相关。(2)交流型、兼职型和志愿者型三种选任模式因运作机制灵活、人员流动顺畅而成为主流选任方式,由于技术调查官通常为本技术领域中上水平并具有一定工作经验的专业技术人员,[1]受制于公务员编制控制和薪酬待遇水平,在编型对此类人员的吸引力并不强,且技术领域覆盖十分有限。此外,由于现代科技发展日新月异,对于在编型和聘用型技术调查官而言,长时间脱离生产、科研一线不利于技术调查官的知识更新。(3)技术调查官的选任标准除对其专业技术水平进行考量以外,还综合考虑人员的政治素质、既往业绩状况、有无违法犯罪记录、身体健康状况等其他因素。

(二)技术调查官参与案件审理的逻辑层次和程序

1. 技术调查官参与案件审理的逻辑层次

以北京知识产权法院为例,技术调查官参与案件审理主要分为三个逻辑层次,即简单咨询、参与诉讼活动和一般咨询。(1)简单咨询,是指法官向技术调查官口头咨询但不涉及案件争议焦点的技术事实问题,如专业术语的概念、技术方案的理解等,此种情况下无须申请技术调查室指派技术调查官,也无须告知当事人,技术调查官不

---

[1] 目前北京知识产权法院在实践中对技术调查官的任职技术资格提出了一定要求,即要求选任为技术调查官的专业技术人员并不要求其为本技术领域内的资深专家,仅需达到本技术领域内中上水平的技术人员即可,从而确保其在专利授权确权行政纠纷案件审理中,能够更好地从本领域普通技术人员的视角作出判断,而不至于人为地提高专利授权确权的司法审查标准。

用出具技术调查意见;(2)参与诉讼活动,是指技术调查官参与询问、保全、勘验、庭审等与当事人直接接触的诉讼活动,此时需要法官向技术调查室提出指派申请,并提前告知当事人,一般情况下技术调查官需出具技术调查意见;(3)一般咨询,是指技术调查官不参与上述询问、保全、勘验、庭审等与当事人直接接触的诉讼活动,但协助法官查明与案件争议焦点相关的技术事实问题(所以一般咨询通常出现在庭审后的阶段),此时需要法官向技术调查室提出指派申请并告知当事人,一般情况下技术调查官需出具技术调查意见。从前述的三个逻辑层次可以看出,技术调查官协助法官审理技术类案件时,只有在咨询不涉及案件争议焦点的问题或对当事人其他诉讼权利义务产生影响的情况下才无须告知当事人,同时技术调查官也无须出具技术调查意见。

2. 技术调查官参与案件审理的程序

一般来说,技术调查官参与案件审理的程序如下:(1)技术调查官的确定。受理案件后,承办法官根据案件情况向技术调查室提出申请,由技术调查室根据申请指派技术调查官,拟指派的技术调查官进行自身利益冲突排查后,由技术调查室将指派人员反馈承办法官,承办法官告知当事人技术调查官指派情况。(2)回避。由当事人在开庭前决定是否提出技术调查官的回避申请,如果提出回避申请则按照《民事诉讼法》的相关规定处理,如果当事人不提出回避申请,技术调查官则可以开始协助法官审理案件。(3)庭前工作。技术调查官需在庭前阅读相关卷宗材料,结合审判团队组织的庭前证据交换等工作,与承办法官进行庭前评议,协助法官确定案件争议焦点或开展勘验、保全的准备工作。(4)庭审或询问。承办法官可以根据案件情况确定采用庭审或询问的方式查明案件事实,技术调查官可以针对案件所涉的技术事实询问当事人,但当事人不允许向技术调查官发问。(5)庭后阶段。技术调查官结合庭审或询问的情况,协助承办法官进一步完善案件争议焦点,或对勘验、保全工作进行风险评估。在庭后协助合议庭作出裁判的阶段,一般由技术调查官提出确切性的技术调查意见供合议庭评议时参考。如果技术调查官无法形成确切结论时,此时由承办法官向技术调查室申请提交技术专家委员会讨论,技术调查官根据技术专家委员会的讨论结果形成最终的技术调查意见,供合议庭评议时参考。

三、技术调查官制度实践的突出困境与现实出路

(一)技术调查官的回避制度

由于技术调查官在诉讼中可以高效地帮助法官查明技术事实,因此完善技术调

查官的回避制度对于实体正义的实现具有十分重要的作用。目前法院所任命的部分交流型技术调查官来源于专利行政审查部门,当其作为技术调查官参与案件审理时,可能会出现已经由其审查的专利行政授权确权案件进入诉讼程序的情形,若此时再由该技术调查官参与案件审理,难免有违程序公正,实践中也确实出现此种申请回避的情形。另外,还有部分兼职型技术调查官来源于专利代理人协会,其可能与当事人存在业务往来,此种情形也极易遭受当事人的质疑。[1] 为了实现技术类案件审理中程序正义和实体正义的双重价值目标,正确适用回避制度无疑是应对困境的有效途径,但必须根据技术调查官的特点有针对性地构建更加细化、明确、公开的回避规则和监督约束机制。例如,实践中已有法院在进行技术调查官回避制度的设计时,针对不同类型来源的技术调查官分别规定不同的回避情形,同时建立技术调查官参与案件审理前的自身利益冲突排查机制,并通过规定相应的法律后果对违反回避制度的人员施加约束。[2]

(二)防范技术调查官异化为"影子法官"

由于技术类案件的高度专业性和法官自身理工科背景知识的欠缺,技术调查官出具的技术调查意见往往在法官查明技术事实方面起着至关重要的作用,故社会上存在法官变相让渡司法审判权、技术调查官可能异化为"影子法官"的质疑。[3] 类似的问题同样存在于涉及司法鉴定的案件,由于法官无法对鉴定意见中的相关内容进行解读和判断,因此裁判结论的作出往往高度依赖于鉴定意见。技术调查官制度虽然会逐渐弱化法官对鉴定意见的依赖,但仍须防范技术调查官异化为"影子法官"的可能性。虽然《技术调查官司法解释》已经明确将技术调查官定位为"司法辅助人员",并且其出具的技术调查意见仅作为法官裁判的参考,但技术调查官的职责范围涉及庭前、庭审、庭后各个阶段以及勘验、保全各个环节,必须厘清法官和技术调查官之间的职责界限,并建立科学的监督约束机制以避免技术调查官沦为"影子法官"。解决好这个问题,需要真正落实"让审理者裁判,让裁判者负责"的司法责任制核心要求,让法官明确建立技术调查官的制度初衷并非是提供回避技术问题的替代途径,而是通过技术调查官的帮助更高效地理解技术问题并适用法律解决问题,所以法官不宜简单地将技术调查官作出的事实认定直接等同于法律认定,而要注意到法官与技

---

〔1〕 参见北京知识产权法院编:《技术调查官制度创新与实践》,知识产权出版社 2019 年版,第 10 页。

〔2〕 详见《北京知识产权法院技术调查官回避实施细则(试行)》(京知发〔2017〕2 号)。

〔3〕 参见许波、仪军:《我国技术调查官制度的构建与完善》,载《知识产权》2016 年第 3 期。

术调查官职责范围的差异性。技术调查官在撰写技术调查意见时,也不能超越与案件技术事实相关的范围,还要健全避免审判权让渡的外部监督约束机制,即在法官怠于履行其司法职责或技术调查官超越职责范围的行为,通过司法责任制和业绩考核的方式予以规制。

(三)技术调查意见是否公开问题

技术调查意见的公开问题一直在法学理论界和司法实务界存在较大争议。有的法学界学者认为,技术调查官几乎参与了全部诉讼程序,其出具的技术调查意见几乎涵盖了案件所涉及的全部关键技术事实问题。虽然技术调查意见在法官作出裁判时仅具有参考性,不属于证据,但按照公开审判原则和独立行使审判权的要求,原则上对当事人诉讼请求的成立产生实质影响的信息都应当公开。〔1〕 如果技术调查意见不公开,会导致技术调查意见无法被查阅并通过辩论证成其结论的合理性、准确性,裁判的公正性势必受到影响。司法实务界则认为,是否公开技术调查意见应当综合考虑技术调查官制度的价值,兼顾审判质量和效率。如果技术调查意见全部都公开,一定程度上会削弱案件审理的效率。〔2〕《技术调查官司法解释》第 9 条规定了技术调查意见不公开的原则,根据最高人民法院民三庭负责人的解释,如果技术调查意见被采纳,将会转化为合议庭的意见体现在裁判文书之中,裁判文书最终对技术事实的认定有可能与技术调查意见的结论不一致。技术调查意见不属于证据,类似于法官在办案过程中撰写的审理报告,因此应归入副卷备查,不对外公开。对此,韩国、我国台湾地区也有类似规定。〔3〕 本文认为,技术调查意见是否对外公开应处理好提高审判质效与保障当事人诉权之间的关系,可以尝试技术调查意见适度向当事人公开的做法,即技术调查意见原则上不向当事人公开,但涉及关键技术事实争议或影响裁判结果时,可以向当事人适度公开。公开的范围限于权利是否有效、侵权行为是否成立、不侵权抗辩是否成立等影响裁判结果的重大事实。事实上,北京知识产权法院已开展向当事人适度公开技术调查意见的探索,例如,在技术事实相对清晰且事实争议焦点较少的案件中,向当事人公开技术调查意见,或向当事人公开合议庭及技术调查官关注的技术事

---

〔1〕 参见张爱国:《评技术调查意见的不公开——以民事诉讼法的基本原理为视角》,载《知识产权》2019 年第 6 期。

〔2〕 参见黎淑兰、陈惠珍、凌宗亮:《技术调查官在知识产权审判中的职能定位与体系协调——兼论"四位一体"技术事实调查认定体系的建构》,载《中国知识产权法学研究会 2015 年年会论文集》,第 989 ~ 990 页。

〔3〕 参见《最高人民法院民三庭(知识产权审判庭)负责人就技术调查官司法解释答记者问》。

实，积极引导当事人对事实进行补充陈述和举证，实践证明均取得很好的效果。

四、全国法院推广技术调查官的制度展望

2018年12月23日，国务院办公厅印发《关于推广第二批支持创新相关改革举措的通知》，其中要求在技术类案件审理中推广技术调查官制度，标志着技术调查官制度开始从知识产权法院的独自探索转向其他审理技术类案件法院的全面实践。展望技术调查官的制度未来，全面推广该制度除需要借鉴已有的成熟经验外，还要结合各地实际情况，谋求建立更具操作性的技术调查官制度。

（一）建立以技术调查官制度为核心的“四位一体”技术事实查明体系

“四位一体”技术事实查明体系是人民法院在解决技术类案件事实查明难题的制度探索中逐渐形成的认识，即充分发挥技术调查官、专家辅助人、专业化人民陪审员、技术鉴定各自的制度优势（四种技术事实查明手段的优缺点如表1所示），使之形成相互独立、多元联动、有机协调的“四位一体”技术事实查明体系。值得注意的是，“四位一体”的技术事实查明体系应该以技术调查官制度为核心而展开，因为技术调查官的中立性、专业性和高效性特征具有其他技术事实查明手段不可比拟的优势，但技术调查官的优势并非无所不能，某些特殊情况下需要其他技术事实查明手段作为补充。

表1　四种技术事实查明手段的优缺点

技术事实查明手段	优点	缺点
技术调查官	属于司法辅助人员，具有中立性；属于特定领域的专业技术人员，具有专业性；全程参与诉讼并出具技术调查意见供法官裁判时参考，具有高效性	技术调查意见原则上不向当事人公开，可能影响当事人实体权利；在某些需要仪器鉴定的案件中，技术调查官作用十分有限
专家辅助人	通常是相关技术领域的专家，各方当事人均可聘请专家辅助人出庭说明技术问题，有利于案件技术事实查明及认定	由于专家辅助人通常由当事人聘请，其在法庭上的陈述难免会遭受客观性、中立性的质疑
专业化人民陪审员	通常为具有专业技术特长和一定法律知识、普遍公认的专家，对案件事实认定具有表决权，数量上具有相对优势	参与案件审理深度可能不及技术调查官；陪审员“陪而不审”“审而不议”的现象在技术类案件中同样难以避免
技术鉴定	由于鉴定机构具有独立性、中立性，鉴定意见属于法定证据，公信力较高。适用于需要仪器设备检测分析才能做出判断的技术争议问题	成本高、耗时长，仅对预先设定的争议问题提出意见，无法对法官需要查明的技术事实问题提出意见

在中国司法实践的语境下，技术调查官、专家辅助人、专业化人民陪审员、技术鉴定在技术事实查明体系中的作用不同，彼此独立完成技术事实查明工作，但这并不意味着在诉讼中四种手段必须同时存在。从提高审判质效的角度来看，四种技术事实查明手段之间存在递进式的适用顺序，法官应当根据案件审理情况，首先适用技术调查官查明技术事实，如果技术调查官无法完成，再运用专业化人民陪审员、专家辅助人、技术鉴定的方式查明技术事实。只有穷尽其他技术事实查明手段都无法解决问题时，才需要委托技术鉴定，例如，在日本司法实践中，虽同时存在技术调查官、专门委员和技术鉴定三种技术事实查明手段，但由于前两者已经可以解决绝大多数技术事实查明问题，因此适用技术鉴定的案件很少。[1]

（二）其他法院建立技术调查官制度的初步构想

目前技术调查官参与诉讼的程序、回避、管理等内容在制度探索中均较为成熟，由于技术调查官的选任是其制度展开的逻辑起点，只要选任完成后便可按照既定程序开展工作，因此其他法院建立技术调查官制度的难点归根结底在于技术调查官的选任。诚如前文所述，北京、上海、广州三家知识产权法院均位于中国经济最为活跃的地区，人才集聚效应明显，因此在技术调查官的选任方面具有得天独厚的优势，但中国东部、中部、西部地区经济发展不均衡、专业技术领域人才分布亦不均，其他法院选任合适的技术调查官难度较大。据统计，目前拥有技术类案件管辖权的75个地方各级法院（法庭）中，高级人民法院32个，知识产权法院3个，中级人民法院（知识产权法庭）40个，知识产权审判管辖布局体系已经相对稳定。[2] 基于此，本文认为全面推广技术调查官制度的路径不妨从以下两个方面考虑：

1.设置技术调查官管理机构的现实选择。虽然各省高级人民法院与省会城市中级人民法院（知识产权法庭）均位于省会城市，但根据目前有技术类案件一审管辖权的法院布局情况，绝大多数技术类案件的二审已经越过高级人民法院而飞跃上诉至最高人民法院知识产权法庭，高级人民法院只有极少数标的额巨大、在本辖区内有重大影响的技术类案件一审管辖权。因此，在省会城市的中级人民法院或知产法庭设置技术调查室，由其负责统筹选任、管理本省技术调查官的方式较为科学合理。因为省会城市通常是省级行政单位的政治、经济、文化中心，利于从行政机关、科研院所、

---

〔1〕 参见李菊丹：《中日技术调查官制度比较研究》，载《知识产权》2017年第8期。

〔2〕 数据来源最高人民法院知识产权法庭官网：http://ipc.court.gov.cn/zh-cn/news/more-2-10.html，2019年7月1日最后访问。

社会团体中选任合适的技术调查官。如果本省内其他法院需要技术调查官时，可以根据《技术调查官司法解释》第 14 条的规定，[1] 向省高级人民法院申请调派技术调查官。

2. 技术调查官选任的可行路径。省会城市中级人民法院（知识产权法庭）应结合技术类案件受理情况，确定受理技术类案件数量较多的技术领域，并在省高级人民法院的指导下优先从知识产权局、地方专利审查协作中心、科研机构、大专院校、专利代理人机构选任技术调查官，这样基本可以保障各省技术类案件的审判需要。将来，最高人民法院知识产权法庭可以考虑建立国家层面的技术调查官名册，名册尽可能涵盖绝大多数专业技术细分领域，同时明确技术调查官参与诉讼活动的费用报酬、津补贴、差旅费标准，从而更好地保障全国范围内技术调查官的资源共享。下级法院如果遇到涉及高精尖前沿技术等重大、疑难案件且在本省内无法调派合适的技术调查官时，可通过相应程序向最高人民法院知识产权法庭申请从名册中调派技术调查官，或在最高人民法院知识产权法庭的协调下通过省际之间调派技术调查官。

---

〔1〕《技术调查官司法解释》第 14 条规定："根据案件审理需要，上级人民法院可以对本辖区内各级人民法院的技术调查官进行调派。人民法院审理本规定第一条所称案件时，可以申请上级人民法院调派技术调查官参与诉讼活动。"

构建银行业 ADR 解决金融借贷纠纷机制的探讨

梁芳燕*

随着我国金融改革不断深化和金融市场的发展，金融案件数量激增，2018 年 1 月 25 日发布的《上海市高级人民法院工作报告》显示，上海市五年来共审结一审金融案件 47.8 万件，同比上升 358.3%。[1] 全国各省的金融借贷纠纷亦呈现出不同程度的增长。金融借贷纠纷逐年增加以及积案居高不下的状况导致了诉讼的迟延，无形中削弱了司法的纠纷解决功能，降低了其在公众中的威信以及正义的价值。然而，银行机构在诉讼外可选择商事仲裁、公证债权的方式解决纠纷，但无一例外，银行机构都选择了诉讼方式解决纠纷，无形中诉讼则由“最后的防线”变成了唯一的选择，使非诉纠纷解决机制被束之高阁，长期缺位于纠纷解决中，未能发挥其应有的作用。面对“诉讼爆炸”的危机，从考察西方司法实践来看，解决方式主要有两种：一是改革已有的司法诉讼制度；二是司法权主动向法院外延伸，担负起组建、管理和促进 ADR 的社会责任，通过创建多种更为便捷经济的解纷方式来分担诉讼压力。我国法院内部对此亦作出了相应的改革与创新——设立上海金融法院。但综观西方金融大国的金融纠纷解决机制，它是多元并存的、立体的、有层次的，正如学者所言，“作为纠纷解决的最终和最高机构，国家所要掌握的

---

* 南宁市青秀区人民法院仙葫经济开发区人民法庭庭长。

[1] 张艳芬：《在沪设立金融法院迫切性：五年审结金融案件 47.8 万件、同比上翻三倍》，载 http://news.sina.com.cn/o/2018-04-03/doc-ifyteqtq3329618.shtml，2020 年 4 月 20 日最后访问。

应当是最终解决权而不是最先解决权，这应成为纠纷解决机制整体重构过程中的基本原则”。[1] 司法诉讼方式解决社会纠纷固然有强制执行力等无可替代的功能优势，但认可其在解纷体系中的重要地位，并不意味着诉讼解决纠纷的优先地位，国家权威保障的诉讼定位不是最先处理权，而应当是最终裁决权，即国家不能垄断社会纠纷的解决方式，而应当强化社会性或司法诉讼以外的解纷方式，即非诉纠纷解决机制。因此，深入研究与探讨如何在银行业内部构建金融借贷纠纷 ADR 机制，妥善解决金融借贷纠纷，分担法院诉讼压力，保障我国金融安全具有重要意义。

本文所指的构建银行业的非诉纠纷解决机制，旨在引导银行机构在银行业内部自行解决金融借贷纠纷，由于金融债权多数情况下有债务人或第三人提供的抵押物、质押物作为债权的担保，因此如何迅速将抵押物、质押物折价变现，成为银行机构快速实现债权的关键所在。银行机构可通过合同条款的方式与债务人达成协议，当债务人未依约偿还到期债务或出现合同约定的提前收贷情形时，双方协议同意选择具有独立的第三方机构处置担保物清偿债务，而不必然通过诉讼方式实现债权，通过此种非诉解决方式来过滤掉大量的诉讼，既能减少当事人诉累，也能节约司法资源。

一、现状透析：尴尬的金融借贷纠纷解决机制

（一）司法诉讼一元主导，缺乏其他有力途径

从各地法院公布的逐年上涨的金融借贷纠纷收案数可知，诉讼方式仍是各银行机构解决金融借贷纠纷的首要选择。其他的非诉纠纷解决机制未能发挥出应有的作用。目前，我国针对金融纠纷的非诉解决方式，主要有下列几种方式：第一，通过金融机构内部机制协商解决。由金融机构与当事人内部协商和解，银行机构在处理不良贷款方面所投入的人力、物力、财力远远不够，当贷款出现不良时，贷款业务经营部门把争议转移到法务部门，法务部门审查合同达到提前收贷的条件或是解除合同的条件，甚至是在未对债务人进行过催收的情况下，便起诉到法院，不少当事人在收到法院的传票后，才恍然自身已置于纠纷中，由此亦侧面反映了金融机构在贷款催收方面投入的资源已跟不上不良贷款暴增的情形。第二，通过金融监管部门开展的第三方调解机制解决。如上海市金融消费纠纷调解中心、北京金融纠纷调解中心。但该些组织受理的纠纷范围主要是针对金融消费纠纷，即解决金融消费者对金融机构的诉求，各地的调解中心并未把金融借贷纠纷纳入受理范畴，从而导致所有的金融借贷纠

[1] 陈慰星：《民事纠纷的多元化解决机制研究》，知识产权出版社 2008 年版，第 175 页。

纷即便当事人不存在争议,金融机构为了获得具有强制执行力的文书也仅能通过诉讼程序实现债权,没有其他便捷的途径供金融机构快速处置担保物实现金融债权,使当事人尽快清偿债务。第三,通过金融仲裁解决。仲裁制度属于"私立救济"的范围,许多国家金融监管机构为了更好地解决金融纠纷均先后设立了专门的金融仲裁服务。仲裁裁决与法院终审裁判具有同等的法律效力,具有终局性、专业性强、保密性高、权威性高以及裁决能被多国所承认等优势。我国深圳、上海、成都等地相继设立了专门的金融仲裁机构,但由于我国的金融仲裁起步较晚,不为公众所熟识,金融机构与消费者在缔结同时,很少主动约定以仲裁方式解决争议。加之,从成本因素考虑,仲裁费用高于诉讼费用,这也让当事人对仲裁方式解纷望而却步,而且我国目前金融仲裁的专业人才十分匮乏,整体素质仍有待提升。基于上述原因,造成了我国金融借贷纠纷诉讼主导式的局面。

(二)金融借贷纠纷诉调对接机制尚未完善

理想的社会形态不仅有法律规制也应不乏社会自治,如此不仅避免司法垄断,也有利于节约社会成本。目前,司法解纷方式与金融纠纷非诉解决机制上未能形成完整有序的统一整体。虽然我国于 2011 年以立法的形式确立了人民调解领域的司法确认制度,最高人民法院也颁布了《关于人民调解协议司法确认程序的若干规定》,从法律层面上规范和完善了对人民调解的司法确认程序。新修改的《民事诉讼法》将确认调解协议效力制度纳入了特别程序加以规范。司法确认制度的制定打开了人民调解协议的"法律转化"渠道。但从该规定实施以来的情况看,法院受理的对调解协议确认的案件数量仍屈指可数,在一定程度上反映了各纠纷解决机构间未形成相对独立又协调共存、紧密联系的整体机制。

(三)当前非诉解决机制已不符合金融市场发展需求

当下,各地金融纠纷非诉解决机构主要为仲裁委及商事调解中心。但该些组织受理的纠纷范围主要是针对金融消费纠纷,即解决金融消费者对金融机构的诉求,各地的调解中心并未把金融借贷纠纷纳入受理范畴,对双方当事人不存在争议的金融借贷纠纷,银行机构内部尚未建立起有针对性的解决方案与制度,现有的非诉解决机制已难以满足日益增长金融纠纷的需求。

二、域外考察:主要国家和地区的金融 ADR 模式

非诉讼纠纷解决机制(Alternative Dispute Resolution,ADR)即替代性纠纷解决机制。ADR 源于美国,是相对于司法诉讼解纷机制而言,具有意思自治、程序灵活、非

对抗性、解纷主体非职业化、成本低廉等特点。[1] 美国于1930年颁布的《ADR法案》,标志着美国现代ADR的正式应用,20世纪90年代,ADR由解决劳动争议、家事纠纷和社区纠纷,被纳入诉讼和商事纠纷解决机制的主流。[2] 日本、新加坡等几个主要金融大国,金融ADR起步早、发展快,尤其是在金融危机后受到各国的普遍重视,可见金融ADR对该些国家金融纠纷的解决起到了重大的作用。

表1 主要国家和地区金融纠纷ADR机制比较

	英国金融申诉专员服务公司(FOS)	加拿大银行服务与投资督察员(OBSI)	我国台湾金融消费评议中心地区(FOI)	我国香港金融纠纷调解中心地区(FDRC)
机构性质	政府担保的有限责任公司,向金融行为监管局负责	独立非营利性机构	由政府出资的财团法人	以担保有限公司的形式成立,受金融监管局监督
受理投诉范围	包括个人、公益团体、信托	受理针对银行、联邦政府监管的信托、证券等投诉	金融消费者与金融机构之间因商品或服务所产生的民事纠纷	金融机构与金融消费者间的标的额不超过50万元港币的民事纠纷
收费方式	不论案件处理结果如何,均由被投诉金融机构支付,不向个人收费。来源:一是金融机构缴纳年费。从100英镑到30万英镑不等。二是案件收费。被投诉机构支付该年度第4件及以后案件费	由金融机构按各自规模支付运营经费,但不向消费者收取费用	向金融机构收取年费及争议处理服务费,但不向消费者收费	(1)向金融机构收取较高的费用。(2)分阶段递进收费,即在查询、申请、调解、仲裁各阶段收取不同费用
前置程序	均要求由金融机构内部先行处置			
是否调解	据案情而定是否先调解,如任何一方不接受非正式解决方案,再提交FOS寻求最终裁决	不进行调解,OBSI会对争议做书面评议,必要时展开调查,作出争议处理建议	调解是必经程序,先调处,后裁决	调解是必经程序,先调解,后仲裁

〔1〕 参见王琦主编:《非诉讼纠纷解决机制原理与实务》,法律出版社2014年版,第27页。

〔2〕 参见王琦主编:《非诉讼纠纷解决机制原理与实务》,法律出版社2014年版,第53页。

续表

	英国金融申诉专员服务公司(FOS)	加拿大银行服务与投资督察员(OBSI)	我国台湾金融消费评议中心地区(FOI)	我国香港金融纠纷调解中心地区(FDRC)
最终裁决效力	如消费者在规定时间内选择接受裁决,则具约束力;如拒绝接受,则对各方人均不具约束力,可寻求司法诉讼解决	双方都可以拒绝接受OBSI的处理建议,并启动司法程序。但如果金融机构拒绝接受OBSI的处理建议,会将其公诸于众	评议决定对金融机构有单方面约束力。如果消费者表示接受,则金融机构必须接受;消费者拒绝的,则评议不成立,可另行诉诸司法诉讼	裁决具有终局性,各方当事人不能再向法院起诉

(一)英国

金融督察组织(FOS)是英国在2001年为应对日益加剧的金融纠纷而设立的解决争议的第三方独立专业机构。FOS采用公司制的运作方式,规定金融纠纷接受强制管辖。并以法律的形式规定,将金融机构内部处理作为纠纷解决的前置性程序,在金融机构就纠纷的解决未果之后,方可进入FOS程序。

(二)日本

日本金融厅于2000年9月成立金融纠纷联络调整协议会,其是由消费者行政机关、金融当局、各种金融机构、消费者团体和律师团体组成。并于2004年颁布施行《关于促进裁判外纷争解决程序的利用的法律》,又于2008年12月提交了《关于金融领域的裁判外纷争解决制度的理想方案》报告书,对替代性金融纠纷解决方式进行简要的阐述,还规范了金融ADR机构的业务范围、性质和权限,提出构建新型的金融ADR制度的建议。日本还正式通过《修改金融商品交易法等法律的改正案》法案,首次指出采用替代性的纠纷解决方式来解决银行等金融业的纠纷。

(三)新加坡

新加坡金管局于2005年成立新加坡金融业争议调解中心。争议调解中心的成立是为了保证客观公正的解决金融纠纷,有效地化解金融机构与金融消费者之间的矛盾,并为金融纠纷的当事人双方提供在其承受范围内的一站式服务,争议调解中心最大的特点在于它大大减轻当事人为解决争议而支出的费用。

(四)各国及地区主要特点

通过考察主要金融大国和地区的金融ADR可知,金融市场的繁荣发展离不开金融纠纷快速解决机制的建立,越是金融纠纷解决机制完备的国家和地区,越是避免以诉讼方式解决纠纷。在金融纠纷非诉解决机制上主要有以下特点：

1. 设置前置程序。大部分国家及地区的解纷机制一般规定以先通过金融机构内部处理机制处理为前提，在纠纷解决未果后，方可进入下一个纠纷解决路径中。换言之，金融机构内部处理是金融纠纷解决的开端与重中之重。例如，英国FOS、香港金融纠纷调解中心。

2. 设立中立的第三方解纷机构。纠纷处理机构不以营利为目的，以服务公众为原则，独立于任何机构与个人，也与金融监管部门保持相对独立。采取中立的第三方机构来解决纠纷的方式有效保证了其解纷的公正性、中立性、透明性。

3. 程序灵活、费用低廉、高效便捷。各国及大部分地区的非诉纠纷解决机制的程序启动较为灵活，除香港外，其他地区均不收取费用或收取较为低廉的费用。

4. 机制运行由各机构联动支持。各国对ADR的运行保障上，政府行政机关既要做好立法及保障市场稳定运行的工作，又要以行政权威解决金融纠纷，行业组织亦须承担起相应职责，维护行业秩序，金融机构积极响应配合金融监管部门工作。整个社会对金融市场进行监督，营造良好的非对抗性氛围。

5. 立法保障运行与实施。任何一项制度的落实，离不开法律的保障实施，脱离了法律的保障，易引发制度的不稳定。金融纠纷ADR亦不例外，尤其是日本，为避免大量的金融纠纷进入诉讼程序，挤占法院的审判资源，日本通过大量立法来推行ADR在各行各业的运用，把司法权延伸到法院外，负担起管理、推动ADR建立的主要职责。

三、理论探析：构建金融借贷纠纷银行业ADR的必要性与可行性

ADR对于维护金融秩序的稳定发展，起了至关重要的作用。正如学者所言，只有ADR没有诉讼或是只有诉讼没有ADR的社会是不存在的，诉讼和ADR都反映了社会主体的需求与价值选择，他们之间是紧密相关的。法律应以价值最大化的形式参与到社会资源的分配及利用中，实现以最少的资源实现社会财富的最大化。在交易成本为零的情况下，纠纷当事人会寻求最有利的纠纷解决方式，客观上实现资源的优化配置。但如果在交易成本相对较高的情况下，纠纷当事人就要重新考量方式的选择，以减少不必要的交易成本。基于其经济利益及效率的考量，不应将所有的金融纠纷都通过诉讼的方式来解决，而是应通过将法律资源与其他社会资源相互整合，降低交易成本，即降低纠纷解决方式所带来的风险及不公正性，以效益最大化的方式解决解纷，达到各种资源的优化配置。

(一)必要性探析

正如学者所言,从现实社会的纠纷处理来看,“社会上发生的所有纠纷并不都是通过审判来解决的,仅仅考虑审判过程内的纠纷解决,从社会整体的纠纷解决这一角度来看就意味着研究对象被局限于现象中极为有限的一个部分。何种纠纷被置于法院的管辖之下依时间和空间而有所不同”。[1] 构建金融借贷纠纷多元化解决机制既能分流案件,缓解法院案多人少的压力,亦符合当事人成本低廉、快速、保密的需求。

1. 缓解“诉讼爆炸”现状,弥补司法资源不足。社会转型时期,我国金融体制改革亦紧跟步伐,金融产品不断推陈出新,金融机构和金融消费者的司法需求也越来越多,这就要求司法机关应当提高审判执行效率,而司法人力资源即法官资源投入的多少决定着司法效率的高低。法官资源投入越多,司法效率就越高。但任何社会的资源供给在一定时间与空间内总是有限的,司法人力资源资源亦是如此。如学者所言,“到目前为止,没有任何证据能说明,人类的可利用资源能充分满足社会的绝对需求”。[2] 此外,纠纷与日俱增,给诉讼机制带来了很大的压力,使诉讼机制的弊端日渐突出,法院每日解决的纠纷案件总量无法与纠纷案件每日增长量达到平衡,我国法院已达到超负荷的状态,导致纠纷案件积压如山。如法院无法应付这巨大的压力,随着案件审判时间的延迟和高昂的诉讼费用,导致诉讼纠纷途径日益无法得到人们的信赖,降低了其在公众中的威信以及正义的价值。基于此,寻求替代性的纠纷解决机制极具必要性。

2. 补缺诉讼程序固有弊端。20 世纪以来,非诉讼纠纷解决方式之所以在短期内得到快速的发展和推进,其直接原因在于诉讼和司法制度自身的不足。法院诉讼的有偿性决定了一些纠纷当事人回避诉讼手段,倾向于选择廉价的纠纷解决手段,而非诉讼纠纷解决方式中的人民调解、仲裁、行政调解等尽快定分止争,维护权利,往往选择“短、频、快”的非诉讼纠纷解决主体,希望由它们解决各类纠纷。司法解纷本身亦无法克服诸多弊端与缺陷:诉讼周期长、成本高,执行效率低,担保物价值难以实现最大化以及社会秩序与人际关系处于紧张的对立面,当事人声誉、企业信誉无法在诉讼中得到保护。而 ADR 可以弥补诉讼机制的弊端,相对迅速、低廉和便捷地解决纠纷,使当事人以较低的成本获得较大的利益。

3. 节约纠纷解决成本,提高效率。追求诉讼的公平、正义需要有合法的程序作为

---

〔1〕[日]棚濑孝雄:《纠纷的解决与审判制度研究》,王亚新译,中国政法大学出版社 2002 年版,第 2 页。

〔2〕[美]阿瑟·奥肯:《平等与效率》,王忠民、黄清译,四川人民出版社 1998 年版,第 2 页。

保障，通过司法改革简化诉讼程序、降低诉讼成本、克服审判时间迟延等诉讼缺陷，总是有限度地、不能完全地解决其缺陷，过度地简化有可能导致副作用——破坏诉讼保障程序，降低或贬损司法最基本功能。相比较而言，ADR 能够提供低成本的纠纷解决程序，对社会和法治的风险则小得多。在效益原则已经获得充分正当性的条件下，ADR 就成为当事人最合理的选择。

4. 避免法院“执行难”问题。ADR 程序对抗性很低，有利于促进双方当事人和解，对金融秩序的有序发展起到了很大的积极作用。由于大多数 ADR 的处理结果都是建立在双方当事人的意思自治上，进一步达成共识的，其履行率远远比法院判决高，由此亦可避免执行风险和成本。

（二）可行性探析

1. 法律基础。《民法典》第 410 条第 1 款规定：“债务人不履行到期债务或者发生当事人约定的实现抵押权的情形，抵押权人可以与抵押人协议以抵押财产折价或者以拍卖、变卖该抵押财产所得的价款优先受偿。协议损害其他债权人利益的，其他债权人可以请求人民法院撤销该协议。”第 436 条第 2 款规定：“债务人不履行到期债务或者发生当事人约定的实现质权的情形，质权人可以与出质人协议以质押财产折价，也可以就拍卖、变卖质押财产所得的价款优先受偿。”据此，双方协议对抵押物、质押物处置变现，有相应的法律依据。

2. 效率基础。正义本身就是有效率的，法经济学认为，法律程序是为实现实体法律的手段和工具，它同其他工具一样，也应被看成实现目的过程中产生的费用，程序法的目的是实现费用的最小化。在现实交易成本存在的情况下，权利的配置能使交易成本影响最小化的法律是最适当的法律。银行机构与债务人协议自行对担保物处置变现，不仅能够避免提高担保物变现的效率还能实现担保物价值的最大化。从财产最大价值化变现的这一层面来说，金融机构与债务人有利益共同性，金融机构期待最大限度实现债权，债务人亦希望财产价值最大化清偿债务，避免司法强制执行程序中的司法评估、拍卖环节所支出的费用与时间成本。

3. 社会基础。以广西各法院受理的金融借款合同纠纷案件为样本统计，金融借款合同纠纷案件胜诉率达 76.36%，上诉率不到 19%。金融借款合同纠纷绝大多数案件事实清楚、债权债务关系明确、清晰，判决结果基本是支持银行的诉讼请求，当事人双方争议不大，且银行作为专业化程序较高、规范性较强的金融机构相较于其他非金融机构而言，在签订贷款合同、设立担保物权、发放贷款等环节，能够做到严格按照法律、法规来规范自身的行为。由此观之，银行的数据基本可作为确认双方债权债务的依据，当事人双方不必然需要通过诉讼程序确认债权。

四、科学构建：金融借贷纠纷的银行业 ADR 具体制度设计

毋庸置疑，ADR 应用于金融纠纷等商事领域，已是世界各国的趋势。金融借贷纠纷的解决，应当是强调纠纷解决中当事人利益的平衡，而不是提倡国家司法权威对纠纷解决方式的垄断，倡导充分利用社会组织和纠纷当事人的自治性、自主性，为纠纷的解决提供多种选择的方式，以满足金融纠纷当事人的需求和价值选择，债务人以担保物价值最大化清偿债务，金融机构快速实现债权，促进金融市场的稳步快速发展。

从前文可知，金融机构必须要将纠纷诉至法院，主要原因在于须通过法院的强制执行程序处置担保物，实现债权。如果该处置担保物的程序可由诉讼外解决，则法院的审判、执行压力则可得到大大的缓解。基于此，笔者认为，我国应当建立金融争议解决中心解决银行类金融借贷纠纷，依托于金融争议解决中心来快速处置担保物。

（一）建立金融争议解决中心

以市为单位，由银监局、银行业协会、金融办及各省人民银行的分行共同设立金融争议解决中心，其性质应属于行业 ADR，总体上仍属于民间 ADR 的一种。由金融争议解决中心负责审核并建立担保物处置评估、拍卖机构名册，评估、拍卖机构系独立于金融机构和债务人、抵押人、质押人的第三方机构。

（二）合同增加合意自行处置担保物条款

银行与债务人、抵押人、质押人在合同中增加条款，约定债务人在不履行到期债务或者出现合同约定的提前收贷情形时，双方同意由银行选择金融争议解决中心提供的名册中随机选取机构来评估、处置担保物。还应约定债权债务金额以银行出具的数据为准，如有异议提交金融争议解决中心进行裁决，如当事人如有异议可根据情况到法院提出。

（三）建立金融业共享平台

由金融争议解决中心对需要处置变现的担保物进行登记造册，建立公开、透明的电子数据平台，各银行机构将担保物的具体情况发布于网络，采取网络拍卖，例如，淘宝网、京东网的司法拍卖等为主的方式处置担保物，利于扩大受众范围，提高拍卖成功率，节省成本，公开透明，减少“暗箱操作”。

（四）强制将金融争议解决中心的处理作为诉讼前置程序

对银行机构主张有担保物的金融债权，应强制其通过金融争议解决中心启动内

部处理作为前置程序，根据合同的约定，由银行机构在金融争议解决中心审核的机构名册中选择第三方机构评估、处置担保物。如双方对银行机构确定的债权数额持异议，则由金融争议解决中心进行调解，银行机构无条件服从金融争议解决中心确定的债权数额，如果债务人或担保人存在异议，可向人民调解委员会申请调解也可直接申请仲裁机构裁决或是提起诉讼。

（五）降低收费标准

为尽量将纠纷化解在银行机构内部，引导当事人选择此种方式解决纠纷，借鉴国外的经验，按件收费或不收费，以此来吸引当事人的偏好和选择。

结 语

如日本学者棚濑孝雄所言，纠纷并不都是通过审判来解决的，仅考虑审判过程的纠纷解决，从社会整体的纠纷解决这一角度来看就意味着研究对象被局限于现象中极为有限的一个部分。何种纠纷被置于法院的管辖之下依时间和空间而有所不同。而纠纷通过审判外解决的，占压倒性的多数。[1] 法治并不是以单一的国家权力及其价值观为基准的法律规则之治，多元化的价值理念、多元化的行为模式及多元化的纠纷解决方式将会使现代法治更富活力。

〔1〕 参见[日]棚濑孝雄：《纠纷的解决与审判制度研究》，王亚新译，中国政法大学出版社2002年版，第2页。

限制和惩戒被执行人存在的问题及解决思路

何明波* 朱子聪**

通过限制高消费控制被执行人的消费行为(以下简称限制)和通过纳入失信被执行人名单惩戒失信被执行人(以下简称惩戒),不仅是作为权利人的申请执行人的意愿,也是构建社会诚信体系的需要,更是人民法院必须要做好的工作。最高人民法院《关于限制被执行人高消费及有关消费的若干规定》(法释〔2015〕17号,以下简称《限高规定》)和最高人民法院《关于公布失信被执行人名单信息的若干规定》(法释〔2017〕7号,以下简称《失信规定》)为解决执行难提供了较强的助力,在一定程度上满足了人民群众的心理诉求,但其也存在需要并可以完善的地方。

一、存在影响执行效率和实施效果的问题

当前,影响执行效率和实施效果存在的问题主要有以下几方面:

1. 规定的审查录入程序影响执行效率。《限高规定》第4条和《失信规定》第5条第2款的一般规定都是由申请执行人提出申请后,由法院审查决定是否同意其申请并录入系统。很多情况下,执行法院为了加快执行效率、增强执行效果,会在申请执行人提出申请前依职权主动审查后予以录入。这两种方式,都需要法院进行审查和录入,无法在办案系统中自动识别并执行,增加了申请执行人和法官的工作量,还有可能

* 广西壮族自治区南宁市青秀区人民法院。

** 广西壮族自治区高级人民法院。

出现应限未限、应惩未惩的情况。

2. 由院长审批文书的规定与提高执行质效的要求不符。《限高规定》第5条和《失信规定》第5条第3款分别规定,限制和惩戒的文书均应由院长审批。实际上,限制和惩戒都只是与发出执行通知书一样的基础性执行措施,员额法官完全有能力也有义务承担起采取该项措施的职责。如此一来,可以大大减轻不仅要继续完成相关行政管理工作,还要办理一定数量案件的院长的形式工作负担。即便参照裁定书的签发流程,如果院长不是主办人,也可以免除该审批流程。另外,实践中送达这类文书的邮件大部分被作为退件处理,执行人员或受托进行现场调查的地方政府及村委、社区人员也无法找到该被执行人进行送达时,再单独送达这类文书只有形式意义,增加不必要的人、财、物成本。如果按照规定进行公告送达,以限制措施为例,逐一发布便于核算及确定被执行人应承担的费用,但成本过高;分批次集中发布则难以分摊核算,执行案件量大,更加重执行工作量。

3. 惩戒期限降低了惩戒力度。《失信规定》中,惩戒期限一般是两年,特别严重的可以延长一年至三年,该期限无法保证案件能在惩戒期限内执行完毕,重新采取惩戒需要重新登记恢复案件才能办理,导致惩戒效果受限、力度减弱。

4. 两个规定未能涵盖可能采取的限制措施。比如,限制出入境未直接纳入限制或惩戒范畴,需单独另办手续,与老百姓对"老赖"的朴实认知不符;各协助机构是否违反规定向被限制和惩戒的被执行人提供服务或允许从事被禁止的事务时,缺乏监管机制确保限制和惩戒的实施情况等。

二、出现问题的原因和解决的关键

究其原因,主要是认识和通盘考虑不足,未能完全把执行中的各项措施、操作一体化分析后纳入办案系统,通过系统解决各项措施的层次和程序问题,尽可能减少不必要的操作、缩减管理流程。基于此,笔者认为,可从以下两方面着手。

1. 强化把握办理执行案件的主动性。执行确实是法院的工作,我们也一直在强化法院及其执行人员的职责担当,但很少从履行义务是被执行人的责任角度进行思考,而这才是切实解决执行难问题的主要思路。换言之,就是要依法强化被执行人自觉履行的主动性,进而提高执行主动性。无论被执行人是否有履行能力,都应当尊重司法、配合执行,不能藐视司法、规避执行或拒不执行。向被执行人送达执行通知书后其仍不主动履行的,法院行使权限内的全部措施强制执行及限制;被执行人已经履行的,法院根据执行情况及当事人提交的证据材料依法核实后,解除或终止已经采取的措施。所以,所有进入执行程序的未实际执结案件均应以限制和惩戒为原则,不予限制和解除、减缓限制为例外,才能有效改变执行工作的被动局面。

2. 实行条件式系统自动识别处置。登门临柜的传统执行方式已经被实践证明是过时的,加人加班的人海战术也无法切实解决执行难的问题,需要着眼于最大限度地避免简单重复操作和提高执行质效,结合系统制作规范和根据规范强化系统。通过系统能够实现对问题的规范管理和自动识别处置,就应当发挥系统功能;系统暂时没有的功能,只要技术可行,也应当通过制定规范和计划优化系统。

三、强化限制和惩戒力度的建议

结合前述解决问题的关键,本文提出以下建议:

第一,实行限制措施系统自动识别处置机制,充分释放执行人员的工作效能。一般执行流程是立案后向被执行人发出执行通知书及通过系统查询、现场调查和询问等方式掌握和分析被执行人的财产、下落情况,并将了解的情况及分析结果录入办案系统及采取相关执行措施。笔者认为,在立案满一个月或一定期限内,无法送达或经送达执行通知书甚至已经采取查封、冻结措施后,被执行人仍未到庭说明情况、申报财产、提交履行方案且不存在不符合限制条件的情形的,系统设定自动识别功能和操作,判定该被执行人的履行意愿或履行能力并采取限制措施,案件主办人在系统中确认即可。同样,系统中出现该案件实际执行完毕的信息时,该案件报结时系统自动取消限制。而且,所有发布和取消的信息都将汇总在中国执行信息平台并自动推送到全国统一信用信息共享平台供相关单位和个人查询、调取,以增强限制效果。

第二,整合《限高规定》和《失信规定》为统一的规定并纳入其他限制措施,设定从严到缓的弹性限制方式。虽然目前的主要限制方式是高消费,但信用惩戒和限制出入境等措施的本质也是限制,只是限制的程度、方式和范围不同。笔者建议,无论何种限制,在案件尚未执行完毕之前,都必须在申请执行人认可、法院知晓同意、不影响案件执行的情况下才能解除,否则都将不利于解决执行难的问题。因此,首先需要明确的问题,是各项限制措施应贯穿整个案件的执行全过程,直至执行完毕。但如何整合是一个较大的课题,本文暂不详述,主要提出和分析其中的几个重点问题。一是对前述不符合限制条件的情形要准确界定,主要包括:(1)《失信规定》第3条规定的情形;(2)申请执行人已经知晓被执行人情况并申请全部或部分不予限制的;(3)被执行人按规定如实申报财产的现状、去向、预期等情况,经核属实,且配合法院执行。二是将限制出入境等传统措施和限制开设新账户的新措施纳入限制体系。新的限制措施包括:(1)限制创设新的权利,如开立新的银行、网络银行、证券及通信账户,购置房产、车辆等资产;(2)限制处置现有资产和抛弃原身份义务,如禁止在未经合法清算、注销的情况下放弃法定代表人等责任身份,非经司法程序禁止对现有房产、土地、车辆等财产进行处置,最高人民法院与国家发改委、国土资源部发布的《关于对失信被执行人实施限制不动产交易惩戒措施的通知》就是很好的实践。三是按前述自动识别处置机制,对未实际履行完义务的被执行人实行最严厉的限制措施,倒逼被执行人主动履行或配合执行,根据其履行和配合情况逐次减轻限制力度。执行期间,如果申请执行人因与被执行人达成执行和解协议申请不予限制、解除全部或部分限制,或者被执行人提出合理申请的,执行法院录入申请或和解协议的内容、期限进行有条件的扣减限制措施,当事人应在期限内提交被执行人已按和解协议履行的材料或新协议以供审查,否则系统自动恢复限制。发现被执行人不符合减缓或解除限制时,恢复严厉限制。

第三,优化送达方式提高送达效果,依法保障被执行人的知情权。针对被执行人不在送达地址居住及无法联系的退件,执行程序中未出现新情况的,完全没有必要重复采取邮寄或直接送达的方式。可以在执行通知书增加采取限制的内容并严格按照规定进行送达后,考虑与电信部门建立系统上的联系,根据办案系统上传的文书、数据或信息,通过中国执行信息平台或其他应用平台生成电子文书实行系统同步电子送达至被执行人的手机、邮箱等移动设备终端,由其自行打开链接查阅文书信息,提高送达准确率。

家事裁判文书说理的三个关键要素

韦　民*

一、家事裁判文书说理的前提：事实责任

人民法院的裁判文书离不开案件事实，查明案件事实是裁判文书的前提。目前家事裁判文书对案件的事实只是作出认定，说理部分几乎忽略，只有一句“事实清楚，证据充分”即予以确认。对确认的事实也不加以说理，更不对造成事实后果的责任加以分析，导致当事人不太明白，常有法院查明事实不清之说。笔者认为，家事裁判文书由于有其特殊性，是专门对家事纠纷的裁判，而家事纠纷应追及事实的起因，分清起因的对错，只有这样，才有说服力。所以必须对案件事实的起因进行说理，分析起因的对与错，分清各自的责任，很有必要把造成案件事实和分清责任的理说清楚。

对案件事实的说理由事实的来源、经过、结果三部分组成。(1)案件事实的来源。对案件事实的来源主要阐明案件的起因，分析造成事实起因的相互责任。(2)案件事实的经过。对事实的经过进行说理，分析在事实经过的过程中谁的行为对事实起到什么样的作用，通过对事实经过的分析，使当事人、社会公众，新闻媒体了解和认可当事人在整个案件事实中起到的作用。比如，一个离婚案件，首先要确认双方的思想，为什么会形成提出离婚这个问题，要弄清楚这个问题，就要了解双方在这个问题上的事实经过，是谁引起纷争，为什么会出现纷争，提出离婚是什么原因，所有这些事实，在家事裁判文书说理部分，应作为一个首要问题进

* 广西壮族自治区北海市中级人民法院。

行说理,把形成离婚事实的理由说透了,当事人也就知道应该怎么做了。(3)案件事实的结果。案件事实的结果是对案件事实的起因和经过进行归纳的结论,对结果的说理除了归纳案件当事人在整个事实经过的过程中存在的行为外,还要对据以认定事实的证据进行分析,最后才能作出结论,对案件的事实予以确认,同时,还要对案件当事人在整个事实中所应承担的责任予以说理。通过对案件事实和案件当事人在事实过程中所应承担的责任进行说理,使案件当事人可以知道自己的过错和自己应承担的事实后果的责任,而对社会公众和新闻媒体则会起到对案件事实有所了解和判断的作用。

二、家事裁判文书说理的重心:情、理、法

家事审判的对象就是家庭纠纷,而家庭是社会中的一个特殊群体,以家为中心。家庭的特殊性在于血缘和亲情。一个家庭的维系,主要依靠夫妻恩爱,尊老爱幼,团结互助,诚信,中华传统美德等伦理道德维系。家庭纠纷涉及人员众多,如离婚案件不仅牵涉夫妻双方,还会涉及未成年子女,涉及两个甚至多个家庭,甚至其他债权人、债务人,辐射面比较广,既要处理复杂的身份关系,又要处理复杂的财产关系,正所谓"清官难断家务事",可见,家事审判不同于一般的民事审判那么单一,其有伦理、复合、社会性等因素,且处理不当就会酿成个人、家庭乃至社会的悲剧。综观家事纠纷的原因谐是因为非理性而引发,可见,情理在家庭中是不可忽视的,所以,在家事裁判文书的说理上应重在情理两字。要通过情理的阐释,触动感化当事人的心灵,增加说服力和教育力,彰显司法的人性关爱和关怀。裁判文书的本质就是要说服当事人和社会接受裁判的结论。〔1〕 实际上,家事裁判文书就是一场法与理的较量,当事人和社会公众能否接受,能否使案件的处理收到良好的社会效果,真正做到案结事了,关键还是在裁判文书中能否达到以情触动良知,真正使当事人信服和接受。说理应当是家庭裁判文书的重点,这种说理应体现家庭行为规范,中华传统的家庭美德,敬畏婚姻,珍爱家庭,承载法治文化、传递世间温情等,要把这些融入说理中,这种说理应包含以下几个方面:

1. 德。作为家事裁判文书说理中的德,是指内心的情感或者信念,用于人伦,则指人的本性、品德,即道德。"厚德载物"是中国传统文化中的精神遗产,是我们构建平安和谐文化的准绳,也是维系家庭不可缺少的精神支柱,在家庭中应推崇道德信

---

〔1〕 参见杨仁寿:《实践哲学的复兴》,载《司法周刊》2015年5月15日。

仰,有德即昌,无德则亡,作为一个家庭成员应该懂得恩德。《周易·系辞》说“地势坤,君子以厚德载物”的德也涵盖了诚信、仁义等一切美好品行的道德范畴。现德已成为中国伦理核心概念,成为中华民族文化的核心概念,是家庭成员共同生活行为的准则、品行、品质。德系于心。可见,在家事裁判文书的说理中对德的说理是值得推崇的,在家事裁判文书说理中要有针对性地把德的道理说透,让当事人晓之以理,以达到触动当事人心灵的效果。

2.孝。孝是中华传统提倡的行为,是一种稳定伦常关系的表现。中华民族自古有“百善孝为先,亲情重于天”的传统美德。孝即孝顺,孝敬,孝敬父母,孝敬长辈。在审判赡养纠纷案件中,在裁判文书说理时,就应重点以孝为说理,只有对孝的道理说透了,才能触动当事人的心灵,才能从根本上解决案件争议的问题。著名的马彩云法官办理的“常回家看看案”就是一个家事中涉及赡养方面的案件,她在家事裁判文书的说理中以传统的孝心为重点,颂扬中华民族承传的传统孝心,通过对孝的说理,不仅化解了案件当事人的矛盾,还赢得社会公众的认可,起到了“成风化人,教化育人”的社会效应。还有国内首例“冷冻胚胎案”,不仅当事人可以接受,社会公众也予以认可,充分体现了家事裁判文书在情理性的说理功效。

3.敬。即尊敬,谦恭有礼的意思。对在己之上者谦恭有礼。在家庭中敬上爱下,敬是维系家庭的重要思想,在家事纠纷中,由于不敬而离婚、不赡养老人、不照顾儿女等屡见不鲜。可见,在家事裁判文书的说理中,应包括敬的说理,使当事人明白敬是家庭不可忽视的思想行为。

4.和。和在家庭意义上表现为和谐,俗话说“以和为贵”意即和谐是珍贵的。和谐是保证家庭幸福的基础,无论在家庭上、工作中、邻居之间、朋友之间、亲属之间均离不开和谐。和能生财就是传统的和谐理念。“和气致祥”是中华民族的古训,和作为一种传统观念,在家事裁判文书中,有针对性地把和的说理贯穿于文中,使当事人深刻理解和的重要,能唤醒一时的糊涂,化解案件的纠纷。

5.让。让的含义于家人、社会成员、亲人,让的意境又表现为一种无私,一种奉献。“孔融让梨”就是从古流传至今的一个佳话,这个故事蕴含了一种关爱家人的“让”。而在社会公众方面,如乘坐公共汽车时的让位,也体现了一种文明的行为。对于自然界而言,土壤为了花朵的芬芳,让出自己的养分;大树为了人们的凉爽,让出自己的一片绿荫。无论是社会中还是大自然都需要一种关爱、一种文明、一种无私、一种奉献。可见,让的道理应列入相关家事案件裁判文书的说理中,对化解家事纠纷能起到重要作用。这不仅是有助于当事人的理解,也是一种传统文明的传承。

6.爱。在一个家庭中,爱是一个根本的概念,只有爱的存在家人才感到温暖,爱是一种很微妙的情感,在一个家庭中,无论老幼都离不开爱,同时,爱又是一种责任,一个家庭因爱而组合,一旦组合就产生了责任,责任是一种行为,当你对爱作出承诺时,责任便是重于泰山的行为。对于家人而言,爱是彼此心灵的感应,爱能使家人感到无限的温暖,能使家人有幸福感。在家事裁判文书说理中,当一个家庭即将破裂时,对爱的概念进行说理,无疑是最好的解救药。

7.民风民俗。民风民俗是特定社会文化区域内历代人们共同遵守的行为模式。对于当今推崇的民风民俗行为模式可作为说理的部分。一些家事案例,比如,关于彩礼纠纷的家事案件,就是由于民风民俗行为问题而引起争端,面对这类家事案件,在家事裁判文书说理部分就应该有针对性地就民风民俗行为问题进行情、理、法的说理,以达到以理服人的效果。

8.法。人民法院的裁判文书离不开法,在家事裁判文书中,对适用法律的说理不可忽视,法包括法律和法理。在审判家事纠纷案件中,有些是有法条的明文规定,对当事人来说容易看得懂,而有些是无法条明文规定的,当无法条明文规定时,就要运用法理和习惯对案件的处理进行说明分析解释,对为什么要适用法理或习惯对本案进行裁判,适用法理或习惯对本案的行为有何约束,为什么要选择应当适用的法理或习惯处理本案,对适用法理或习惯的依据是什么等都必须以说理形式进行阐明,在适用法理或习惯时,最好能够援引经典的、主流的学术观点,以达到法律性、通俗易懂、容易接受的效果。

在家事裁判文书的说理中要针对接受者的感受,不能从决定者出发,从而陷入专断。裁判文书的说理就是不仅能让当事人信服,而且相信这个理由是正确的。这种规则就是论理,论理只是用来说服当事人及社会大众而已。[1]

以上八个方面,应作为家事裁判文书说理部分的内容,分别针对各类家事案件进行相关内容的说理。

三、家事裁判文书说理的语言:通俗易懂

2014年最高人民法院发布的《关于进一步做好司法便民利民工作的意见》第1条规定加强裁判文书释法说理,用语要力求规范、简洁、易懂,便于当事人明白理解。家事裁判文书由于是针对家庭成员和亲属,具有亲情、理性、情感的特点,因此在说理

[1] 参见杨仁寿:《裁判思维的精髓》,载《司法周刊》2014年9月12日。

和用语上尽量做到通俗易懂。综观古代的判词风格,《唐律疏议》开篇“秉气含灵,人为称首”。“句式整齐,节奏明显,便于宣读”。宋、明、清时期的判词风格表现为“笔简而赅,文明而顺;气盛而宜,言语准确;质朴畅晓;爽畅利落,从不拖泥带水”。古代裁判立足于情理、事理、伦理、道理、文理等多元或说理,形成了“文理犹长”的说理特点。家事裁判文书应参考上述的说理特点,对不同的家事纠纷运用不同的说理言词在家事裁判文书中进行说理。例如,对离婚家事裁判文书的说理,应采用的是爱、敬、让的中华传统美德进行通俗易懂的说理;对赡养家事裁判文书的说理,应采用的是孝、敬的中华传统美德进行通俗易懂的说理;对彩礼家事裁判文书的说理,应采用的是民风民俗的中华传统进行通俗易懂的说理等,通过充分的说理,最后根据所说的理由作出裁判的结果,无论裁判结果怎样,作为当事人,双方能明白事理,作为社会公众会受到爱、敬、让的中华传统美德的教育,这种说理方式称为本体的裁判说理模式。由于家事裁判文书的服务对象是当事人和社会公众,在说理的语言和文字上应当让当事人和社会公众易懂,即使使用法律上特定概念,要进行高度精确和概括,在说理用语上,应当不拘于体系或体例,而应当是使用通俗易懂的语言,让一般人看得明白。通俗易懂的语言可以让人们容易理解信息并加以吸收。从面对社会公众的角度,要考虑社会的通念和良知,社会的通念和良知就是一般人客观的常识,通过用一般人客观常识的通俗易懂的语言进行说理,使一般社会大众所能接受。此外,家事裁判文书的说理也要讲究技巧,说理要遵循以下原则,即遵循合法、必要、恰当、透彻、效力的原则,说出的理由首先要合法,在此前提下把握四个方面的说理:(1)穷理即把理说到尽头。(2)条理即要有条理地说理,不要说理混乱。(3)文理即语言表达既要通俗易懂又要有一定的文采。(4)明理即把道理说明白,使人看得懂,让人明白其中的道理。对家事裁判文书的说理,在下笔前要确定应该说哪种理,在家事诸多理由中首先要确定说理的范围,要有选择性的说理,在说理时同时要考虑说理与裁判结果的关系,也就是说,理与论证的关系,裁判文书的结论应该是论证的结果,论证是说理的一个独特方式,它服从于说理,所以,在说理时要打好裁判结果的基础。要用通俗易懂的语言进行说理,尽量少用专业术语和一般人难以理解的词语,只有用通俗易懂的语言进行说理,当事人才能看得明白,家事裁判文书才可产生化解讼争的效力。

结　语

随着人民法院家事审判的不断推进,关于家事裁判文书的说理已成为人民法院和社会公众、新闻媒体热议的话题。根据家事争纷的特点,“家事纠纷是剪不断理还乱”的感情债，其涉及的是深植于内心的人之常情常理，是关于伦理情感方面的修复。有鉴于此，家事裁判文书的说理必须将伦理情理融合于法理，这是与一般的民事裁判文书说理的根本区别。对家事纠纷，只有通过伦理情感，传统道理文化感染力和民风民俗的认同价值辅助家事裁判文书的说理，才可使家事裁判文书具有力度和深度。裁判文书的说服对象为当事人和社会大众，故形式构成上应当包括理性、理论及情感。[1] 家事裁判文书的说理，应以理性、理论及情感为重点，应把家事裁判文书的说理提高到修复社会关系，弘扬传统美德的深度，通过对事实、理性、理论及情感的说理，使家事裁判文书的说理成为承载法治文化、传递世间温情，平复社会矛盾，指引社会行为，引领社会新风尚的载体。

〔1〕 参见[日]高野隆等:《法庭辩护技术》，张家瑜等译，台北律公会 2013 年版，第 28 ~ 30 页。

改革探索

新型审判团队绩效考评机制的构建路径探究

梁炳扬* 赵 波**

最高人民法院于2015年9月发布的《关于完善人民法院司法责任制的若干意见》明确提出，要建立科学审判团队。建立新型审判团队，是本轮司法体制改革的一大创新，它打破了以审判业务庭为管理单元的法院机构设置，弱化了原有的行政型业务庭局建制与功能，推动从“一审一书”的传统模式向“法官+法官助理+书记员”三类人员灵活搭配的团队模式，各地法院可根据需要建立不同类型的新型审判团队，形成以主审法官或审判长为核心、团队协助开展工作的新型审判工作机制。[1]审判权的运行由具体的审判组织来实施，司法改革后，这些审判团队成为人民法院新的办案单元和管理单元，能否建立良性的审判团队运行机制，将影响到审判权能否独立、公正、科学运行。构建科学合理的审判团队绩效考评机制，对审判团队业绩进行科学、客观、公正的评价，并将绩效考评结果作为审判团队成员奖惩的依据，将能充分激发团队每个成员的潜能和审判团队的整体效率，进而提高审判质量和效率，使审判权运

---

* 北海海事法院党组书记、院长。

** 北海海事法院研究室主任。

〔1〕 参见胡鹰、王德军、李轶娟：《审判团队工作模式构建：审判权运行机制改革的路径探索——以深圳市福田区法院审判长负责制改革为样本》，载《中国法学会审判理论研究会2014年年会暨全面深化司法改革促进司法公正理论研讨会论文集》，2014年10月15日。

行更加公正高效。

一、新型审判团队绩效考评机制的构建基础

(一)新型审判团队绩效考评机制的界定和功能价值

新型审判团队绩效考评机制是一种利用一定的评价指标对审判团队及其成员的审判工作实绩、职业道德、专业水平、工作能力、审判作风等方面内容进行考核的制度,通过将审判工作实绩等上述五个方面考核内容转化为若干客观的、可量化的指标,运用现代科学管理及新公共管理模式对审判团队进行评价。

人民法院推行司法改革,构建新型审判团队,在价值目标上是为了保障法官依法公正高效行使审判权,确保案件的审理和过程既符合法律规定又符合司法公正要求。要实现这一价值目标,主要需要通过两种途径加以保障:一是建立促进法官及其审判团队成员不断提高自身专业水平、工作能力、法律素养、审判作风和职业道德等的内在机制,通过审判团队成员能力和素质的提升,确保案件审理符合法律要求、符合司法公正要求;二是建立对法官及其审判团队审理案件过程、案件质量、案件效率等进行监督的外在机制,确保案件审理过程、案件质量和效率符合法律要求、符合司法公正要求。在人民法院实现司法为民、公正司法的过程中,这两种机制互相支撑、互为补充,发挥着重要的作用。无论是内在机制建设还是外在机制建设,都可通过构建新型审判团队绩效考评机制来实现。

人民法院是审判团队绩效考评机制的制定者,它可以利用其拥有的制度制定权将其希望员额法官和审判团队所要达到的目标转化为各项评估指标,使自身的目的通过隐蔽的方式弥漫于指标体系中来加以实现。[1] 但是,人民法院在制定新型审判团队绩效考评机制时,应在尊重司法规律的前提下,科学界定新型审判团队绩效考评机制的功能。科学的新型审判团队绩效考评机制,至少应包括以下三项功能:

1. 新型审判团队绩效考评机制应有利于促进审判团队更加公正高效司法。党的十八届四中全会指出:“公正是法治的生命线。公正司法对社会公正具有重要的引领作用,司法不公对社会具有致命破坏作用。”[2] 人民法院是公平正义的守卫者,是社会公平正义的最后一道防线,“让人民群众在每一个司法案件中感受到公平正义”是

---

〔1〕 参见张建:《法官绩效考评制度的法理基础与变革方向》,载《法学论坛》2018年第2期。

〔2〕《中国共产党第十八届中央委员会第四次全体会议公报》,载《人民日报》2014年10月24日。

人民法院永恒的工作目标和价值追求。法院是法官的集合体,法院主要通过法官来审理案件,因而法官是司法公正的主要输出者。在推行司法改革后,员额法官一般都带领一个审判团队审理案件,审判团队能否公正高效司法,将直接影响到司法公正。此外,司法不仅要公正而且要高效,公正高效司法是新时期人民群众对人民法院的新期待和新要求,否则,就像英国的一句法律谚语所说的那样,“迟来的正义即非正义”。因此,要通过制定新型审判团队绩效考评机制对审判团队及其成员的审判工作实绩、职业道德、专业水平、工作能力、审判作风等方面内容进行考核评价,促使审判团队成员进一步提高专业水平、工作能力和改进工作作风,进而提高审判团队的审判质量和效率,确保审判团队公正高效司法。

2. 新型审判团队绩效考核机制应有利于促进对法官及其审判团队进行监督管理。推行司法责任制改革和法官员额制改革后,实现了“让审理者裁判”,改变了以往“审者不判,判者不审”的制度弊端。但是,放权不等于放任,必须加强对法官及其审判团队的监督管理,进而实现“由裁判者负责”,才能确保司法公正。改革后,法院的院庭长如何加强审判监督管理,是当前人民法院面临的一项重要课题。从各地法院的司法实践来看,加强对审判人员的绩效考核,是加强监督的一种主要做法。[1] 因此,必须建立科学合理、符合司法规律、覆盖全面的新型审判团队绩效考评机制,加强对审判团队成员进行绩效考评,并将绩效考评结果与审判团队成员的奖金分配、员额法官入额遴选、法官退额、职务职级晋升等挂钩,严格落实奖惩机制,才能有效激发审判团队工作积极性,促进其公正高效司法。

3. 新型审判团队绩效考核机制应有利于优化审判资源实现科学合理分配。从司法改革实践来看,2015 年以来各地法院结合实际组建了各种类型的新型审判团队,而每个审判团队审理的案件类型、案件难易程度等不尽相同,很难简单地从审判团队审理的案件数量来评价一个审判团队的审判业绩。因此,要通过制定科学合理的新型审判团队绩效考评机制,才能够真实反映各类型审判团队的审判业务难度、总体工作量、工作难易程度和对人力资源的需求等,人民法院据此可以及时对有限审判资源进行优化和调整,实现科学合理地配备各类型审判团队。

(二)构建新型审判团队绩效考评机制的基本原则和考量因素

新型审判团队是司法改革的重要成果之一,它是一种新生事物和制度创新,因此,新型审判团队绩效考评机制也是在司法改革大背景下的一种制度创新,它应至少

〔1〕 参见龙宗智:《法官业绩考核怎样才能“相对合理”》,载《人民法院报》2017 年 7 月 9 日。

遵循以下三项基本原则：一是尊重司法规律。人民法院制定新型审判团队绩效考评机制时，应严格遵循审判权作为判断权和裁量权的权力运行规律，根据审判权的独立性、中立性、程序性等特征，[1]一方面要科学量化审判团队工作任务目标，通过绩效考评加强对审判团队的监督管理；另一方面又要确保法官及其审判团队独立行使审判权。二是坚持顶层设计与地方探索实践相结合。在新型审判团队绩效考评机制的制定主体上，建议由最高人民法院或省一级高级人民法院设定基本原则的同时，鼓励各中级人民法院和基层人民法院结合实际进行探索实践，然后根据地方实践进行总结提炼，进而不断完善新型审判团队绩效考评机制。三是坚持奖惩严明的原则。制定新型审判团队绩效考评机制，必须严格落实奖惩机制，做到"有功必赏、有过必罚"，才能充分调动审判团队成员的工作积极性。

除了坚持以上原则外，人民法院在制定新型审判团队绩效考核机制时，需要考量以下几个因素：一是如何科学合理界定新型审判团队绩效考核的内容。新型审判团队是新生事物，如何对新型审判团队进行绩效考评？主要考评哪些内容？二是如何科学测算审判团队工作量和审判实绩。由于新型审判团队类型众多，不同审判团队审理案件的类型、难易程度不同，因此很难简单地通过案件数量衡量一个审判团队的工作量，这需要借助信息技术等手段来测算审判团队的工作量。三是是否引用第三方作为审判团队绩效考评的主体之一。对审判团队的考核评价，人民法院是当然的主要主体，但是否引入律师、人大代表、人民群众（主要是当事人）等作为第三方对审判团队进行考核评价，各地做法不一。

二、新型审判团队绩效考评在探索实践中遇到的问题和困难

（一）传统的绩效考评模式难以考量新型审判团队绩效情形

在本轮司法改革中，人民法院对人力资源配置机制进行优化，探索建立了审判团队，这也是人民法院对审判职权配置和审判管理精细化的创新探索。但是，许多法院在推行人员分类管理后，尚未建立起对审判团队的专门的绩效考评机制。目前，多数法院仍采取传统的绩效考核模式——上级法院对下级法院进行考核，本级法院对本院的各部门（含审判业务庭室）进行考核，各部门对本部门人员进行考核。一些法院对新型审判团队绩效考评机制进行了探索，参照旧的考核模式，把审判团队单独列为

---

〔1〕《最高人民法院关于全面深化人民法院改革的意见——人民法院第四个五年改革纲要（2014-2018）》（法发〔2015〕3号），载《人民法院报》2015年2月27日。

相当于“部门”的地位，即上级法院考核下级法院，本级法院考核本院各部门、各审判团队，各部门、各审判团队对本部门、本团队人员进行考核。但是这种做法，面临着如何处理好新型审判团队和审判业务庭的关系？对新型审判团队的考核，能否简单地套用对审判业务庭的考核？另一种做法是，有的法院则出台了《法院人员绩效考核工作的意见》，对法官、审判辅助人员、司法行政人员按各自的岗位职责分类进行考评，由法院政工部门或考评委员会直接按照人员分类对个人进行考核，涉及审判团队的考评，则只作简要的原则性的规定，如规定“担任领导职务、审判团队负责人或者科组长的，考核结果与其管理职责和分管人员的考核情况挂钩”。[1] 当然，就审判团队而言，团队的各类人员各司其职，单独考评具有一定的合理性，但是，审判团队又是一个整体，如果只是侧重于单独考评就会忽略了团队的整体性，就不能有效发挥团队分工合作、互相配合、齐心协力完成审判任务的功能。

（二）新型审判团队类型众多，难以对不同的审判团队进行科学合理的量化考评

自2015年以来，随着司法体制改革的深入推进，各地法院结合自身实际积极组建了新型审判团队，出现了各种类型的新型审判团队。从法定的独任制和合议制两类审判组织来看，新型审判团队可分为独任制审判团队和合议制审判团队两大类。独任制审判团队的种类很多，如比较普遍得到认可和推广的“1+1+1”审判团队模式，即1名法官+1名法官助理+1名书记员；也有江苏省无锡市江阴市人民法院的“1+N+N”模式，即1名法官+N名法官助理+N名书记员，根据需要配备相应的法官助理和书记员；[2]还有广东省珠海市横琴区人民法院的“1+3+1”审判团队，即1名法官+3名法官助理+1名书记员，[3]等等。合议制审判团队也有多种类型，如深圳市福田区人民法院推行的“1+2+3+4”模式，即1名审判长+2名普通法官+3名

[1] 参见广东省高级人民法院《关于进一步完善全省法院人员绩效考核工作的意见（试行）》（粤高法〔2017〕2号）第4条。

[2] 参见王立新：《建立员额制是中国法官职业化的必由之路——以江阴市法院司法改革为样本》，载《人民司法》2015年第13期。

[3] 参见珠鹏景、胡冬梅、谭炜杰：《审判团队新阵容：1+3+1》，载网易新闻：http://news.163.com/15/0310/06/AKAUGILD00014AED_mobile.html，2019年5月18日最后访问。

法官助理+4名书记员组成合议制审判团队;[1]山东省青岛市即墨区人民法院推行的"1+1+1+1+N"模式,即1名主审法官+1名普通法官+1名法官助理+1名书记员+若干陪审员组成合议制审判团队,[2]等等。此外,就一个法院来看,也因受理案件类型不同等因素,存在不同的审判团队。例如,深圳市福田区人民法院设置了52个审判团队,存在"1+2+3""1+1""1+N"三种模式。[3] 面对不同模式的审判团队,能否简单地套用同一个绩效考核制度呢?显然,这是行不通的。首先,审判团队受理的案件数量、案件类型、案件难易程度不尽相同,不能简单地以审理的案件数量多少来评价审判团队的审判实绩;其次,在不同模式的审判团队中,法官助理和书记员的数量是有差异的,且法官助理和书记员的素质高低不一,如果这个审判团队是自行组合的,那么主审法官可能会无话可说;如果是法院强制安排的,主审法官可能会有抵触情绪,心里会认为自己团队办案效率不够,是因为素质高的法官助理和书记员都配给其他团队了。由此可见,面对如此众多的不同类型审判团队,人民法院难以对不同类型审判团队进行科学的量化考评。虽然,有的人认为可以通过分类测算等方式测算审判团队的办案任务,但是这同样也难以做到科学、客观、公正。

(三)审判团队成员权责不清,难以对审判团队进行科学合理的绩效考评

从社会心理学理论的角度分析,个体角色在社会中或团体中,既是一套期望系统,也是一套行动规则,如果发生个体角色错位、缺位或者越位等情形就会容易导致系统组织紊乱。同样地,对审判团队来说,传统的"法官+书记员"组合,团队是"两点一线",其能够发挥的效能有限。新型审判团队在增加法官助理后,形成"法官+法官助理+书记员"组合模式,形成"三点构成一个平面",可以实现多线配合、统筹发力,其效能比传统审判团队模式有了质的飞跃。但是,在新型审判团队中,员额法官、法官助理是新角色,对员额法官、法官助理、书记员的定位有新的变化,三者的职能职责和权限范围也随之有新的变化。目前,对法官审判权范畴的界定,世界各国是相对统一的;但对审判辅助人员(法官助理和书记员)的职权和职责方面的界定,世界各国的做法不一。从大陆法系国家来看,日本规定,书记员参与民事诉讼程序,辅助法官

〔1〕 参见胡鹰、王德军、李铁娟:《审判团队工作模式构建:审判权运行机制改革的路径探索——以深圳市福田区法院审判长负责制改革为样本》,载《中国法学会审判理论研究会2014年年会暨全面深化司法改革促进司法公正理论研讨会论文集》,2014年10月15日。

〔2〕 参见陈显江:《审判团队改革的探索与实践》,载《山东审判》2014年第6期。

〔3〕 参见唐荣、李铁娟、周丹:《深圳福田法院结合创新机制打造审判团队改革的"福田模式"》,载《法制日报》2017年7月16日。

进行法令、判例和其他事项的调查;德国规定,作为法官权限的诉讼费用确定与执行宣告工作由记录官来行使。[1] 从英美法系国家来看,美国规定,必须给联邦最高法院每位法官配备法官助理,法官助理的主要工作职责:查阅卷宗,找出双方争议焦点;提供学术界动态,阐述法理依据;撰写备忘录;草拟司法判决意见书;编辑校对判决和裁定等。书记员的职责主要是记录庭审、谈话、会议、演讲等。英国法院的书记员经过法官授权可以进行必要调查,还可以在经当事人同意的情况下审理诉讼标的额不超过200英镑的赔偿案件。[2] 当前,最高人民法院尚未出台司法解释对新型审判团队中的法官、法官助理、书记员的职责进行统一的界定,虽然各地法院根据自身实际探索建立了不同的新型审判团队,但是一定程度上对法官助理、书记员的职能定位还存在模糊不清,有的法院参考域外法院做法进行了界定,有的法院则尚未明确界定。如果不能科学界定新型审判团队成员职权职责的边界范畴,则不仅难以根据其职权职责对审判团队进行绩效考评,也难以有效发挥审判团队的最大效能。

(四)考评主体不一,缺乏相应的规范

当前,各地法院对审判团队的绩效考评,正处在摸索阶段。有的法院,对审判团队的绩效考核主要由政工部门负责,如广东省高级人民法院要求各级法院设立绩效考核(法官考评)委员会,在法院党组的领导下开展工作。该考核委员会具体实施工作由政工部门牵头,负责考核指标的部门分工负责。[3] 有的法院规定,对审判团队的绩效考评由审判管理办公室负责。如北海海事法院规定,审判管理部门对审判团队和员额法官审判执行业绩进行考评,全面、客观、科学评价审判团队和法官的办案质量、数量、效率和效果。[4] 有的法院还引进第三方对审判团队进行考核,如福建省周宁县人民法院出台《审判执行团队接受外界评议监督的意见》,主动引进第三方对审判执行团队进行评议监督,第三方的专项评议小组主要由政法委、人大、政协等部门以及律师、陪审员、法院监督员等有关人员组成,通过评议限时整改不足,对审判长实行末位淘汰制,将考评结果作为法官选任、评优评先、职务晋升的重要依

---

〔1〕 参见罗诚:《审判团队建设的三个关键要素》,载《人民司法》(应用)2018年第7期。

〔2〕 参见李昊、李贤华:《法院组建审判团队域外做法》,载《人民法院报》2016年12月23日。

〔3〕 参见广东省高级人民法院《关于进一步完善全省法院人员绩效考核工作的意见(试行)》(粤高法〔2017〕2号)第6条。

〔4〕 参见《北海海事法院关于印发〈北海海事法院关于组建新型审判团队的意见〉等四项制度的通知》(海法〔2017〕26号)。

据。〔1〕由此可见，对审判团队的绩效考核，在一定程度上出现考评主体不一甚至混乱的现象，而内外部多头对审判团队进行考核，难免会产生冲突。

(五)过于注重结果导向而忽视了通过考评促进审判团队能力的提升

近年来，在司法实践中，各地法院对审判团队或法官的绩效考评，往往是唯绩效考评指标相关数据论，以结果论英雄。这种绩效考评方式，只注重"考"和"评"，缺乏绩效考评计划、绩效考评结果反馈和沟通机制，不利于通过考评促进法官和审判团队能力的提升。首先，没能科学运用审判团队绩效考评结果，通常只将绩效考评结果作为审判团队成员年终绩效考评发放和公务员评先评优的依据，还未能将绩效考评结果作为审判团队审判质效管理的奖惩机制。其次，多数法院尚未建立审判团队绩效考评结果沟通反馈机制。一般情况，在对审判团队进行绩效考评后，法院政工部门或绩效考评办公室会以文件的形式通报审判团队绩效考评结果，但也仅流于文件通报，负责绩效考评的相关部门没有与审判团队负责人进行沟通交流，共同对绩效考评结果进行深入分析，查找审判团队存在的问题和不足，并提出进一步改进的措施或建议。审判团队负责人也没有逐一与审判团队成员共同分析其绩效考评存在的问题和不足，并提出改进的措施和意见。

三、新型审判团队绩效考评机制的构建路径

(一)创新考核模式

审判团队绩效考评工作是一项复杂的工作，当前，各地法院还处在探索阶段。笔者通过梳理比较当前国内各地法院对审判团队的绩效考评，发现主要有两种模式：一是二级考核模式，即法院在对审判团队进行绩效考核时实行"法院考核审判团队、审判团队考核个人"；二是一级考核模式，即法院直接按人员分类对法官、法官助理、书记员进行考核，直接考核到个人。从司法实践来看，采用二级考核模式的比较多，一般只有人员规模较少的法院才采用一级考核模式。〔2〕从两种模式的优劣对比来看，二级考核模式的优势是，它赋予审判团队中主审法官或审判长对团队成员的绩效考核权力，有利于提高其在团队中的威信，有利于其在日常工作中行使相应的管理权，

〔1〕参见徐颖：《周宁接受监督提升能力》，载《人民法院报》2015年3月23日。

〔2〕参见广东省高级人民法院《关于进一步完善全省法院人员绩效考核工作的意见(试行)》(粤高法〔2017〕2号)第3条规定："按照司法责任制的要求组建了新型审判团队的法院，可根据实际实行院里考核审判团队、审判团队考核个人的做法。实行了内设机构改革且人员规模较小的法院，可探索直接由院里直接考核到个人。"

进而有效发挥审判团队的效能;同时,对于法官数量比较多的法院,二级考核模式有利于节约绩效考核成本。二级考核模式的劣势是,对审判团队成员的考核主要由审判团队中的主审法官或审判长负责,与被考核对象同属一个团体,容易因讲情面而难以做到客观公正。一级考核模式的优势是,它打破了科层建制,弱化了主审法官和审判长对审判团队成员的考核权限,在一定程度上可以避免因"熟人考核熟人"带来的负面影响。一级考核模式的劣势是,对不同审判团队的法官、法官助理、书记按人员分类分别进行考核,将面临着怎么科学、合理地测算不同审判团队的法官、法官助理、书记员的工作量问题,如果考核标准不够细致将会因对不同审判团队、不同案件类型进行面上的考核而导致复杂的审判工作被统一切割,如果要制定细致的考核标准,相关人员的工作量量化测算很复杂,这种模式的考核工作量将大大增加,且不易做得好。通过两种模式的优劣比较,笔者倾向于采用二级考核模式对审判团队进行考核,这将充分有利于调动审判团队的积极性,从而提高审判团队的整体效能。至于二级考核模式中可能会出现的"熟人考核熟人"导致"讲关系、讲情面"的问题,其实也很好解决,可以赋予审判团队成员对考核结果申诉的权利,如果觉得考核结果不公正,可以向法院绩效考核委员或政工部门反映,要求复查。法院绩效考评委员会或政工部门,对于审判团队对其成员的考核情况,进行审核把关,审核通过后予以公示,审判团队成员在公示期对考核结果没有异议则考核结果生效。

(二)科学界定考核的内容

首先,要明确审判团队成员的职责。明确审判团队成员的职责,是审判团队有效运行的前提,同样也是对审判团队及其成员进行科学合理绩效考评的前提。因此,要进一步明晰每个审判团队的职责和权力边界,才能科学合理核定审判团队中审判长、主审法官、普通法官、法官助理、书记员等人员在职责范围内的基本工作量,进而根据审判团队成员的工作量进行量化考评。其次,要明确对审判团队绩效考核的内容。审判团队是以法官为核心组建的,是人民法院办案的一个基本单元,因此,我们可以参照法官的绩效考核内容明确审判团队绩效考核内容。2019 年 4 月 23 日新修订的《法官法》第 41 条对法官的考核内容作出明确的规定,主要从审判工作实绩、职业道德、专业水平、工作能力、审判作风五个方面对法官进行考核,其中重点考核审判工作实绩。对审判团队的考核,应该也从以上五个方面内容进行考核,重点考核审判团队的审判实绩。对审判团队的审判实绩考评,主要通过审判质效考核来体现,审判质效考核能够有效地体现出审判团队的办案质量、效率和效果。在具体考核指标设置上,

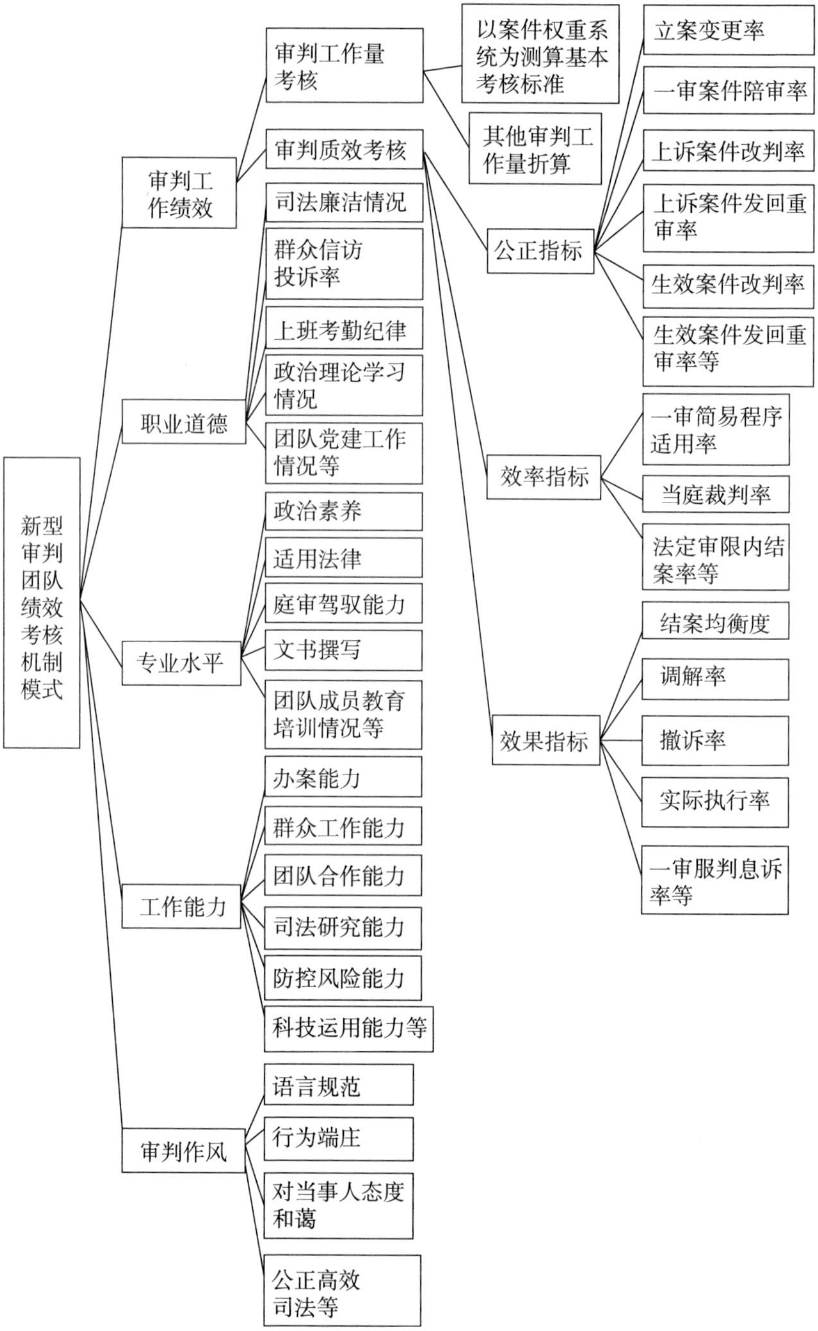

图1　新型审判团队绩效考核机制模式

应对审判团队办案工作量进行细化,一般包括基础办案工作指标和附加办案指标;基础办案指标主要是指审判团队办案的数量、质量、效率和效果,属于常规办案业绩;附加办案指标主要考察审判团队在一定时期内重点工作任务完成情况及审判工作突出业绩。除此以外,审判团队绩效考评体系还应包括职业道德、专业水平、工作能力、审判作风。其中,审判团队的职业道德考评应包括审判团队成员的司法廉洁情况、群众信访投诉率、上班考勤纪律、政治理论学习情况、团队党建工作情况等内容;审判团队的专业水平考评内容应包括政治素养、适用法律、庭审驾驭能力、文书撰写、团队成员教育培训情况等内容;审判团队的工作能力考评内容应包括办案能力、群众工作能力、团队合作能力、司法研究能力、防控风险能力、科技运用能力等内容;审判团队的审判作风考评内容应包括语言规范、行为端庄、对当事人态度和蔼、公正高效司法等内容。

(三)借助信息化手段量化考核指标

近年来,各地法院对法官或审判团队的审判业绩进行评价,主要通过各种审判质效指标来体现。但是不同的审判团队,审理的案件类型不同,不能简单地以案件数量来界定审判团队的审判工作量。例如,速裁审判团队审理的一般都是简易案件,而专业审判团队审理的一般都是相对复杂的案件,速裁审判团队一年审理的案件数量肯定远远超过专业审判团队,因此不能简单地以审判团队一年审理的案件数量来评价其审判实绩。各地法院应根据自身实际,合理设定每个审判团队任务目标。在制定每年审判团队绩效考核指标时,应借助信息化手段,充分依托大数据,针对不同类型审判团队的职责,综合考虑审判团队办理案件类型、审理程序、难易程度、工作饱和度、可比性、公平性、激励性等因素确定不同审判团队的审判工作量,在考虑审判工作量的同时,科学设计将非审判工作量折算为审判工作量的计算方式,科学、合理、准确体现不同审判团队类型的工作量。同时,积极研发审判工作量计算软件,以便能够对不同案件类型的权重进行测算,实现对各审判团队审判工作量的检索、分析、测算,科学评价审判团队审判工作量。在绩效考评手段上,要继续依托大数据,通过电脑软件套算公式自动生成审判质效指标,确保考评科学、合理、精准。

(四)依托不同考核主体进行多侧面考评

如前所述,受审判团队类型多、审理案件类型不一、审判团队工作复杂性、审判团队考核内容多等因素影响,必然造成审判团队绩效考评指标的多样性,且有些考核指标如审判团队的裁判文书质量、司法研究成果、团队协作能力等通常需要经过一定周期的考察才可以得到较为客观、公正的结果,而有些考核指标如当庭裁判率、庭审直播率等则具有实时性。因此，要对这些考核指标进行科学、全面、客观的考评，应依托不同考核主体综合运用多种方式对审判团进行考评。

1. 审判团队自我考评。审判团队作为最基本办案单元，通过召开审判联席会议的方式定期听取审判团队述职报告，由审判团队负责人定期汇报该团队一定时期内审判工作实绩、团队管理、司法作风等方面内容，并分析存在工作中遇到的困难和问题及下一步工作计划。述职报告可以每半年或每季度举行一次，各地法院可根据实际而定。同时，赋予审判团队负责人对团队其他成员的绩效考评权力和统筹安排团队成员的绩效奖金或办案津贴的权力。如深圳市福田区人民法院每年给每个审判团队一定数额的办案补贴，由审判团队负责人根据成员工作量进行分配，[1]江苏省江阴市人民法院每年也从市政府争取到几百万元作为审判团队办案积极保障基金，由审判团队自行分配。[2] 因此，可以借鉴深圳市福田区人民法院和江苏省江阴市人民法院的做法，尝试由审判团队负责人根据团队成员工作情况统筹发放团队成员绩效奖金或办案津贴等，切实形成有效的奖惩机制，以便于提高团队成员的工作积极性。

2. 借助当事人和律师等外部考评主体对审判团队进行考评。在具体个案审理中，当事人和律师与审判团队的法官、法官助理和书记员有零距离的接触，更能亲身感受到审判团队的专业水平、工作能力、审判作风和职业道德，他们的评价是法院对审判团队绩效考评的重要参考和依据。在司法实践中，部分法院已经推行每案都向当事人及其代理人发放廉政监督卡，随时接受案件当事人及其代理人的司法廉洁监督。可以参考这一做法，在每个审理中，审判团队坚持发放包括审判团队的专业水平、工作能力、审判作风和职业道德等内容的问卷调查表给当事人或其代理律师，以便征求他们对审判团队评价的意见。当然，这种评价由于当事人和律师基于自身利益的考虑，可能对审判团队做出不客观、不公正的评价，如败诉方的当事人及其代理律师，可能会做出恶意的评价等。因此，我们要科学地看待这种评价，这种评价必须积累到一定数量并经核实，才能作为法院绩效考评委员会对审判团队年度绩效考评的参考和依据。问卷调查表，每年应由法院绩效考评委员会办公室负责进行统计分析。例如，一个审判团队一年审理300个案件，发放了300份对审判团队评价的问卷调查表，差评在10%以内的，属于合理区间值，不用作为绩效考评的参考；差评在10%以上，则应由绩效考评委员会办公室或政工部门回访当事人或律师进行核实，经

〔1〕 参见袁定波、周斌:《留住法官需讲感情保事业增待遇》，载《法制日报》2014年6月6日。

〔2〕 参见陈显江:《审判团队改革的探索与实践》，载《山东审判》2014年第6期。

核实后差评率仍达到这一区间值，则应对审判团队绩效考评进行适当扣分，差评率越高则扣分越多。如进行案件回访发现审判团队有违法违纪线索，则将相关线索及时反馈给法院纪检组、监察室进行调查，如属实，则进行一票否决制，取消审判团队年度绩效考评评为一等奖的资格，并适当扣发该审判团队每个成员的年度绩效奖金。

3. 法院审判管理办公室对审判团队的审判实绩考评。审判管理办公室肩负着审判流程管理、审判态势分析、案件质量评估、案件质量监督、审判委员会事务管理等职责，可以较为全面地掌握每个审判团队运行态势，可以按照《人民法院案件质量评估指标体系》的有关要求，依托信息化手段对审判团队的法官、法官助理、书记员的审判工作实绩进行评估，把年度案件质量评估指标完成情况作为审判团队绩效考评的基础分。同时，审判管理办公室可以每个季度对全院和各审判团队审判态势情况进行一次通报，为院领导和审判团队负责人决策提供参考，每个季度的通报也可作为年度绩效考评的参考；可通过开展案件质量评查、优秀裁判文书评比、优秀庭审评比、精品案件评比等活动，对审判团队的审判工作实绩进行考评，获奖情况可以作为绩效考评的加分项进行加分。

4. 法院绩效考评委员会进行最终的考评。各级法院设立绩效考评委员会，在法院党组的领导下开展绩效考评工作。考评委员会主任由法院主要院领导担任，成员由有关院领导、审判管理部门和政工部门等负责考核指标的部门负责人和若干法官代表组成，法官代表可由法院全体法官推选产生。绩效考评委员会下设办公室，可设在政工部门或审判管理部门，工作人员由所在部门人员兼任或从其他部门抽调人员组成，考评委员会办公室负责牵头开展绩效考评工作。绩效考评委员会在上述三种考评方式基础上，通过日常考评和年度考评、审判团队整体考评和审判团队负责人对团队成员个人考评相结合的考评机制，对审判团队的审判实绩、职业道德、专业水平、工作能力、审判作风进行全面评估，审核确定审判团队年度绩效考评最终的结果。

（五）合理运用绩效考评结果，发挥考评正向激励作用

首先，要把审判团队绩效考评结果与奖惩机制挂钩，做到赏罚严明。古今中外，凡是善于带兵打仗的统帅，无一不是赏罚严明。有过必罚，有功必赏，只有做到赏罚严明，才能凝聚军心和激发军队的战斗力。同样地，要提高审判团队的凝聚力和激发审判团队的工作热情，推进审判团队革命化、正规化、专业化和职业化建设，就必须科学合理运用审判团队绩效考评结果，做到奖罚严明。假如，审判团队绩效考评结果不能科学合理运用，做不到赏罚严明，则审判团队绩效考评机制的权威性将会丧失，长期以往则失去其存在的价值和意义。因此，要改变以往通过民主测评、部门推荐、院

领导提名等带有浓厚主观主义和平均主义色彩的做法，明确审判团队成员（法官、法官助理、书记员）在晋职晋级、评先评优、绩效奖金分配等方面必须坚持以审判工作实绩为主的原则，主要以每年的审判团队绩效考评结果和审判团队成员的绩效考评结果为参考和依据，建立奖勤罚懒、奖优罚劣的绩效考评导向和机制。例如，把审判团队绩效考评结果与审判团队负责人（审判长或主审法官）个人的绩效考评有机结合，审判团队绩效考评成绩在全院各审判团队中位居前列，则审判团队负责人应被评为优秀等次，在年度绩效奖金分配可适当获得更多，在职务和职级晋升方面在同等条件下应被优先考虑。同时，把审判团队绩效考核结果与员额法官管理相结合，一方面，在遴选员额法官时，要以法官助理年度绩效考评结果作为重要参考和依据，力争把优秀的法官助理选拔到员额法官队伍；另一方面，对于年度绩效考评结果连续两年被评为不称职的法官，应将其退出员额法官队伍，与员额法官退出机制相衔接。[1] 其次，建立审判团队绩效考评结果沟通反馈机制，促进审判团队及其成员不断提升自身司法能力。每年，法院通过科学设定审判团队绩效考核指标，依托审判团队绩效考评机制，客观公正地反映审判团队及其成员的审判工作实绩、职业道德、专业水平、工作能力、审判作风，并结合有效的审判团队绩效考评结果反馈和沟通机制，让法院管理层、审判团队负责人和审判团队成员发现自身在工作中存在的问题和不足，有针对性地采取措施加以改进，最终促进审判团队及其成员不断提高自身的司法能力。具体来讲，审判团队负责人应根据法院绩效考评委员对审判团队作出的考评决定和反馈的意见，围绕审判工作实绩、职业道德、专业水平、工作能力、审判作风五个方面进行剖析，检查和反思审判团队和自身履职过程中存在的问题和不足，并及时予以改正；审判团队成员应根据团队负责人对其作出的考评决定和反馈的意见，进行自我检视，对存在的问题和不足应及时予以改正。

---

〔1〕 根据《法官法》第42条的规定，法官年度考核结果分为优秀、称职、基本称职和不称职四个等次。考核结果作为调整法官等级、工资以及法官奖惩、免职、降职、辞退的依据。

司法体制改革背景下的蹊径之路：司法研修制度对法院审判辅助力量的“供血”

——兼论域外司法研修制度的实证

陈　影[*]　杨　钉[**]　周　嫚[***]

一、建立司法研修制度的背景及现实需要

“疑乃思之始，问乃学之端。”正是由于在推行司法体制改革过程中，审判辅助人员配置不足、能力不足、流动性大的问题日益凸显，俨然已影响到法院审判工作的质效，基于此种现实的必要性和紧迫感，必然会促使整个法院系统探索这一突出问题的应对之策，而建立符合中国司法实际的司法研修制度就是“上上策”。

（一）审判辅助力量不足严重制约司法改革成效

审判辅助人员是法院队伍一支重要力量。员额制改革后，一线法官人数减少，由于案件数呈逐年增加态势，员额法官人均受理案件数大幅增加，因此需要将大量审判辅助事务分流给审判辅助人员，以减轻员额法官的工作负担，使其可以专职于核心审判业务，专注于提高审判执行质效。2015 年，东莞市中级人民法院积极争取市委、市政府的支持，全市 20 个人民法庭增加 190 名审判辅助人员，由市财政负担相关经费，大量起用审判辅助人员后，全市法院法官人均结案 390 件，同比增长了 15.64%。其中，东莞市第二人民法院的员额法官与审判辅助人员（含法

* 广西壮族自治区高级人民法院研究室主任。

** 广西壮族自治区高级人民法院立案庭审判员。

*** 广西壮族自治区高级人民法院法官助理。

官助理与书记员)的配比达到1:2.34。2018 年,东莞法院法官人均结案 413.1 件,位居全省前列。与此形成对比的是,2018 年广西法院员额法官与审判辅助人员配比 1:1.27,全区法院法官人均结案 127.8 件。

表 1 2018 年部分省(区、市)法院法官人均结案数

	北京	浙江	重庆	广东	山东	海南	湖南	广西
法官人均结案(件)	357	345	312	277	226	184	157	128

实践中各地法院普遍反映:实行人员分类管理后,法官助理、书记员等审判辅助人员缺口较大,无法满足正常运转需要。由于编制、资金等限制,除东部发达省市能够提供相当薪酬待遇招录外,大多数地方特别是广西等民族边疆欠发达地区普遍存在审判辅助人员招录难、留用难问题。产生这一现象有以下几个主要原因:一是审判辅助人员薪酬待遇缺乏竞争力。从事律师等营利性法律职业与从事法院审判辅助工作人员在待遇、个人职业发展等方面存在较大差距,职业吸引力低。此外,与发达国家或我国港澳台地区的审判辅助人员相比,除了个别发达省市能够提供相对较高的薪资待遇,例如,2017 年深圳法院招聘聘用制法官助理是 9000 ~ 17,000 元/月的待遇,我国大部分地区的审判辅助人员薪酬待遇普遍较低。例如,广西壮族自治区马山县人民法院于近期发布的聘用制法官助理招聘公告中,正式聘用后聘用制法官助理工资福利待遇仅为 1900 元/月。二是法官助理招录门槛较高,与地方实际不符。在编法官助理的招录既需要考生通过公务员考试,又需要通过国家司法考试,且大部分地区还要求考生取得 A 证。以广西为例,全区各级法院通过公务员招录方式招录在编法官助理,由于法官助理招录条件要求必须取得法律职业资格,许多岗位报名人数达不到开考比例,造成取消或减少招录计划。部分基层法院反映应放宽准入门槛,允许取得 C 证以上的考生报考法官助理岗位,以缓解基层法院法官助理招录难现象。三是法官助理入额难,职业上升空间窄。开展员额制改革后,全国法院按照中央规定严格控制员额比例。以广西为例,自开展员额制改革后,全区法院尚未开展从法官助理遴选法官工作。此外,有 2109 名未入额法官转任法官助理,入额竞争压力增大,新入职法官助理入额将更难。由于职业上升空间不大,员额法官实行逐级遴选后,各级法院法官助理岗位的吸引力正在逐步减弱。四是审判辅助人员工作量繁重,工作压力大。从现实情况看,审判辅助人员不仅需要承担繁重的审判辅助工作,还需要承担本业务部门的其他综合行政工作,在人员较少的业务庭这种现象尤为明显,致使各级

法院法官助理流失严重。

(二)现行法学教育存在理论和实务脱节的弊端

我国现行的法律职业制度模式:只有大学攻读法学或法律专业(2018 年 4 月 28 日以前不限专业)的学生毕业后才可以参加法律职业资格考试,必须通过考试方可获得进行法律职业的“入场券”。这样的教育模式存在以下弊端:一是法学教育和实务严重脱节。在大学里进行的法学教育,老师教授的主要是法学理论,法律经验知识很少涉及。学生将来想从事法官、检察官、律师等职业,必须通过法律职业资格考试,而考试的内容过于繁杂,更多的是考技巧性的知识点,而并非解决实务问题的能力。为了通过考试,多数学生在读书阶段就选择上补习班。为了迎合考试需要,一些学校应试化教育越来越普遍,使法学高等教育与其宗旨相去甚远。虽然现在一些高校(如北京大学)开始探索诊所式法律教育,但由于存在项目资金短缺和评价机制不统一等方面的问题,法律诊所目前还很难填补中国法学教育实践机制缺位的空白。二是缺乏法治理想和信念。法学教育注重对西方法律制度、理论的讲授,政治理论和思想教育相对不足。学生求职功利化日益明显,他们更愿意选择待遇较高、个人发展前景更好的律师、法务或其他非法律类职业。据统计,我国有近 700 所高校开设了法学专业,每年都有大量法学专业毕业生走进社会。但从近几年《中国法学生就业报告》看,法学专业就业率排名连年位居末尾。法律人才选择流向其他行业,造成从事司法职业的人员数量相对减少。三是缺乏实践经验。一些坚定法治理想并为之奋斗的年轻人,在历经法律职业资格考试和公务员考试“两座大山”走入法院后,便两眼一抹黑。因为对法院工作了解不够,往往要从书记员起步,一步一步往上做起。而一些年轻人还在书记员阶段时就打了退堂鼓,发现自己并不适合这个岗位后选择辞职,无形中耗费了大量的人才培养成本。与此相对,司法机关对这些初入职的年轻干部的评价是缺乏实践经验,工作上手缓慢。总的来说,当前法律人才的专业能力和职业素养与国家和人民日益提高的企盼相比,还存在较大差距。

(三)资源不集中造成法律职业共同体难以构建

法律职业共同体是法治中国建设的刚性需求,是法律职业人走向正常交流的重要渠道。法律职业共同体是具备司法职业资格,实际从事利用法律程序来解决具体法律纠纷或事务这种特定职业的人组成的群体,仅限于法官、检察官、律师。[1] 毫不夸张地说,构建良性的法律职业共同体互动是将法律人打造成社会上最精英群体的

---

〔1〕 参见栾少湖:《法律职业共同体的构建与司法研修制度》,载《中国法律评论》2014 年第 3 期。

重要方式,也是实现以较小社会成本化解社会矛盾目标的重要保障。但目前我国法律职业共同体的构建并不理想。一是职业入门培训上,以部门为界,画地为牢。初任法官培训、初任检察官培训、实习律师培训由法院、检察院、律协分别组织进行,师资力量、培训资料、财力、物力分散不集中,造成资源的浪费。最为关键的是,这些法律职业新人对法律问题的认识不尽相同,不利于今后工作配合和职业交流。二是法治信仰不同,导致"死磕派"律师事件层出不穷。近年来,我国涌现出所谓的"死磕派"律师,他们通过庭上抗议、微博直播、行为艺术、绝食等方式与司法机关死磕。通过网络媒体将事态扩大,通过舆论压力倒逼司法活动进程,在社会中引起强烈反响,不仅损害了法律尊严与司法权威,还加剧了律师与司法人员的冲突。这部分群体的出现,具有历史原因和现实原因,但最深层次的原因在于:不同职业的"法律人"虽拥有相同知识背景却没有共同的法治信仰,表现在缺乏对彼此职业的应有尊重和理解,未接受社会主义法治理念的熏陶,对法的社会价值、人文价值和法律职业自身缺乏认同。这些冲突和失范将对法律职业共同体造成撕裂,并给法治事业带来巨大损失。

二、他山之石——域外司法研修制度的经验借鉴

司法研修制度主要是指考生在通过法律职业之后,必须到法院、检察院、律所(律协)进行一段时间的实习研修,研修合格后最终获得法律职业的资格。日本、韩国、德国、法国等国家均有类似的制度设计。

表2 域外司法研修制度基本情况一览

	日本	韩国	德国	法国
时长	1年	2年	2年	2年7个月
负责部门	司法研修所	司法研修院	各州高级法院	国家司法学院
研修内容	8个月按部门实务研修,2个月的选择型实务研修,2个月的集合研修。实务研修到全国各地法院、检察院、律协,在导师指导下处理真实案件	4个学期。其中,第三学期要将研修生安排到法院、检察厅、律师事务所分别进行为期2个月的实习	分别到法院、检察院、律所去学习如何处理实际案件	培训内容以司法实务以及职业道德、职业纪律为主,其间还要到法院、检察院、警察局、律师事务所、企业等多岗位实习,多方位地培养准司法官的职业素养和司法技能
资格取得	通过研修考试,才可取得助理法官、检察官或执业律师资格	研修结束后,才能正式成为法官、检察官或律师	合格后方可参加第二部分司法考试	大多数初任司法官经过统考后必须参加培训

(一)日本

日本司法研修所属于最高法院(最高裁判所)的一个下级机构。其培训的对象包括两种:一是法律学徒,即通过国家司法考试并被接纳进入研修所研修的人员;二是在职培训法官。[1] 在日本,学生在大学进行的法学教育,核心是理解法律基本原则,而较少涉及法律实际应用。因此,选择从事法律实务的毕业生必须在任职前接受研修培训,接受实践训练。法学生通过司法考试后,需要进入司法研修所(隶属于最高裁判所)进行1年的研修。研修期间,分阶段在法院、检察院、律师事务所实习。研修结束后,获得参加第二次司法考试的资格,通过考试的人即可以从事"法曹"(从事法律职业的人员,如法官、检察官和律师等)的工作。司法研修所的运行费用主要来自于国库开支,司法研修生研修期间无须再缴纳研修费用,此外,每月会向司法研修生支付基本生活费用,费用由国库支出。

(二)韩国

韩国的"法曹"实行同考同训制度,即申请者在接受大学教育之后,参加并通过司法考试,然后经过司法研修院为期2年的职前教育后才能取得从业资格,即"高等法学教育+司法考试+职前研修"模式。[2] 司法研修主要内容是进行法律职业前必须掌握的工作知识和职业道德培训。为期2年的司法研修分4个学期,前2个学期主要注重理论知识的培训,包括民事审判实践、刑事审判实际、公诉实践、辩护实践四门主要课程。第3个学期要在法院、检察院、律所等单位进行实习。第4个学期为回顾和评估,为研修生选择专业领域提供帮助和必备的技能培训。

(三)德国

德国的国家司法考试由两部分组成。通过第一部分考试后,法学生需要参加为期2年的司法研修,研修合格后,方能参加第二部分考试。司法研修由各州高级法院负责,研修的主要内容就是让研修生分别到法院、检察院、律所去学习如何处理实际案件。在每个阶段的末尾,每个研修生的导师会根据研修生的表现出具一份评估报告,只有评估合格的研修生才能参加第二部分的司法考试。[3]

---

〔1〕 参见贺卫方:《培养高素质的法律家——日本司法研修所访问记》,载《南京大学法律评论》1995年第2期。

〔2〕 参见杨小利:《韩国法律人的职前教育制度》,载《法制日报》2016年1月27日,第11版。

〔3〕 参见谭贵月、孙道远:《构建司法研修制度以保证法律从业者实务技能的研究》,载《"决策论坛——公共政策的创新与分析学术研讨会"论文集(上)》,2016年9月23日。

(四)法国

法官和检察官的实务研修与律师的实务研修分开进行。法官、检察官的后备人选,必须通过国家司法考试委员会组织的考试,然后进行为期 2 年 7 个月的司法研修(综合业务培训实习阶段 25 个月,针对性业务岗位适应培训阶段 6 个月)。想要成为律师,必须通过由律师协会组织的考试,然后进行为期 1 年的理论和实务研修,通过研修考试后,取得律师适格证书。[1]

域外司法研修及培训模式对我国探索建立司法研修制度有着重要的借鉴意义。

1. 由国家建立统一的法律人培养锻造机制。国家统一设置规则,让通过司法考试的法律人到专门的机构进行研修,有利于统一认识、凝聚力量,真正实现由这些法律共同体一致推进国家法治建设朝着既定目标发展。

2. 实务课程的设置充分利用资源,实现受训者和司法部门双向共赢。通过司法考试的人员,直接进入研修机构,由其统一分配到全国各地法院、检察院、律所(律协)实习,一方面增长了学生的实务能力,另一方面也给这些机构的工作注入新生力量。

3. 资格准入严格,倒逼法律职业专业化、精英化。司法考试过关是第一道坎,司法研修合格是第二道坎,有的国家还设置第二次司法考试,法律职前教育所设置的重重关卡,成为法律学徒难以跃过的龙门,真正起到为国家筛选出有理想、有修养、有水平法律人才的作用。

三、摸石过河——我国部分地区对司法研修的积极探索

我国尚未建立统一的法律职业研修制度,但有部分地区已率先试水探索建立类似制度。

最高人民法院建立法律研修学者和法律实习生制度。研修学者可不固定岗位,采取项目课题的形式开展工作。工作期间,研修学者需要按要求提交研究成果,由最高人民法院组织专家评审组进行中期评估和终期评议。实习生制度主要采取导师制,实习生担任法官助理或书记员,全面了解审判实践活动,接受社会主义法治理念教育和国情教育。

上海市第二中级人民法院与华东政法大学于 2015 年协商开展"法院实习助理、司法研修助理"合作项目,上海市第二中级人民法院为学生安排实习岗位,并按照实践教学岗位职责要求,对学生进行指导、培养和考核。实习助理、司法研修助理将分

[1] 参见张培田:《发达国家司法官与律师养成制度简介》,载《检察实践》2002 年第 1 期。

别担任审委会委员、资深法官的实习助理，在为期 6 个月至 1 年的实习期间内进行辅助审判事务的实习工作。由于该合作项目不具有强制性，首批仅有 20 名实习助理、5 名司法研修助理参与项目。

江苏省高级人民法院、江苏省司法厅、江苏省律师协会于 2018 年联合出台《关于开展申请律师执业人员到法院担任实习法官助理的实施意见》，明确全省各级法院可以会同当地律协，择优选择部分实习律师到法院担任实习法官助理，实习期限一般为 6 个月。同时也相应地规定：这些担任过人民法院实习法官助理的人员，其在法院的工作时间可以折抵最长不超过 6 个月的职业实习期。

山西省晋中市中级人民法院积极与市司法局、市律协进行沟通协调，为推进法律职业共同体建设，于 2017 年联合下发《关于实行实习律师到法院实习制度的通知》，首期共有 12 名实习律师正式进入市中级人民法院开展为期 3 个月的实习工作。山西省朔州市朔城区人民法院和市律协于 2018 年就开展“实习律师到人民法院实习”达成合作协议，首批共 10 名实习律师作为实习法官助理在朔城法院展开为期 3 个月的审务工作。

北海海事法院与西南政法大学签订人才培养战略合作协议。北海海事法院成为西南政法大学“国家卓越涉外法律人才教育培养实训基地”和“研究生教育实践基地”。自 2014 年启动以来，共有三十余名研究生到法院实习。

各地法院对司法研修制度的积极探索，说明大家已经充分认识到法律理论和实践结合的重要性，但囿于各种条件限制，这种探索仍未达到预期效果。

1. 缺乏统一的制度规定。从各地探索的情况看，只有江苏省高级人民法院敢为人先，联合司法厅、律协出台了相关文件，但由于文件制定主体层次不高，且只是倡导性质，非强制性规定，实际效果并不明显。

2. 实习面窄期短，不成规模气候。各地探索主要是针对小部分群体的试验，面向的多是在校法律学生，且每次实习人数较少，实习期间较短，并不能解决当前法院审判辅助人员紧缺的问题，更无法达到通过统一研修构建法律职业共同体的目标。

四、投石问路——建立我国司法研修制度的未来蓝图

如上所述，借鉴域外经验构建符合我国国情及司法审判实践的司法研修制度无疑是推进司法体制改革的“助力器”，亦是构建法官、检察官、律师“法律职业共同体”的“加速器”，也是提高法院审判质效的“催化剂”。为解决上述我国司法研修制度实践探索中显露的问题，应自上而下，通过制定适用全国的法律规定，在司法部及各省

级、自治区、直辖市的司法厅设立专司司法研修的管理部门，从而为司法研修“中国之路”的落地生根提供法律、机构、制度、人员及经费保障，有效解决当前国内探索中出现的不可普适性、不可持续性、不能规范性、不能强制性等问题，具体设计如下：

（一）确定司法研修的主管部门

一项制度如果需要长期有效运行，就少不了相应管理机构的组建，这不仅关系到该项制度的规范统一性，也关系到制度运行的评价体系构建。故而，探索建立中国式的司法研修管理部门系司法体制改革后，快速供给高素质法院审判辅助力量的“基建”。笔者认为，可以在中央司法部及各省级、自治区、直辖市的司法厅设立专司司法研修的管理部门，同时根据实际需要，在各市司法局设立派驻机构，其中司法部的司法研修部门主要负责统一、规范全国的司法研修运行，及时解决运行中存在的问题，从而为制定适用全国的司法研修法律法规提供参考意见；各省级、自治区、直辖市司法厅的司法研修部门主要负责对需要参与司法研修的人员根据各法院审判业务工作量统一进行人员的分配、制定适用辖区内的司法研修考评机制及推优机制等；各市司法局的派驻机构主要负责对接辖区内各法院审判工作量的“量数”及人员增减等影响审判工作量的“变数”统计，从而为各省级、自治区、直辖市司法厅的司法研修部门分配参与司法研修人员提供大数据分析的信息化支撑，进而使司法研修制度更加合理化、科学化及实效化。

（二）确定司法研修的对象和内容

审判业务类似于医疗事业，不仅需要专业知识的学习，更需要临床经验的积累，其实二者本质上都需要经过实践经验的总结和打磨。现实环境中，医学院的学生进入医院成为“见习医生”的现象已是一种普遍性事务，并不是什么稀罕事，且该项制度也趋于体系化、制度化，只有进行了医院临床工作满一定年限的人才能报考全国医师资格考试。相较而言，司法考试未改革前，但凡具有本科学历的人，不限专业，都可报考。即使是现今的法律职业资格考试，只要是获得法学本科学历的人，就可以报考，从而不可避免地出现进入法院、检察院、律师事务所的高分考生连最基本的法律实操都无法应对的尴尬局面。如果说司法资格考试改革前，不限专业的报考条件，导致缺乏法律理论及法律价值的体系性、统一性的认知与学习，不利于建立“法律职业共同体”，那么改革后的法律职业资格考试只看重学生的法律专业学历，忽视学生实操性的工作经验，无疑是“纸上谈兵”式的饮鸩止渴。很多刚进法院的年轻人因为缺乏实践经验和实务能力，大都经历过迷失、彷徨、自我否定与自我救赎。如果能够给予这些“初出茅庐”法律人一个司法研修的实践机会，大概就是另一番景象了。与此同时，司法实务中不乏遇到法官与律师的相互“较量”，有些堪比“宫斗剧”，归根结底是缺乏统一法律价值信仰的塑造及两者之间缺乏对彼此工作的认同、理解。再者，法院系统尤其是一些中级、基层法院面临“案多人少”的矛盾，现实又是法官助理、书记员等审判辅助人员“供给”不足、人员流失较快的“悖区”。为此，建立司法研修制度无疑是解决上述一系列问题的蹊径。故而，笔者认为，应从以下几方面立法确定需参与司法研修的对象、师资、内容：

一是确定需报考法律职业资格考试的法律本科学历、硕士学历的人须有至少一年在法院、检察院（鉴于法院现有审判工作量远远超过检察院，故而要求报考者必须拥有半年以上的法院见习时间）见习的经历，如果在经济欠发达地区的基层法院见习的，可将时间缩短为半年以上。这样从立法层面自上而下的规范统一，不仅可以解决法律学子的实战经验短板问题，也可以快速为法院提供优质的法律人才，不失为“两全其美”的一种做法。

二是确定实习律师如需获得律师职业资格证，需有至少半年以上在法院见习的经历，这不仅仅能增强法官与律师的彼此认同，也是打造“法律职业共同体”的有效路径之一。只有首先解决法律职业共同体内部的“消耗战”，才能以一个共同强大、团结的整体向外展示法治精神，进而提高整个社会对司法的信任，提升职业尊荣感和法律从业人员的地位。从前文分析的上海市第二中级人民法院、江苏省高级人民法院的实践探索经验可知，只有通过顶层设计，将司法研修由倡导性变为强制性，才能显现实际效果，也才能为建立法治中国培养优秀、厚实的人才资源。法律人才的培养从来不是一朝一夕的拔苗助长，而是需要日积月累的实践沉淀，司法研修无疑就是这样的一个过程，它能使“一心只读圣贤书”的学子变得更加务实，更加贴近群众；它能使本就不应该对立的法官与律师在增进了解中成为彼此的“诤友”与“盟友”。

三是确定见习内容主要分为职业伦理、道德和类案规则。研修生到法院、检察院见习时的身份相当于法官助理，通过法官“一带一”式的师徒训练，教会法律新人如何分析和证明案件事实，如何起草裁判文书等实务能力。

四是确定司法见习的师资力量除了在职法官、检察官外，可以跟两院咨询委员会对接，充分发挥退休老法官、检察官的经验和余热，让法律这门实践科学通过老师傅的带领，一代代传承，迸发出新的生命力。

（三）建立配套考核评价机制

考核评价机制是通过奖勤罚懒，杜绝平均主义的方式，实现制度的长效运行。司法研修考评机制亦应建立在这一基础上，具体包括以下几个方面：

一是针对需参与司法研修人员的考核,分两个阶段:

1. 对于被司法研修管理部门授予"优秀见习生"称号的人员,其参与法律职业资格考试可额外获得5分以内的加分;对于被司法研修管理部门评为不合格见习生的人员,将丧失参与年度法律职业资格考试的机会,直至其见习合格,且有两名其参与司法研修单位人的推荐方可参与考试。

2. 对于被司法研修管理部门授予"优秀实习律师"称号的人员,其从业后,可以优先获得政府部门法律顾问的资源,同时可以进入律协后备领导人才资源库;而对于被评定为不合格的实习律师,则延长其实习时间,延长期为1~3年不等。

二是针对司法研修人员所在研修法院、检察院的考核:

司法研修管理部门通过对培养的内容、方式、实效,以定期检查、不定期抽查、向参与司法研修人员发放调查表的方式,考核相关法院、检察院,对评定为优秀的单位,授予"优秀司法研修单位",进而在分配参与司法研修人员时,将优质资源及人员数量有意识向其倾斜;对评定为不合格单位的,减少该单位的司法研修人员配额或者不予分配,从而增强法院、检察院的主体意识与责任意识,也能使法律从业人员在良好的人才培养环境中快速成长。

此外,由于司法研修人员的推优及考核关系到其个人的事业与成长,故而应严格控制推优的人数,不宜过多,各省总量应控制在20名以内,同时由中央司法部的司法研修管理部门制定统一的考核指标及内容,再由各省、自治区、直辖市的司法研修管理部门根据各地实际制定实施细则。推优人选应首先由司法研修人员所在法院、检察院推荐,再由各省、自治区、直辖市的司法研修管理部门复核筛选后,报中央司法部的司法研修管理部门决定,并可设置一定期限的异议期,从而将推优工作置于阳光下进行。

(四)建立配套经费保障机制

因为我国每年的法律毕业生及实习律师较多,故可探索司法研修人员经费由国家和个人按一定比例承担。国家负担部分,由各地根据经济发展水平与居民生活水平,设立财政专项资金保障参与司法研修人员的生活补贴,专款专用,任何单位及个人不得随意克扣或挪作他用;也可以将该项资金投入纳入现行的法院购买社会服务的专项资金体系中,统一调配使用。个人负担部分,笔者认为,可以尝试先由实习律师承担研修费用的个人部分,一方面是由于实习律师本身具有一定的收入来源,另一方面参与司法研修对其未来职业规划益处颇多。相较而言,应届法律毕业生,由于其本身还未进入社会,无收入来源,而且培养法律学生的实践能力亦是国家应予承担的责任,故而,应届法律毕业生的司法研修费用就不应再由个人承担,但司法研修不合格者的再次司法研修费用除外。

（五）建立配套培训机制

“他山之石”的借鉴,可以有效避免重复“入坑”,取别人之长补己之短,杜绝审判培训资源的浪费。故而应将初任法官、初任检察官的培训统一纳入司法研修当中,建立定期与不定期的业务学习培训班及交流沟通反馈机制,并将其变为一种综合性、常态化的培训体系。各级司法研修管理部门举办司法研修培训班,主要对象针对的是法官、检察官和律师,一方面可以培养这些人员的司法研修带训能力,另一方面也能使一些优秀的训练方式在培训中得以被借鉴、采纳,同时又能集大家的智慧解决现实运行中的疑惑及困难。

综上所述,司法体制改革已然进入深水期,如何解决法院人才输送“瓶颈”问题刻不容缓,而尽快建立司法研修制度无疑是当前有效解决法院审判辅助力量不足的有益探索,本文希冀通过浅薄论述,为该项制度的萌生起到投石问路之效。

走向新型司法智库:内设机构改革背景下高层级法院研究室功能的重构与重塑

赵元松*

调查研究是谋事之基、成事之道。没有调查,就没有发言权,更没有决策权。

——习近平

人民法院内设机构改革是一项复杂庞大的系统工程,必然带来内设机构架构和职能的重新考量与设置。研究室是人民法院专门从事法院发展和法律适用研究工作的专门机构。在此次内设机构改革中,如何科学定位研究室的角色和职能,是一个值得深入思考的重要问题。

一、改革需求:人民法院内设机构中研究室的生存危机

研究室是人民法院资历最老的内设机构之一,也是最早恢复重建的内设机构之一,但经过历史的风风雨雨,在本轮内设机构改革中走到了生死存亡的十字路口。

(一)何去何从:内设机构改革浪潮中研究室的生存危机

研究室的去留问题及其职能定位,是人民法院本轮内设机构改革中认识分歧最大的问题之一。已经确定的基层法院内设机构改革方案中,

* 广西壮族自治区高级人民法院民一庭员额法官。

研究室与审判管理办公室合并,[1]实际操作中研究室多被并入审管办。在相关改革方案讨论中,高层级法院研究室也面临着裁撤的生存危机。

对于研究室的改革方案,主要有撤销、合并和保留三种观点。(1)撤销研究室。很早就有学者主张撤销法院研究室。[2] 在此次改革中,或认为研究室调研工作业绩不突出,在已有审管办负责审判经验总结的情况下,撤销各级法院研究室恰逢其时,或认为随着法官的专业化和精英化,不需要专门部门专司研究。[3] (2)建议按照工作的类似性整合,合并到其他部门。第一种观点主张将研究室归并到办公室;[4]第二种观点主张研究室与办公室、政治部门、审判保障服务中心甚或法警队、司法装备行政管理部门等组建综合行政办公室或司法行政中心。[5] 第三种观点主张与审管办合并。由于审判管理办公室与研究室工作中经常出现交叉,或建议将研究室、审管办等部门重组为审判管理机构。[6] 第四种观点主张与审管办等部门整合组建统一的审判辅助部门。或建议研究室与审管办、书记员、法官助理管理部门合并成立司法辅助委员会或司法服务综合办公室;[7]或建议将研究室、审管办、信息技术部门整合

---

〔1〕 参见中央机构编制委员会办公室、最高人民法院《关于积极推进省以下法院内设机构改革工作的通知》。

〔2〕 参见谭世贵:《法院机构精简和职能转变之构想》,载《中国律师》2000 年第 2 期。该文主张撤销除最高人民法院研究室之外的其他各级法院研究室。

〔3〕 参见傅郁林:《以职能权责界定为基础的审判人员分类改革》,载《现代法学》2015 年第 4 期。

〔4〕 参见薛子裔:《基层法院机构改革要处理好几个关系》,载《人民法院报》2017 年 9 月 5 日,第 2 版;李旭辉、孟思:《法院内设机构改革路径探究——以提升法官审判质效为视角》,载《研究生法学》2018 年第 4 期;徐振华、范莉:《论人民法院内设机构的合理配置》,载贺荣主编:《公正司法与行政法实施问题研究》,人民法院出版社 2014 年版,第 236 页。

〔5〕 参见宋良波:《基层法院司法行政部门以服务审判为中心的改革路径——以精准职能定位与程序高效运转为视角》,载贺荣主编:《深化司法改革与行政审判实践研究(上)——全国法院第 28 届学术讨论会获奖论文集》,人民法院出版社 2017 年版,第 172 页;叶爱英、张奇:《偏离与回归:审判中心视角下法院内设机构改革路径研究——以诉讼时间轴与内部权力的四元划分为基础》,载《中国应用法学》2017 年第 6 期。

〔6〕 参见杨希:《基层法院内设机构改革初探》,载《法制博览》2018 年第 7 期。

〔7〕 参见石东洋、刘新秀、陈忱:《论基层法院研究室的职能定位与改革方向》,载《陕西国防工业职业技术学院学报》2017 年第 3 期;刘伟超:《论我国法院内设机构的整合与重构》,载《司法体制改革与民商事法律适用问题研究》2015 年 4 月 8 日;周山:《人民法院内设机构的特色及其改革路向》,载《理论探索》2018 年第 4 期。

组建成新的审判管理中心。[1] (3)保留研究室。也有观点认为研究室应该保留,需要有专门部门负责司法研究,[2]或者主张撤并中基层法院研究室,保留高层级法院研究室。

在此背景下,研究室也面临着严重的人才流失危机,优秀的调研骨干为入额考虑要求调入审判业务部门。

(二)错位失位:法院研究室运行中的背离与偏离

在实践中,研究室存在的定位不清、职能不明、成果不高、服务不力等是主张撤并研究室的主要理由和原因。

1. 被遗忘的研究室机构定位。虽然最高人民法院文件多次强调研究室的审判业务部门属性,但实践中几乎从未被真正落实过。研究室职责既包括司法研究,也包括服务领导司法决策和完成领导交办事项等内容。这就导致实践中研究室定位遭到严重异化,经常被视为综合性"行政部门"而非"审判业务部门",承担的工作更多为文秘性质的综合文稿起草、信息、宣传,以及涉军维权、妇儿维权、司法协助、服务大局等,职能逐渐与办公室相混淆,逐步遗忘了审判业务部门的专业化属性,早已偏离了制度设计的轨道。

2. 被虚化的审判业务职能。研究室虽然名为综合性审判业务部门,但并不直接参与具体案件审判工作;[3]在审判管理办公室成立后,将司法统计和审判委员会工作这些有助于发挥司法研究职能的职责从研究室剥离划归审管办,研究室由此缺失了掌握审判工作综合情况的直接路径,撰写的调研文章多用于"装点门面"而非服务决策、指导办案,组织开展各种类型的研讨活动关注于文章撰写而非审判执行实务问题解决,与司法办案渐行渐远。

3. 被淡化的司法研究职能。研究室作为专职司法研究部门,但由于承担了过多的综合性文秘性质的工作,工作侧重综合文稿而非司法实践中各种问题的发现和分析,分散了研究室工作重点,挤占了司法研究的时间,直接导致研究室从事调查研究的主要职能淡化,没有发挥出其应有的调查审判、研究审判、指导审判、为审判事业发

---

〔1〕 参见张静、易凌波:《司法改革背景下基层法院内设机构的整合与重构——基于 S 省 C 市法院"大部制"改革的实证分析》,载《法律适用》2018 年第 5 期。

〔2〕 参见武东渝、华芾:《人民法院内设机构和人员分类管理的调查与思考》,载《司法政革论评》2002 年第 4 期。

〔3〕 也有个别高级人民法院研究室负责少年审判工作。在员额制改革后,部分法院研究室法官入额承办具体案件,但需要编入审判业务庭的团队。

展提供调研成果的功能。

4.被荒废的服务审判、服务决策职能。高质量的调研工作,需要研究人员具备敏锐的观察力、深厚的理论功底、丰富的审判实践经验。毋庸讳言,目前研究成果精品不多,能够对审判实践和司法决策提供有效参谋指导作用的更少,未有效地发挥出研究问题、释疑解惑、帮助决策的职能作用。究其原因,一方面被繁芜的事务性、文秘性工作缠身的研究室既无精力也无动力去开展高质量的调查研究;另一方面远离审判实践的研究室既缺乏拥有丰富审判经验法官,也缺乏一手研究资料。

(三)根源探究:务虚与务实之间的功利冲突与价值困惑

经济学认为,作为理性经济人,人们会理性地选择追求自身利益的最大化。[1]法院研究室长期以来之所以没有发挥应有的职能作用,本质问题不在于对其重要性的认识,而是在复杂的现实功利考量之下做出的自然选择。

1.地方法院竞争之下的领导选择。从性质上讲,司法研究更多的是关注法院发展的长远性问题,是务虚,很难产生立竿见影的效果。在各地法院服务经济社会发展大局、审判质效等司法政绩竞争中,务虚的研究工作难以产生立竿见影成绩,以获奖、发表为显性考核指标的调研工作并不能在以数据说话成为常态的法院整体考核中占据太大的空间。基于现实功利的利益考量,研究室和司法研究工作自然不如审判执行、信息宣传工作更能见到实效,也不能像综合文稿工作解决领导的燃眉之需。

2.个人发展的理性选择。综合文秘性质的工作虽然烦琐辛苦,但文秘工作接近领导,付出和成绩更易呈现在领导面前。相比较而言,单纯的司法研究远离领导,调研人员在待遇、提拔、晋升等没有优势,经常存在辛苦工作却得不到实质性认可的困惑。有研究室同人认为,多亏承担了综合文稿起草职能,否则研究室更加边缘化,这也是不争的事实。内心崇尚价值与现实利益之间的冲突,也不能苛求所有人都有“板凳要坐十年冷”的坚守。

二、检视与审视:设置法院研究室的价值辨析

是否改革一项制度,不能仅停留在表面情况的分析,需要在理论价值的引领下深入分析制度背后的历史、文化、实践和法理基础,方能作出最终的结论。

(一)法院研究室的前世今生

梳理研究室发展历史,有助于更加深入透彻地理解和认识。法院内设研究机构

---

〔1〕 参见[美]理查德·A. 波斯纳:《正义/司法的经济学》,苏力译,中国政法大学出版社2002年版,第1页。

的历史渊源,最早可以追溯到清末各省高等审判厅书记室内设的统计科,负责对法院的各项数据进行整理和统计。[1] 其职责与现在的法院研究室有着较大的区别,只能算是研究室的萌芽时期。初步意义上的研究室,是1943年陕甘宁边区高等法院在司法行政部门下设研究室,主要负责整理判例,管理政策法令的实施及编辑刊物等事项。[2] 人民法院成立后,1950年1月最高人民法院依据《最高人民法院试行组织条例》设立编纂处,此应为研究室的前身。[3] 1955年,按照《人民法院组织法》(1954年)规定,最高人民法院成立研究室,负责调查研究,总结审判经验。[4] 各省法院也基本设立专职负责调查研究工作的专门机构,如贵州省法院在1950年设立了调查统计室,1955年改为政策研究室。[5] 至此,现在意义上的法院研究室设立。"文革"期间,各级法院机关实行军管,包括研究室在内的多个内设机构被撤销。"文革"结束后,最高人民法院和各省法院研究室逐步恢复,如福建省和贵州省高级人民法院研究室都在1978年10月恢复,最高人民法院研究室则是在1983年恢复。中基层法院的研究室大多在20世纪90年代中后期设立。在这一时期,全国所有高级法院、80%以上的中级法院和50%左右的基层法院设有研究室。最高人民法院先后出台多个规范性文件对研究室进行规范和完善。[6]

从清末高等法院内设统计科的萌芽开始,到陕甘宁边区高等法院的初设;从中华人民共和国成立初期的探索发展,途经"文革"时期的停滞,到改革开放后的复兴和蓬

[1] 参见江苏省地方志编纂委员会编:《江苏省志—68—审判志》,江苏人民出版社1997年版,第3页;福建省地方志编纂委员会编:《福建省志—审判志》,中国社会科学出版社1999年版,第233页;何凡:《民国河口地方法院研究》,江西师范大学2012年硕士学位论文。

[2] 参见王吉德、刘金娥:《陕甘宁边区高等法院机构设置及其职能的演变》,载《陕西档案》2007年第2期。

[3] 编纂处的职责依据现有的史料无法完全确定,但根据编纂处曾负责办理法律适用问题的请示来看,应是研究室的前身之一。如1951年7月5日,编纂处以最高人民法院的名义复函夏邑县人民政府司法科,对《关于没收反革命罪犯的财产的请示函》作出答复,参见最高人民法院《关于没收反革命罪犯的财产问题的函》。

[4] 参见《最高人民法院机构设置简史(1949－2014)》,载《人民法院报》2014年11月23日,第6版。

[5] 参见贵州省地方志编纂委员会编:《贵州省志—审判志》,贵州人民出版社1999年版,第107页、第725页。

[6] 参见最高人民法院《关于人民法院研究室是否属审判业务部门的复函》(法函〔1995〕62号)、《关于加强人民法院调查研究工作的规定》(法发〔2000〕1号)、《关于加强人民法院基层建设的若干意见》(第17条等)、《人民法院调研工作管理办法》(法发〔2006〕21号)、《关于进一步加强调查研究工作的意见》(法发〔2010〕21号)、《关于加强人民法院领导干部调研工作的规定》等文件,均专门陈述或涉及陈述了人民法院研究室的工作定位及运行规定。

勃发展,风雨七十载,在发挥参谋助手、总结审判经验方面为人民法院的科学发展做出了积极的贡献,特别是最高人民法院研究室起草或审核了大量的司法解释和司法指导性文件,[1],对统一裁判标准和裁判尺度功不可没。司法研究已经成为人民法院一项必不可少的工作职能,研究室也成为人民法院一个重要的内设机构。

(二)法院研究室的政治文化基础

制度是实践的产物……任何一项制度都是一定时空之下的制度,都有其历史的承载与现实的逻辑。[2] 我国在各级党政机关普遍内设研究机构作为政策研究咨询机构,具有深厚的政治历史文化传统。

制度具有文化上沉淀和延续性。我国自古以来就重视谋士的咨询决策作用。从春秋战国诸侯为称霸天下延揽人才的“春申门下三千客”,到秦汉时期以“议政时,备顾问”而设置的“博士”,再到明清时期地方军政长官聘请的幕僚“师爷”,这些具有智囊性质的谋士,作为决策者的咨政顾问,充当决策层的“外脑”,或在帷帐幕后为幕主或出谋划策、参与机要,或起草文告、代拟奏疏或处理案卷,在中国古代军事、政治领域中占据着特殊重要的地位,在辅佐君主长官立国治国方面贡献了谋略和智慧,在国家政治经济和社会生活中发挥着重大作用。从“不治而议论”的齐国稷下学宫,到东汉时期的“鸿都门学”,到唐宋“既备咨询,也掌管诏书起草”的翰林院,统治者也越来越重视决策咨询的重要性,从重视谋士个体向制度化的建构发展。明清时期的翰林院已经是常设的官方顾问机构和高级治国人才培养基地。党政机关内设研究机构与中国悠久的幕僚传统相暗合,契合了传统咨询参谋文化心理而得以存在。

制度建设必须与政治文化相融合。中国共产党从成立开始,就形成了高度重视调查研究工作、实事求是、民主集中制等优秀政治文化传统,研究室的设置与这些优秀政治文化传统密切相关。1941 年,毛泽东直接提议成立中共中央政策研究室,希望成立专门的机构负责对中国实际问题加强调查研究,为党政领导决策中国问题提供客观、真实的资料。陕甘宁边区高等法院研究室就是在这一背景下成立的。目前中国在党的系统和政府系统都建立了各级政策研究室,是党政系统内部的决策咨询机构的主体力量。法学一门科学,司法审判也具有强烈的专业性。对司法实践中遇到

---

〔1〕 据统计,对最高人民法院自 1949 年建院至 2011 年年底前单独制定,以及与最高人民检察院、中央有关部门联合制定的共计 3351 件司法解释和司法指导性文件。这其中很大一部分是最高人民法院研究室负责起草的,绝大部分是经过研究室审核的。参见最高人民法院研究室编:《最高人民法院司法解释汇编:1949～2013》,人民法院出版社 2014 年版,序言,第 2 页。

〔2〕 参见陈光中、崔洁:《司法、司法机关的中国式解读》,载《中国法学》2008 年第 2 期。

的疑难复杂法律适用和政策适用问题、对法院重大工作部署中需要的决策参考，需要有人提供专业性的决策咨询服务。而这些决策参考既需要具备宏观性、系统性、法理性、专业性，也需要贴近司法实际、审判实务；既非单纯的法学理论研究，也非简单的事务性调研，这些工作的开展需要既有深厚理论基础又懂法院实践工作的人员承担，需要“有人从日常具体办案活动中走出来，专门从事思考、研究和论证，找出解决问题的对策”。〔1〕

（三）辨析：研究室撤并论的回应

针对撤并论的观点，本文认为研究室不仅不能撤销，反而应该加强，但也需要对研究室的机构设置进行改革。

首先，设置内设研究机构不仅有着深厚的政治文化基础，也是现代政府决策的必然趋势。政策过程理论认为，公共政策的制定是一个受多方面因素影响的、漫长且复杂的过程，应高度重视政策参与者的作用。〔2〕快速发展的社会促使领导决策体制从主要依靠内脑转为更加重视外脑的咨询参谋作用。通过设置专门的研究机构、配备专职研究人员对有关问题进行专业化的研究提交专业性的研究报告，是领导决策科学化的组织保证。事实上，内设研究机构不只是我国党政机关，也是世界各国党政机关和企业的通常做法；不只是我国法院，也是世界上许多国家法院的通常做法。如韩国大法院设置裁判研究官，负责对案件审判进行调查研究；法国最高法院设立资料与研究部，承担辅助决策、判例数据库及判决编辑出版功能；日本法院设事务总局，负责审判理论研究、编辑出版最高法院司法判例集、司法统计、收集各国审判资讯等研究事项；美国法院设有“外置式”联邦司法中心与州法院国家中心，负责司法研究、法官培训及法院整体发展。〔3〕

其次，法院内设机构改革应以实现机关科学管理和内设机构功能转变为标准，以提升审判质效为目的。内设机构改革的重点在于精简冗余交叉的内设机构，破除内

---

〔1〕 马金生、李杰：《基层院法律政策研究室的改革走向》，载《法制与社会》2017年第32期。

〔2〕 参见［美］保罗·A. 萨巴蒂尔：《政策过程理论》，彭宗超、钟开斌等译，生活·读书·新知三联书店2004年版，第3页。

〔3〕 参见张德友：《韩国大法院的附属机构》，载《人民法院报》2014年4月18日，第8版；［法］洛伊克·卡迪耶：《法国民事司法法》，杨艺宁译，中国政法大学出版社2005年版，第107页；何帆：《法官裁判文书写作指南译序》，载美国联邦司法中心编：《法官裁判文书写作指南》，何帆译，中国民主法制出版社2015年版，第8页；关毅：《美国的司法培训及对其司法发展战略的影响》，载《法律适用》2012年第2期。转引自王子伟、高翔：《研究类审判岗位的法官员额配置模式研究》，载《山东审判》2017年第3期。

部管理的行政化、科层化，将有限的审判人力资源投入审判一线。行政机关“大部制”改革为法院内设机构改革提供了参照样本，前文所述的涉及研究室的改革方案无不是基于“大部制”理论。但“大部制”改革的重点是职能的整合而非机构的整合，[1]“大部制”改革不等于机构简单撤并。最高人民检察院内设机构数量在改革后并未减少，但不少机构的职能却发生了明显的变化，体现了改革在于实现职能的优化整合，而非机构合并本身。简单地减少内设机构数量是对结构改革的肤浅理解，改革的成效也将停留在内设机构数量减少这一表层成果，对改革目标的实质意义非常有限。如前所述，撤并理由主要是研究室功能发挥不到位，与其他部门存在职能交叉。根据“帕累托最优”原理，内设机构改革应使法院各项工作普遍向好同时也不使某项工作变得更坏。研究室存在的问题不是机构设置本身导致的，而是在实践中未能按照原设计的路线运行所致。如果因此撤并研究室，不仅不能解决服务司法决策不足、司法研究成果低下、职能发挥不到位的问题，反而会由于专门机构的撤并，更加恶化这些问题。

最后，根据组织理论，组织依据不同的标准在横向上，因分工产生若干相互依存，明确职责权属的内部管理部门单元，将组织内相似的活动、任务分配在同一领导之下，用合理的分工解决跨部门和组织间交叉或空白区域出现的问题，减少摩擦，追求低成本、高效率。[2] 为达到各项业务精细化、高效化办理的组织目标，需要借助于一个一般化的和形式化的内部秩序进行实现，[3]必须得设置专门的内设机构和配备专业化的工作人员。法院需要开展调查研究、开展法律适用和政策研究，为决策层提供智力支撑和为法官提供审判指导，无论是理论界还是实务界均不否认该项工作的重要性。同时，根据前述研究室在运行实践存在的问题，只有设置独立且有保障的专业机构，才能确保这项工作得到真正的开展。

三、架构与方向：司法职能分层理论下高层级法院研究室的转型

透视研究室制度，既不能因其存在缺陷就一概否定它的积极价值，也不能因其价值无视它难以掩饰的缺陷。如前所述，当前绝大多数法院研究室基本上并未能发挥制度设计的最初职能。面对内设机构改革浪潮带来的激烈的资源竞争和生存危机，

---

[1] 参见杨兴坤：《论“大部制”的治理结构与治理机制》，载《武汉科技大学学报》（社会科学版）2009 年第 1 期。

[2] 参见周三多：《管理学：原理与方法》（第 4 版），复旦大学出版社 2004 年版，第 408 ~ 412 页。

[3] 参见[德]托马斯·莱塞尔：《法社会学基本问题》，王亚飞译，法律出版社 2014 年版，第 128 页。

研究室必须从繁芜的事务性工作中脱身出来，进行战略性的组织转型，才能重新获得发展的空间。

(一)司法职能分层理论下法院研究室的改革框架

内设机构的设置应依据组织职能、特点和业务发展需要而定，不能强调上下级业务对口而搞"一刀切"。在法院内设机构改革中，应考虑不同层级法院在职能配置上的差异性进行各有侧重的安排。

法院作为整体，其职能对诉讼案件进行审判，定分止争，维护社会的公平正义。但在法院系统内部等级组织结构中，依据基层人民法院—中级人民法院—高级人民法院—最高人民法院的金字塔模型，四级法院应在功能目标和价值追求上有着不同的重心，方才符合审级设置的原理。依据司法原理，越靠近基层的法院越有利于具体个案纠纷的解决，越是高层级的法院越有条件在发展司法规则、规范裁判依据和统一法律适用等方面发挥积极作用。[1] 因此，基层法院应把职能定位于解决纠纷，追求纠纷的实质性解决，成为案结事了的主体；中级法院职能定位重在解决事实、法律争议，实现二审终审，成为定分止争的主体；高级法院应弱化纠纷解决职能，注重再审监督和统一区域裁判尺度，并对辖区法院承担一定限度和范围的司法行政管理；最高人民法院要从"办案法院"向"政策法院"转变，制定司法政策做好司法改革的"顶层设计"，通过发布司法解释和指导性案例统一法律适用和裁判规则。[2]

现代管理学认为，组织结构选择与一个组织的规模大小、战略目标、技术手段、发展阶段等因素密切相关。不同的职能定位决定了中基层法院与高层级法院对司法研究的需求不同。高层级法院履行好对下级法院的规范指导职能，在审判指导上途径主要是制定高质量的司法解释或司法指导性文件、编纂高质量的指导性(参考性)案例、作出高质量的示范性裁判，在司法政策和司法行政管理上主要是发布科学合理的规范性文件，这一切都依赖于高质量的司法研究工作。因此，必须配备合理规模的专

---

〔1〕 参见杨知文:《中国审判制度的内部组织构造》，法律出版社 2014 年版，第 180 ~ 181 页。

〔2〕 参见范跃如:《司法改革背景下四级法院职能定位研究》，载《山东法官培训学院学报》2017 年第 6 期；侯猛:《中国最高人民法院研究——以司法的影响力切入》，法律出版社 2007 年版，第 173 页；王庆廷:《四级人民法院的角色定位及功能配置》，载《中州学刊》2015 年第 5 期；肖建国:《民事诉讼级别管辖制度的重构》，载《法律适用》2007 年第 6 期；最高人民法院《2016 年全国法院审判执行工作情况通报》，2017 年 3 月 2 日发布；傅郁林:《司法职能分层目标下的高层法院职能转型——以民事再审级别管辖裁量权的行使为契机》，载《清华法学》2009 年第 5 期；何帆:《论上下级法院的职权配置——以四级法院职能定位为视角》，载《法律适用》2012 年第 8 期。

职研究人员和设置专职的司法研究机构。而中基层法院更注重“形而下”个案纠纷的解决,“形而上”层面的司法指导并非其主要职能。综上,对研究室设置,本文建议,基层人民法院可以不设(这也符合当前正在进行的基层法院内设机构改革方案),中级人民法院根据情况可以设,高级人民法院和最高人民法院必须设,专职司法研究和审判指导工作。许多学者也基本持这种观点。[1]

(二)高层级法院研究室的新型司法智库转型需求和方向

对法院研究室及司法研究工作存在的问题及困境,一般观点均主张从加强领导重视、配齐配强人员、提高成果质量、强化激励机制、加强成果转化等方面做好研究室工作。“如果根本不知道道路会导向何方,我们就不可能智慧的选择路径。”[2]实践证明,单纯从工作机制上进行改进并不能真正解决问题,应重新对研究室进行功能定位,凸显研究室的应用法学研究的主业属性。本文认为,高层级法院研究室的转型方向应是新型司法智库。

党的十八大、十九大均提出要建设新时代中国特色新型智库,发挥决策咨询机构的作用,国家有关部门也出台了一系列的指导文件。[3] 在司法改革进入攻坚期和深水区的关键时刻,成立和发展司法智库,是响应中央号召的题中应有之义,也是全面推进依法治国的重要支撑。作为在整个司法体系中占据重要地位的最高人民法院和高级人民法院,在履行制定司法政策、规范审判指导、统一法律适用职能时,需要有专门的机构承担起司法智库的功能为其提供智力支撑。研究室作为正式在编的常设性综合业务部门,具有高素质的专职研究人员、明确的研究任务、来源稳定研究经费、贴近审判决策核心等优势,是时效性、针对性、实用性强的审判决策研究的主导力量,是当仁不让的司法智库核心机构。

因此,建议最高人民法院加强顶层设计,出台规范性文件,完善司法决策咨询制度,制定详细的发展规划,统筹司法智库建设。通过明确机构、功能和工作职责定位,将现高层级法院研究室转型为新型司法智库,由原来的“文秘化”向“司法化”“审判化”“顾问化”回归,由综合文稿起草机构向审判决策咨询机构转变,提升法院司法决策和规范指导的整体质量。

---

〔1〕 参见洪泉寿:《偏离与回归:审判中心视野下法院内设机构的职权整合——以内部权力的三元划分为基础》,载《山东法官培训学院学报》2018 年第 6 期。

〔2〕 [美]本杰明·卡多佐:《司法过程的性质》,苏力译,商务印书馆 1998 年版,第 63 页。

〔3〕 如《中国特色新型高校智库建设推进计划》《关于加强中国特色新型智库建设的意见》《国家高端智库建设试点工作方案》《国家高端智库管理办法(试行)》等。

四、重塑与重构:高层级法院研究室的转型路径

将现高层级法院研究室转型为新型司法智库,应对研究室进行科学的制度性改良和价值功能重塑,通过改革使其实现审判业务部门的机构属性和综合审判业务职能的回归,充分发挥其服务审判执行、司法决策、法院科学发展的功能。

(一)回归:重新确立审判业务部门的机构属性

研究室在发展中遇到困难和问题,根源在于未能坚持其审判业务部门的机构属性,进而影响到职能的发挥。因此,在研究室转型为司法智库时,必须再次明确其机构性质为综合性审判业务部门,既非如民事、刑事、行政等某一类型的专业审判庭,也非综合性文稿起草的文秘部门,而是负责总结审判经验,研究司法理论和法律适用问题,开展调查研究,为司法决策提供专业咨询、为法官办案提供专业指导的部门。厘清与审管办、办公室等综合部门,和具体审判业务庭之间的边缘职能,将综合文稿、司法协助、涉军维权、妇儿维权、少年审判等工作调整出研究室,并从而确保工作重点突出、专业突出。

(二)再造:高层级法院研究室转型后的功能重塑

研究室转型为新型司法智库,必须剥离繁芜多样的文秘性质的综合文稿起草职责,赋予以下功能,以体现其综合性审判业务部门的机构属性:(1)决策咨询功能。司法智库最根本的价值就是其在司法政策制定的过程中为法院党组提供决策咨询服务。研究室可以通过开展调查研究提出建设性意见建议、编发内部决策参考材料、参与司法文件的讨论和起草等方式发挥政策决策咨询服务。(2)司法研究功能。包含三个层次:一是研究分析疑难复杂个案、类案,提炼裁判规则和审理思路,统一法律适用和裁判尺度。二是对与司法工作有关的法律、政策的执行情况、司法工作中出现的热点、难点、新型问题等综合性业务开展调查研究,总结工作经验,检测工作成效,分析发现问题,提出对策建议,为司法决策提供咨询意见。三是注重对司法基础理论和司法规律的研究,健全社会主义司法制度。(3)司法指导功能,一是将审判研究成果通过起草制定规范性文件等形式为审判实践提供有关事实认定和法律适用的操作指引。二是办理请示案件和疑难复杂案件,为其他审判组织提供标尺和参照。三是编纂典型案例,汇编成册供本院、本地区法官参照。(4)司法整合功能。通过研究室这一综合性审判业务机构,对跨部门、跨专业的关联案件进行协调,提出指导性意见,统一执法尺度,避免司法机关内部专业化分工导致的法律适用不统一。

(三)角色:重新塑造机构定位

本文认为,转型为新型司法智库的高层级法院研究室,其机构定位应是以下六个方面:

1. 法院党组的参谋助手和智囊机构。研究室应围绕法院工作中的重点、热点、难点问题进行调研,形成决策参考,以提高司法议事决策水平。对法院领导关注的重点问题、事关全局的重要情况、各地法院的新鲜做法、重要的社情民意等,也要通过广泛收集资料,进行综合分析、整理供领导参阅和参考。

2. 司法研究的领跑者和组织者。高层次法院研究室既是司法研究的主力军,也是组织广大法官进行司法研究的主管部门。不仅要自己动手搞研究、做课题,也要编制辖区年度研究计划,通过发布调研课题、组织学术论文撰写等途径将各级法院、广大法官组织起来开展司法研究,还要对辖区内司法研究信息和研究成果进行汇集、发布,成为司法研究交流的枢纽。

3. 审判委员会的办事机构。审判委员会与研究室在总结审判经验,研究解决疑难复杂案件上具有共同的任务和使命。研究室作为审判委员会的办事机构,既可以解决研究室接触审判业务、接触疑难案件不足的问题,也可以解决审判委员会因会议制工作方式不足导致总结审判经验不足的问题。除去一般的事务性工作,研究室应对审判委员会讨论的法律适用问题和疑难案件提出专业参考意见,提高审判委员会决策的科学性和正确性;对审判委员会审议的议题进行研究梳理,编纂审委会讨论疑难争议案例集,将达成一致的法律适用意见以审判委员会会议纪要形式制发。

4. 司法审判的指导平台。研究室应以法律适用问题请示、典型案例撰写、审判业务规范性文件起草、类案调研等为主要工作内容,统一负责司法解释(司法指导性文件)、立法建议、指导性案例(参考性案例)、公开发布的典型案例的起草或审核工作,[1]对征求最高人民法院和高级人民法院意见的国家立法草案、行政法规草案、地方性法规草案、行政规章草案研究提出意见。

5. 适用法律问题类请示案件和疑难、复杂、具有指导性意义案件的承办机构。研究室作为综合性审判业务部门,应明确其具备具体案件办理职权。研究室承担一定的具体案件的审判工作,有利于其发挥审判研究和审判指导功能。因此,宜将更有利于发现审判实践中法律适用难点的请示案件和疑难复杂案件、新类型案件交由研究

〔1〕 参见最高人民法院《关于司法解释工作的规定》第8条规定:“司法解释立项、审核、协调等工作由最高人民法院研究室统一负责。”

室进行审理。请示案件多是审判中遇到的难点问题,是司法实践问题和法学理论难题最为集中的地方,也是典型案例和有待司法解释问题最集中的地方,由研究室办理可以发挥学理论证的优势,为下级法院提供全面的法学理论参考,提高处理结果的科学性和权威性。同时,结合院领导办案制度,将研究室确定为院领导办案的固定团队。但研究室不同于专业审判庭,并不以办理具体个案为主要任务。研究室员额法官应以案件办理为基础,通过参与审判提升理论研究、案例分析、课题调研工作。

6. 人才培养的重要平台。一是建立法官研修制度,作为晋升高层级法官的必经阶段。韩国大法院设置裁判研究官,作为晋升高层级法官的必经阶段。[1] 建议借鉴这一制度,遴选优秀的年轻法官以课题研究的方式定期到研究室进行一定时间的脱产研修,对工作中遇到的重点、疑点、难点问题进行系统深入的理论思考,使法官有一个充裕的知识"沉淀"期,进而提高法官的专业理论水平和实务能力。未曾参与研修的法官不得参加高级法官的晋升。二是建立研究室工作人员与审判业务庭工作定期互换身份的"旋转门"制度。研究室工作人员应该接触审判实务,熟悉审判业务和审判管理,通过参与庭审、查阅案卷及参与合议庭评议等方式了解审判实际,挖掘调研素材,有针对性地开展调研工作。其他部门的工作人员,尤其是审判法官,也要结合审判工作自觉开展司法研究工作,不断提升综合素质。建议借鉴我国台湾地区的现任法官转任司法院研究人员的转任—回任制模式,[2] 建立研究室工作人员与审判业务庭工作定期互换身份的"旋转门"制度,一方面让资深法官也从事司法研究工作和参与司法决策,另一方面也将理论功底深厚的研究人员充实到审判一线,实现输血和造血的"双人才"培养流通机制。

(四)重组:配备优秀员额法官

"徒善不足以为政,徒法不足以自行。"为体现出综合性审判业务部门的属性,研究室应当配备一定数额法学理论水平高、审判业务能力强、司法经验丰富的优秀员额法官(并且要兼顾刑事、民事、行政等专业需要),通过亲自办理案件,做到理论与实践的有机结合。只有在研究室成为职业化、精英化的法官集合体后,才可能充分发挥出

---

[1] 参见[韩]郑二根:《韩国司法制度的历史、发展与改革》,载陈刚、廖永安主编:《混合法制下的民事诉讼》,中国法制出版社 2007 年版,第 268 页。

[2] 参见我国台湾地区所谓"法官法"第 75 条、第 76 条及"实任法官转任司法行政人员及回任实任法官换敘办法"。

新型司法智库作用。同时落实最高人民法院文件规定，研究室主任应是审判委员会的当然委员，或者从审判委员会委员中选任研究室主任。

结 语

评判某一司法制度是否存在合理性及优劣，应以它是否能够最终促进公正与效率为标准。因此，在对待研究室的问题上，我们不能单纯地因其未能实现理想的制度设计为由否认其制度设计的合理性。在简单的废除与保留之外，我们应寻找更加合理的道路，以解决其存在的弊端为目的，进行机构和功能的重新定位，辅之以相应的制度保障，使这一具备悠久历史和深厚政治文化基础的制度更加契合司法公正与效率的价值追求，让法院研究室在内设机构改革的新形势中焕发出新的生机和活力，更好实现法律政策研究工作服务领导决策、服务司法办案、服务法院发展的功能。

司法调研

广西法院2016～2018年刑事申诉情况调研报告

徐晓丹*　吴敏滔**

刑事申诉作为一种最后的特殊司法救济程序，是法律赋予公民救济自身权利的渠道，在缓解社会矛盾，维护社会和谐稳定方面发挥着重要作用。刑事申诉案件能否顺利、合理解决，不仅关系到当事人的切身利益，也影响到社会的长治久安。然而，司法实践中，再审启动难一直是刑事申诉制度面临的主要难题。近年来，我国陆续纠正的多起刑事冤假错案，如内蒙古呼格吉勒图故意杀人案、河南省赵作海故意杀人案、河北省聂树斌强奸杀人案，当事人及其近亲属大多历经十几年甚至几十年无数次申诉，直至案件“亡者归来”或“真凶再现”，冤情才得以昭雪。这些刑事冤假错案引起了社会公众强烈反响，给司法公信力带来了巨大冲击，凸显出健全我国刑事司法救济制度的严峻性、紧迫性。如何完善刑事申诉程序，充分发挥刑事申诉的纠错功能，越来越引起立法机关、司法机关和社会各界的广泛关注。广西壮族自治区高级人民法院对全区法院2016年至2018年审理刑事申诉案件情况进行了专题调研，研究我区刑事申诉的现状、存在问题，并提出相关工作建议。

---

* 广西壮族自治区高级人民法院审判监督第二庭副庭长。

** 广西壮族自治区高级人民法院审判监督第二庭法官助理。

一、广西法院近三年刑事申诉案件总体情况

2016年至2018年广西法院共受理刑事申诉案件1570件(含旧存),结案1458件,其中2016年审结418件,2017年和2018年均审结520件。全区法院刑事申诉案件呈以下特点:

1. 刑事申诉案件数量呈逐年递增趋势,全区法院审结的案件数2017年比2016年增长24.4%,涨幅较大。2017年和2018年审结的案件数相同。全区刑事申诉案件案件分布呈不均匀态势,主要集中在广西壮族自治区高级人民法院和15个中级人民法院(除海事法院之外)进行审查,基层法院审查刑事申诉案件比较少,有些基层法院甚至一年都没有1件刑事申诉案件。广西壮族自治区高级人民法院2016年至2018年审结的刑事申诉案件分别是128件、175件、214件。15个中级人民法院的案件审查数也相差较大,南宁、桂林、柳州、玉林4个中级人民法院每年案件数均在30~40件左右,钦州、铁路等中级人民法院每年案件数均不超过10件。负责审查的部门也不相同,广西壮族自治区高级人民法院是由审监二庭来审查刑事申诉案件,而各中级人民法院基本是由立案庭来审查。

2. 审查后启动再审的案件数占刑事申诉案件总数比重较小。大部分刑事申诉案件经审查后,均以驳回申诉的方式结案,能进入再审程序的案件很少。从表1、表2可以看到,2016~2018年全区法院每年进入再审的案件数在10~15件左右。部分中院如柳州、梧州、防城港、玉林、河池、铁路等中院及辖区内基层院近三年均没有因申诉进入再审的案件,而高级人民法院和其他中级人民法院每年进入再审的数量也在5件以下。以三年的案件总数来计算,在审结的1458件案件中,驳回申诉的是1384件,占比94.92%;当事人自行撤诉的是7件,占比0.48%;再审的是37件,占比2.54%;其他方式结案的是30件,占比2.06%。

表1 全区法院2016年至2018年刑事申诉案件结案方式

单位:件

年份	审结案件数	结案方式				
		驳回申诉	当事人自行撤诉	本院决定再审	指令下级法院再审	其他
2016年	418	395	4	9	1	9
2017年	520	492	1	13	2	12
2018年	520	497	2	11	1	9
合计	1458	1384	7	33	4	30

表 2 高院及各中院 2016 年至 2018 年申诉进入再审案件统计

单位:件

法院	2016 年度		2017 年度		2018 年度	
	本院决定再审	指令下级法院再审	本院决定再审	指令下级法院再审	本院决定再审	指令下级法院再审
南宁	3	0	4	0	1	0
柳州	0	0	0	0	0	0
桂林	0	0	3	0	3	0
梧州	0	0	0	0	0	0
北海	1	0	1	0	0	1
防城港	0	0	0	0	0	0
钦州	0	0	1	0	0	0
贵港	0	0	0	1	1	0
玉林	0	0	0	0	0	0
百色	2	0	0	0	2	0
贺州	2	0	2	0	0	0
河池	0	0	0	0	0	0
来宾	0	0	0	0	2	0
崇左	0	0	0	0	2	0
铁路	0	0	0	0	0	0
高院	1	1	2	1	0	0
合计	9	1	13	2	11	1

3. 刑事申诉案件类型和申诉理由比较集中。从案件类型来看,侵犯公民人身权利、民主权利罪、侵犯财产罪、妨害社会管理秩序罪、贪污受贿罪四类案件占总案数比重较大,分别为 25%、20%、19%、17%。(见图 1)

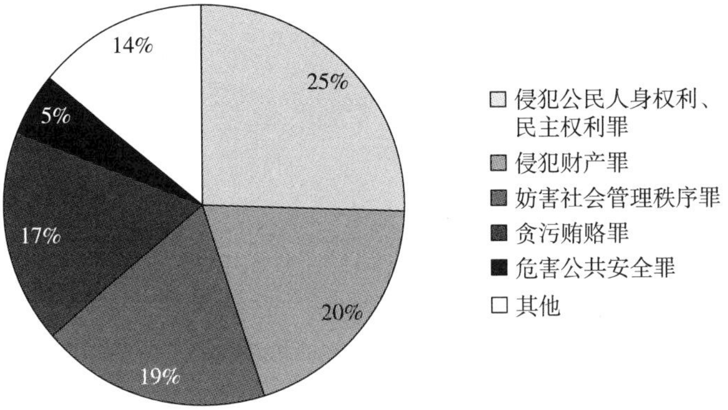

图1　案件案由类型

从申诉的理由来看,统计数据显示(见图2),以事实不清、证据不足为主要申诉理由的占绝大多数,占比71%。案件事实的认定关系到刑事案件的裁判结果,如果缺乏必要证据支持,仅有的证据无法排除合理怀疑,将无法对相应的事实予以认定,因此案件事实一直都是法院审理案件的重点,法院也根据案件事实、情节等因素来对被告人定罪量刑。申诉人对此十分重视,以事实不清、证据不足为主要理由提出申诉也是理所当然。量刑不当也是提出申诉的重要理由,占比13%。以量刑不当为主要理由的案件类型主要集中在贪污贿赂罪方面。量刑情节分为法定量刑情节和酌定量刑情节,法定量刑情节方面主要是申诉人对自首、立功等情节认定方面而导致量刑不当。而在申诉人看来,酌定量刑情节方面也存在较大的申诉空间。错误适用法律理由主要集中在罪与非罪、彼罪与非彼罪方面,占比7%。以违反诉讼程序为主要理由提出的案件数量比较少,占比4%,同时全区法院近三年也没有因违反诉讼程序而进入再审的刑事申诉案件。

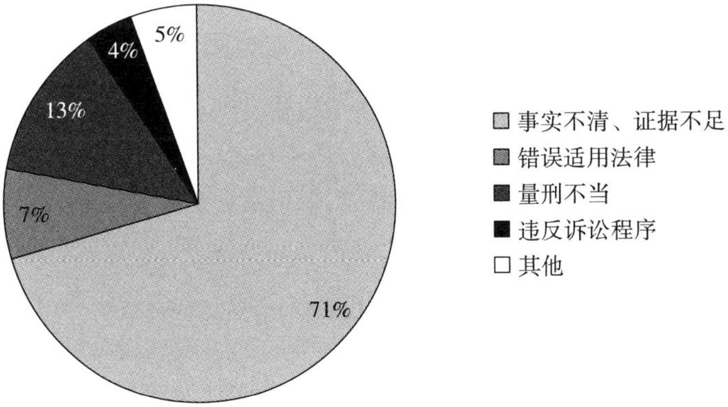

图2　申诉主要理由

二、当前广西法院刑事申诉存在的问题

(一)部分司法人员缺乏现代刑事司法理念

长期以来受传统职权主义诉讼模式影响,刑事诉讼中控辩双方地位不平等,法院、检察院与当事人地位、权利不平衡,部分办案人员还不同程度存在"重实体、轻程序"的理念,程序意识淡薄,证据意识不强,"无罪推定"的现代司法理念有待进一步强化。一些办案人员对刑事申诉存在排斥心理,只注意到当事人无理申诉的一面,对于申诉可以帮助人民法院纠正错误裁判的方面注意不够。

(二)相关法律对刑事申诉条件规定不明确

1. 申诉主体次序不分。《刑事诉讼法》第252条规定,申诉主体是原审案件当事人及其法定代理人、近亲属。最高人民法院《关于适用〈中华人民共和国刑事诉讼法〉的解释》第371条第2款规定,案外人认为生效裁判侵害其合法权益的,也可以提出申诉。上述规定充分保障了案件当事人及相关权利人的申诉权,但对申诉主体行使权利的主次先后顺序没有作限制性规定,司法实践中有可能出现当事人及其法定代理人和近亲属同时申诉、先后申诉,甚至当事人及其法定代理人不申诉而近亲属执意申诉等问题。这容易造成申诉的混乱,不仅加大了司法机关处理申诉案件的难度,也不利于及时保障申诉人的合法权益。

2. 申诉期限及次数无限制。2002年施行的最高人民法院《关于规范人民法院再审立案的若干意见(试行)》第10条第1款规定:"人民法院对刑事案件的申诉人在刑罚执行完毕后两年内提出的申诉,应当受理;超过两年提出申诉,具有下列情形之一的,应当受理:(一)可能对原审被告人宣告无罪的;(二)原审被告人在本条规定的期限内向人民法院提出申诉,人民法院未受理的;(三)属于疑难、复杂、重大案件的",对申诉期限作了规定。但在司法实践中,全区法院执行标准不一。有的法院以"刑罚执行完毕后两年内提出"作为申诉案件立案审查的时效标准,对超过两年提出的,按涉诉信访案件受理;有的法院则不受"两年"期限的限制,无论申诉人在两年内还是两年后提出申诉,均作为申诉案件立案审查。在申诉次数上,普遍存在反复、多次申诉的现象,这是由于部分当事人存在申诉越多改判机会越大的侥幸心理,在其申诉被法院驳回后,仍继续向原审法院及上级法院或者其他部门递交申诉状,多年、多次频繁申诉,最终演化为新的信访案件。刑事申诉主体行使申诉权时间上的不确定性,以及重复申诉、长期缠诉,不仅给申诉人自身带来精神痛苦和经济损失,也造成司法资源的浪费和效率的降低,是对司法公信力和司法权威的挑战,最终成为影响社会稳定的因素之一。

3. 申诉理由规定过于笼统。我国《刑事诉讼法》及有关法律法规对申诉主体提出申诉的理由没有作出限制性规定，申诉主体只要不服法院生效裁判就可以提出申诉，无论其申诉是否有理由，理由是否正当，“和上诉的理由相比没有实质性的差别，在时间上甚至比上诉更加宽松，再审的提起就像上诉审一样自由、方便，无法体现终审制的要求，也就不可能从根本上实现对终审裁判权威性的维护”。[1] 刑事判决已经生效，但是当事人还可以不限理由地进行申诉，大大增加了申诉案件的数量，甚至出现了一些无理缠诉、滥诉或利用申诉要挟国家机关达到不正当目的的现象，浪费了大量的司法资源，干扰了正当的司法秩序。此外，司法实践中，被害人或其近亲属对刑事部分判决不服提出申诉的案件也占一定比例。被害人及其近亲属虽属于申诉主体范围，但在我国现行刑事诉讼制度中，刑事诉讼程序的启动、侦查、审理范围、审判结果，均不以被害人的意志为转移，被害人对一审刑事部分判决没有上诉权，其不服一审判决的救济方式是请求检察院提出抗诉。因此，在申诉程序中，若允许被害人对刑事部分量刑不服提出申诉，与被害人无上诉权的原则相悖。

（三）刑事申诉复查程序相对封闭，申诉人参与度不高

不同于民事、行政申请再审程序，《刑事诉讼法》对刑事申诉的审理方式未作出明确规定，实践中刑事申诉案件多以书面审查为主，通过书面阅卷进行复查，询问当事人或听证较少，带有浓厚的行政审查色彩，导致案件审查过程不公开不透明。申诉人提出申诉请求，法院受理后不出具受理通知等书面材料，审查期间申诉人向法院询问案件审查情况一般也很难获取相关信息，最终等到的复查结论，大多只是一纸《驳回申诉通知书》，申诉人无法参与并了解审查过程及审查内容，在审查过程中没有知情权、参与权和异议权，往往会认为自己的权利未得到应有的尊重和保障，进而质疑复查结论的公正性，导致重复申诉、缠讼。

（四）律师参与刑事申诉案件的比例较低

党的十八届四中全会《中共中央关于全面推进依法治国若干重大问题的决定》提出：“对不服司法机关生效裁判、决定的申诉，逐步实行有律师代理制度以及对聘不起律师的申诉人，纳入法律援助范围。”申诉人因缺乏专业法律知识，对法律程序不熟悉，往往不能正确行使申诉权利，在申诉请求被驳回后，又因不能正确理解法律而缺乏理性，从而引发涉诉信访，个别申诉人甚至会采取危害社会和谐稳定的过激行为。

---

〔1〕《最高人民法院关于规范人民法院再审立案的若干意见（试行）》，载沈德咏主编：《最新再审司法解释适用与再审改革研究》，人民法院出版社2003年版，第81页。

而律师作为专业的法律人士，具备丰富的法律知识，既能引导申诉人正确行使申诉权，积极维护申诉人的主体地位，又能帮助其正确理解裁判，极大地减少无理申诉、反复申诉、违法申诉。然而，从全区法院近三年审查的刑事申诉案件来看，律师代理申诉的案件数量并不多。究其原因，主要有以下几点：一是申诉人大多为文化程度低、收入不高的社会弱势群体，法律意识淡薄，经济较为贫困，往往请不起律师代理申诉；二是当前法律援助范围较窄，未能涵盖刑事申诉案件；三是律师在刑事申诉阶段的地位和诉讼权利不明晰，且代理申诉案件耗费时间、精力较多，尤其是一些疑难复杂案件，所投入的时间、精力甚至远远超过普通诉讼案件，部分律师从经济效益方面考虑，不愿接手申诉案件；四是部分申诉人因一审、二审失利对律师失去信任。

（五）刑事申诉程序缺乏监督问责机制

最高人民法院《关于适用〈中华人民共和国刑事诉讼法〉的解释》第 373 条第 1 款规定：申诉由终审人民法院审查处理。该规定设置的初衷是因为终审法院是对申诉案件作出生效裁判的机关，更了解案件情况，由其审查申诉案件，能更加有效地对案件进行实体审查。然而，在这种自错自纠的复查方式下，终审法院既是运动员，又是裁判员，在业绩指标考核、错案追责、国家赔偿等种种因素的影响下，审查过程中难以保持中立，很难主动发现并纠正案件错误。同时，刑事申诉在司法实践中没有被视为一个真正的“诉权”，“申诉并不必然启动再审程序。刑事申诉只是审判监督程序的一个重要的材料来源”，[1] 法院内部对刑事申诉案件也与常规一审、二审案件有所区别，对刑事申诉重视度不够，对申诉复查过程和结果缺乏相应的监督问责机制。部分申诉案件承办人认为所谓“错案责任追究”针对的是进行实体审理的一审、二审案件，不包括申诉案件，即使案件被驳回申诉以后，又进入再审改判，也是对一审、二审案件的承办法官进行追责，申诉案件承办法官不需要承担责任。在这种观念的指引下，往往会对大部分申诉人的申诉请求只是进行简单的形式审查就予以驳回，导致“再审难”的现象产生。

（六）法律文书不规范不统一，说理性不强

目前，全区法院制作的驳回申诉法律文书格式不统一，有的法院制作《驳回申诉通知书》，有的法院制作《不予立案再审通知书》，还有个别法院制作的是《通知书》，法律文书格式的混乱大大影响了法律文书的权威性。在文书内容上，文书普遍缺乏论证说理，大多只有一页纸，有的文书内容虽多，但大部分与原审裁判的内容基本相

---

〔1〕 胡铭：《刑事申诉论》，中国人民公安大学出版社 2005 年版，第 216 页。

同,导致当事人无法信服和接受裁判,认为主办法官没有认真审查案件,甚至认为法官根本没有审查,进而不断申诉、反复申诉,给司法公信力带来极大的负面效应。

(七)刑事审监审判力量薄弱

法院的审判中坚力量一般集中在民事、刑事、行政等审判业务部门,而目前全区法院的刑事申诉案件审查大部分在立案庭,审判力量比较薄弱。部分法院立案庭法官的刑事专业化程度不高,部分法官甚至没有刑事审判的经验,法官的刑事审监能力亟须加强和提高。有些立案庭都无法在庭内组成合议庭,只能临时与其他业务庭的法官组成合议庭审查案件,无法形成刑事申诉专业化团队,从而影响刑事申诉案件审查的质量和效率。

三、加强和完善广西法院刑事申诉工作的建议

申诉权是公民的重要权利,是公民提请冤假错案救济的重要途径。但由于刑事申诉制度设计的不完善,导致司法实践中申诉案件难以进入再审程序,刑事申诉制度被虚置。完善刑事申诉程序,确保申诉复查的实质性,对充分发挥刑事审判监督纠正冤错案件、维护裁判权威职能,保障公民合法权益,防范化解重大风险,维护社会和谐稳定具有重要意义。

(一)树立科学的刑事司法理念

理念是根本,是制度改革成功的前提。只有转变理念才能促进刑事申诉制度的改革。要牢固树立“一事不再理”“维护司法公正”“保护当事人合法权益”等现代刑事理念,正确把握依法纠错与维护裁判权威的关系,对于人民群众依法行使申诉权利的,应当依法保护,依法处理。同时要坚决遏止滥用诉权、无理申诉现象,凸显刑事申诉保护被告人权益、维护司法公正和权威的价值。

(二)完善刑事申诉条件的相关规定

1. 合理规定申诉主体行使申诉权的次序。申诉权是一种私权利,其行使应遵循意思自治原则。申诉主体之间应当有前后顺序之分,既要避免不同申诉主体同时向法院或其他司法机关提出申诉,又要防止后一顺位的申诉主体越过前一顺位的申诉主体而越权申诉。可以作以下排序:(1)当事人及其法定代理人是第一顺位。(2)当事人的直系近亲属是第二顺位。(3)当事人的其他近亲属是第三顺位。当前一顺位的申诉主体不能提出申诉或特别授权后一顺位的主体代为行使权利时,后一顺位的申诉主体才能享有独立提出申诉的权利。这样既保障了申诉主体的申诉权利,尊重了当事人的真实意愿,又能避免多头申诉、重复申诉等乱象的发生。

2. 合理限定刑事申诉的期限及次数。“司法裁判只有具有终局性,才能具有权威性,社会成员才能将诉讼作为维护自己合法权益的有效手段和最后途径,通过诉讼才能体会到司法的公正从而自觉服从于司法的权威。”[1]合理限定刑事申诉的期限,既有利于督促申诉主体及时行使权利,又有利于法院在审查案件时及时调查取证,提高案件审查的质量。可以从有利于被告人和不利于被告人两方面对刑事申诉期限加以限制:对有利于被告人的申诉,应当适当放宽时间限制;对不利于被告人的申诉,可以适当缩短时间,限定在生效裁判作出后的两年内提出较为恰当,这样既维护了刑事裁判的稳定性,也能更好地实现刑事申诉法律效果与社会效果的有机统一。在申诉次数上,根据最高人民法院《关于规范人民法院再审立案的若干意见(试行)》第 15 条第 1 款的规定,坚持两级申诉制。对经过两级法院均驳回申诉后的再次申诉,除符合应当重新审判条件以外,一般不予立案审查,对申诉人的不断重复申诉,应作为信访案件妥善化解处理。

3. 合理限定提起申诉的刑事案件范围。刑事案件数量多,对申诉理由、案件范围没有加以限制,是导致申诉案件泛滥的原因之一。对部分刑事案件作限制申诉的规定,有助于减少滥用申诉权的现象,维护司法权威。首先,可以对适用简易程序、速裁程序的刑事案件,在不违反法定程序、当事人自愿原则的前提下禁止申诉。适用简易程序、速裁程序的前提是事实清楚,证据充分,被告人自愿认罪,设置这两个程序的初衷是及时惩治犯罪,维护社会秩序,进一步推动刑事案件繁简分流,优化司法资源配置。若再允许对这两类案件不断申诉,无疑与改革初衷相悖,加重司法机关的工作量。其次,可以限定被害人只能向检察机关申诉。刑事案件由检察机关行使公诉权,检察机关既代表国家对被告人进行控诉,又肩负着维护被害人合法权益的责任,被害人本身是没有控诉权和上诉权的。因此,被害人若对原审刑事裁判不服,应向检察机关提出申诉,由检察机关对原审裁判在事实认定、法律适用、定罪量刑等方面是否存在错误进行审查后决定是否提起抗诉。

(三)完善公开审查制度,提高司法公开力度

申诉结果关系到申诉人的切身权益,审查过程公开化、透明化,提高申诉人对申诉案件的参与程度,让申诉人从中感受到公平正义,对提高案件质量、维护公民合法权益和化解社会矛盾具有非常重要的意义。因此,法院在审查刑事申诉案件过程中要公开化、透明化,自觉接受当事人和社会各界的监督。要完善刑事申诉公开审查制

[1] 卞建林:《我国司法权威的缺失与树立》,载《法学论坛》2010 年第 1 期。

度，将公开听证设为申诉的常规程序。要明确公开听证程序的适用范围，对案件事实认定、法律适用、证据等方面存在较大争议的，案情重大、疑难、复杂的，或社会影响较大的，应该举行公开听证。如在聂树斌案听证过程中，山东省高级人民法院通过微博向社会公开听证，取得良好的社会效果和法律效果。通过听证，申诉人与法官面对面地沟通，充分表达自己的意见，不仅有利于保障申诉人提出申诉并充分陈述申诉意见的权利，也可以使法官对案件有更全面的认识，有利于法院全面审查申诉案件，切实履行再审纠错的诉讼功能。同时，运用网络信息化技术，搭建法院与申诉人之间的沟通平台，申诉人可以通过网络平台查询、留言问询等方式了解案件进程和表达自己的申诉需求，使其感受到案件复查过程的公开化，更容易接受案件最终的审查结果。

（四）全面推行律师申诉代理制度，确保申诉过程更加专业、高效

刑事申诉案件往往经过一审、二审甚至再审，这些案件时过境迁，有些甚至历史久远，许多证据灭失，其疑难复杂程度是普通刑事案件不可比拟的。律师更能发现原案处理过程中存在的证据问题和法律问题，帮助申诉人阐明真实意愿，在查清案件事实，纠正冤错案件等方面发挥积极的推动作用。此外，律师职业的独立性，也使其能够不依附于申诉人对案件进行分析，理性的提出建议，对不符合申诉条件的案件提出合理建议，在一定程度上减少无理申诉，防止申诉权滥用。2017 年 4 月 1 日，最高人民法院、最高人民检察院、司法部联合发布《关于逐步实行律师代理申诉制度的意见》，为律师代理申诉制度提供了具有可操作性的执行办法，有助于畅通申诉意见的表达渠道。目前，全区许多法院立案窗口都开设有专门场所，由律师协会派驻律师开展法律咨询等工作。要充分发挥驻点律师的优势作用，对没有委托律师代理的申诉人，可以先行引导，由驻点律师为其提供法律咨询。建立申诉代理律师权利保障制度，充分保障代理申诉律师的阅卷权、会见权、通信及调查取证权，依法保障代理律师人身安全。完善刑事申诉法律援助制度，使无力聘请律师的申诉人获得法律帮助，依法保障申诉权的正确行使。

（五）探索异地审查制度，实行监督问责机制

终审法院自错自纠机制带来的动力不足，是申诉难、再审难的主要原因之一。终审法院对案件的认知往往已先入为主，加之再审改判对单位整体利益等因素的影响，自我纠错的可能性不大。而申诉人因原审裁判对自己不利，对终审法院的客观公正已经存疑，再由终审法院审查自己的案件，如果审查结果没有达到自己的预期要求，必然会觉得终审法院根本没有客观公正地审查案件。聂树斌案是我国刑事申诉异地审查制度的成功探索，在河北省高级人民法院驳回王书金的上诉后，最高人民法院将

案件交由山东省高级人民法院复查后才启动再审，最终改判聂树斌无罪。建议探索并逐步推广异地审查制度，摒弃传统的自我纠错模式，将案件由上级法院指定原终审法院的同级法院审理，保持法院对案件审查的中立性，使申诉人更加容易接受审查结果，增强司法公信力。在监督机制上，应严格落实司法责任制，对申诉复查结果实行问责机制。对不依法办案，存在故意或重大过失，明知案件存在错误而故意不纠正等渎职行为要依法问责，严重违法违纪的要移送司法机关，确保司法公正。

（六）规范法律文书制作，加强文书说理性

法律文书是法院与当事人最直接的沟通桥梁，文书制作的质量直接关系到当事人对法院审理结果的接受程度。目前，刑事申诉法律文书的格式不规范、不统一，说理性不强，是申诉人对审查结果不服，缠访闹访的原因之一。因此，要从文书格式和内容上，进一步完善刑事申诉法律文书的制作。首先，要规范统一文书格式，严格按照最高人民法院规定的文书样式制作文书。其次，要加强文书的说理性和可接受性。对申诉理由要罗列准确、全面，并有针对性地一一回应，对于确属无理申诉的，要敢于驳斥申诉人的违法观点和错误认识，消除申诉人认识上的误区，强化对申诉人的法治教育。除书面的裁判说理外，还应当将释法说理贯穿申诉审查的全过程，结合个案具体情况，向申诉人分析案情，加强法律法规教育解释工作，消除申诉人再次上访和申诉的动因，有效化解社会矛盾，维护司法裁判的权威性和公正性，实现案件的息诉息访。

（七）增强审判力量，建设高素质的刑事审判监督队伍

审判监督工作是"最后一道关口"，审判监督法官是审查生效裁判的法官，从这个意义上来说，素质要更高，能力要更强。全区法院应转变思想观念，调整和充实刑事审判监督工作的审判力量。加大教育培训力度，提高刑事审判监督法官的政治素质和业务素质。强化刑事审判监督法官的理想信念教育，开展廉洁司法教育，努力建设一支信念坚定、执法为民、敢于担当、清正廉洁的刑事审判监督队伍。

（八）建立健全相关配套机制和制度，着力化解社会矛盾

对于原判虽然没有原则性错误，但在事实认定、证据采信、法律适用、办案程序、文书制作等方面有瑕疵，当事人的诉求确有一定合理性，通过做相关工作可以化解矛盾的案件，应当主动协调下级法院或有关部门，妥善解决申诉人反映的问题。对申诉理由不成立，但生活确有困难，符合救助条件的申诉人，可与政府民政部门协调，由国家给予适当的经济救助或其他救助。应与公安机关协调建立突发事件共同处理机制，对于少数无理缠访、闹访的申诉人，按照信访条例的规定，由公安机关果断采取措施处理，维护司法权威和社会稳定。

关于广西法院“审执分离”改革情况的调研报告

——以执行异议、复议、执行异议之诉案件的审判实践为视角

自治区高级人民法院执行裁判庭调研组*

一、前言

“审执分离”是党的十八届四中全会明确提出的改革要求，自治区高级人民法院根据中央的改革要求精神和实际工作需要于2015年8月成立执行裁判庭，与其他民商事审判庭并行，独立于执行局，体现执行实施权和审判权实行分离的改革要求。自从成立以来，高级人民法院执行裁判庭坚持以问题为导向，持续深入研究和实践“审执分离”改革，进一步强化民事执行权与审判权的相互制约与协调，坚持执行权的司法权属性，突出专业化，以审判权的运行方式实现对执行权的监督制约，通过审理执行裁判案件对执行案件当事人进行权利救济，确保当事人的合法权利得到有效保障，确保高效司法及执行权的高效运转。“审执分离”的核心问题是民事执行权与审判权应如何实现有效衔接与配合，其实现路径的可行性和合理性都必须着眼于该两种权力运行功能的实现来展开分析。

多年来，理论界和实务界都在关注“审执分离”改革问题，学界对民事执行权与审判权的分离研究大都从我国执行制度与境外制度的对比和分析定义民事执行权的性质，并根据其性质决定是否分离，但对分离后的制度构建研究比较缺乏。而实务界则偏向于研究“审执分离”应该如何改革以及改革之后的配套制度、措施应如何完善，当事人之间的利

* 调研组成员：韦伟强、周家开、韦志勇、曾亦桦、梁慧、茹超。执笔人：梁慧、韦伟强。

益应如何平衡等问题。执行异议、复议、执行异议之诉制度伴随“审执分离”改革而产生,同时也是“审执分离”改革中需要研究的重要内容,这些制度对于平衡当事人的利益、解决当事人之间的矛盾冲突、助力解决执行难、提升法院司法公信力有着重要的意义。执行异议、复议程序的设计初衷是为了给当事人及利害关系人提供权利救济途径,当事人认为执行行为侵害其合法权益时,可提出执行异议、复议。执行异议之诉也是当事人的救济途径之一,通常涉及申请执行人、被执行人以及案外人等多方主体,主体之间利益冲突和对抗情绪激烈。执行异议、复议是执行程序,其价值理念是效率优先,兼顾公平;而执行异议之诉是审判程序,其价值理念是公平优先,兼顾效率。在审理执行异议之诉案件时,一方面,要依法维护申请执行人的合法权益,确保生效法律文书司法权威,避免让执行异议之诉制度成为被执行人拖延执行的工具;另一方面,因经济活动的复杂性和物权公示制度在彰显权利归属上的有限性,实践中被执行人并非实际权利人的情况大有所在,此时,应当为案外人提供充分的实体性救济渠道,妥善平衡申请执行人、被执行人与案外人之间的利益关系。[1] 如何平衡当事人之间的利益、如何平衡执行中的公正与效率问题也成为“审执分离”改革中的难题。

为了更全面、更深入地贯彻“审执分离”改革措施,进一步研究“审执分离”改革配套制度,促进执行规范化,高质量实现“基本解决执行难”目标,总结全自治区执行异议、复议、执行异议之诉案件审查、审理经验,调研组成员分别赴南宁、北海、百色、柳州、桂林、梧州、贺州等地就执行异议、复议、执行异议之诉案件开展专项调研,通过调研全自治区法院执行异议、复议、执行异议之诉案件相关问题,探索执行裁判权与执行实施权分离机制,完善以执行异议、复议、执行异议之诉双轨运行的执行救济制度,研究构建、完善民事执行权与审判权相分离的制度。

本调研报告共包括三个部分:“审执分离”改革工作运行的基本情况和所取得的成效;“审执分离”改革工作所存在的问题和原因;相应的对策和建议。第一部分、第二部分是本调研报告的重点,全面反映了“审执分离”改革工作的成效、经验和实践成果。第三部分是对“审执分离”改革工作提出的建议和在工作机制上的设想,是本调研报告的难点所在,体现了司法体制改革创新和司法实践的融合。

二、“审执分离”改革的基本情况

2019年6月11日,最高人民法院发布《人民法院执行工作纲要(2019—2023)》

[1] 参见王毓莹、翟如意:《执行异议之诉中排除执行民事权利类型化研究》,载法盏微信公众号,2019年10月3日。

(以下简称纲要),纲要要求加快推进审执分离体制改革:将执行权区分为执行实施权和执行裁判权,案件量大及具备一定条件的人民法院在执行局内或单独设立执行裁判庭,由执行裁判庭负责办理执行异议、复议以及执行异议之诉案件。不具备条件的法院的执行实施工作与执行异议、复议等裁判事项由执行机构不同法官团队负责,执行异议之诉案件由相关审判庭负责办理。广西壮族自治区高级人民法院作为全国"审执分离"改革的试点单位,在推进"审执分离"体制改革的同时,也指导全区法院的"审执分离"改革工作。

(一)全自治区各级法院执行机构配置情况

除了自治区高级人民法院设置有执行裁判庭外,部分中级人民法院亦设置了执行裁判庭。例如,百色市中级人民法院、南宁市中级人民法院、河池市中级人民法院、北海市中级人民法院、贵港市中级人民法院等。自治区高级人民法院及部分中级人民法院执行裁判庭与执行局均为法院内设机构,在机构上互相平行,在职能上互相监督。另有部分中级人民法院执行裁判庭设于执行局内,作为执行局下辖的庭室之一。

部分法院虽然未设置执行裁判庭,但成立了专门的审判团队审理执行异议、复议或执行异议之诉案件。例如,崇左市中级人民法院、海事法院、防城港市中级人民法院、钦州市中级人民法院等。有的法院则将执行异议之诉的审理放在了相应的业务庭,基本上做到了"审执分离"。

(二)全自治区各级法院对于执行异议、复议、执行异议之诉案件分配庭室审理的情况

成立了执行裁判庭的法院基本上都会将执行异议之诉等执行裁判案件分给该庭室专门审理,未成立执行裁判庭的法院一般会将该类案件交由相应的审判业务庭审理。例如,来宾市中级人民法院将涉及不动产等类型的执行异议之诉案件交由民一庭审理,将涉及股权、票据等类型的执行异议之诉案件交由民二庭审理。

对于执行异议、复议案件,全自治区大部分法院还是将该类案件交由执行局审查,只有一小部分法院将该类案件交由执行局以外的庭室审理。例如,钦州市中级人民法院将执行异议、复议案件交由立案庭的专门审判团队审理。

(三)执行异议、复议、执行异议之诉案件审理情况

2016~2018年,全自治区各中级人民法院及辖区基层法院受理执行异议、复议与执行异议之诉案件的基本情况:

1. 受理执行异议、复议案件共计8351件,各中级人民法院及辖区基层法院受理的具体案件数如图1所示:

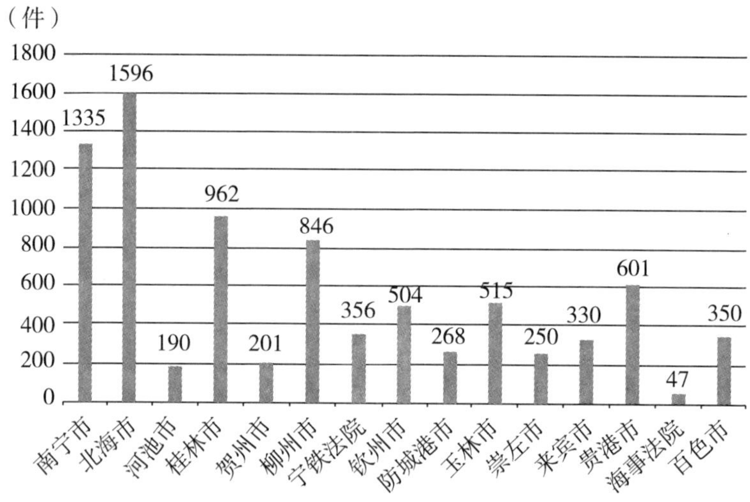

图1　全自治区各中级人民法院及辖区基层法院受理执行异议、复议案件数

从图1可以看出,2016～2018年各中级人民法院及辖区基层法院受理的执行异议、复议案件数不均衡。例如,南宁市和北海市,执行异议、复议案件数已经分别达到1335件和1596件,柳州、桂林等地受理的案件数紧随其后,而河池、贺州等地则案件数量较少,只有200件左右。

2.受理执行异议之诉案件共计2412件,各中级人民法院及辖区基层法院受理的具体案件数如图2所示:

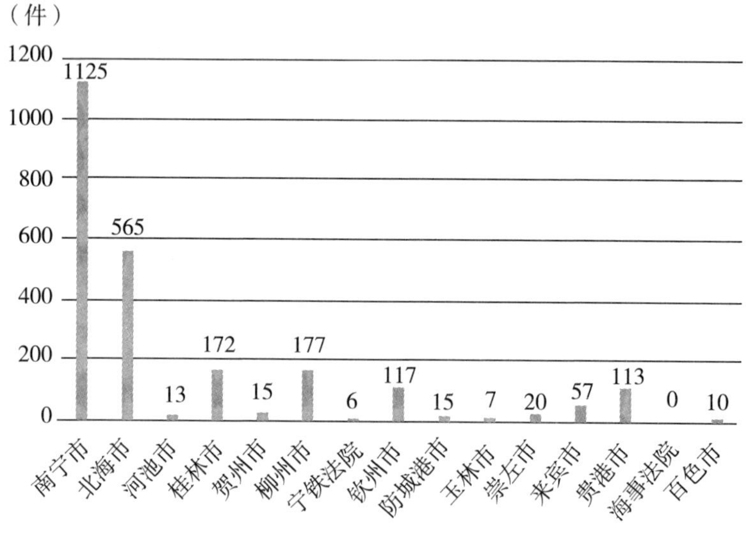

图2　全自治区各中级人民法院及辖区基层法院受理执行异议之诉案件数

从图2可以看出，当事人提出执行异议、复议较多的地市，相应的执行异议之诉案件也会较多。这说明当事人在提起执行异议救济后，如果符合条件，基本上也会选择执行异议之诉的救济途径。

3. 2016~2018年，全自治区各中级人民法院及辖区基层法院受理执行异议、复议与执行异议之诉案件总数呈逐年递增的态势发展（见图3）。随着社会经济的发展以及当事人、利害关系人、案外人救济制度的完善，相应的案件数量仍会成递增趋势发展。

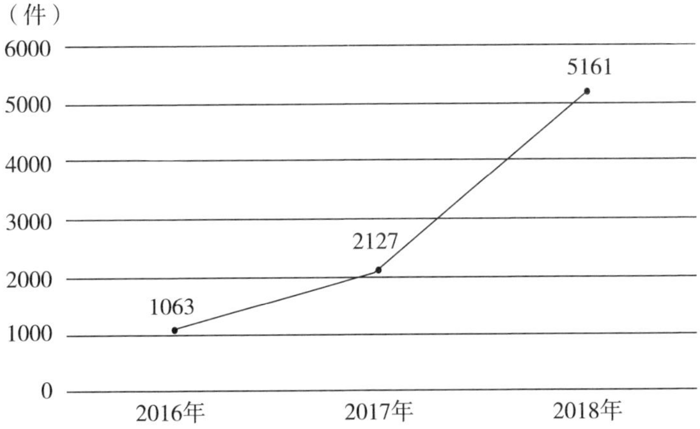

图3　全自治区中级人民法院及辖区基层法院受理执行异议、复议与执行异议之诉案件态势发展

4. 对执行异议、复议案件进行分类研究发现，执行异议案件程序性和实体性的案件分别占44.7%和50.5%；执行复议案件程序性和实体性的案件分别为占55.8%和23%（见图4、图5）。

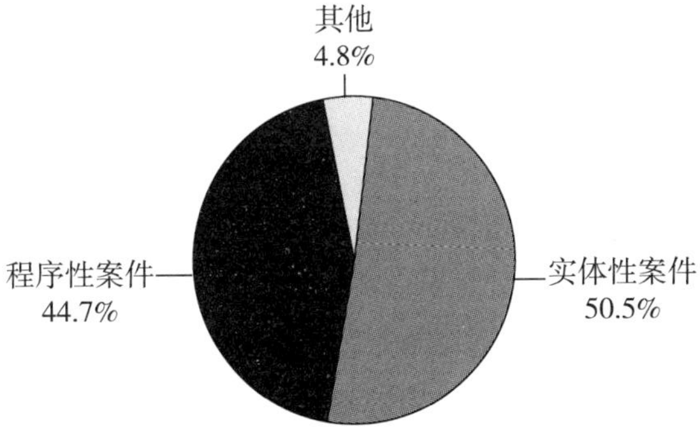

图4　执行异议案件

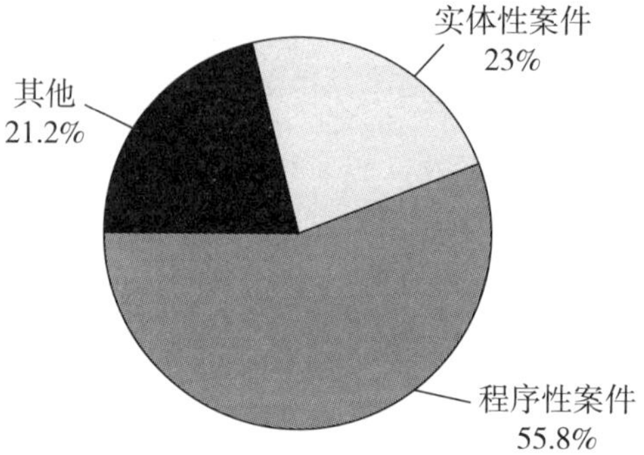

图 5　执行复议案件

在执行异议、复议、执行异议之诉案件中，异议成立的占 20.6%，驳回异议的占 78.4%(见图 6)。

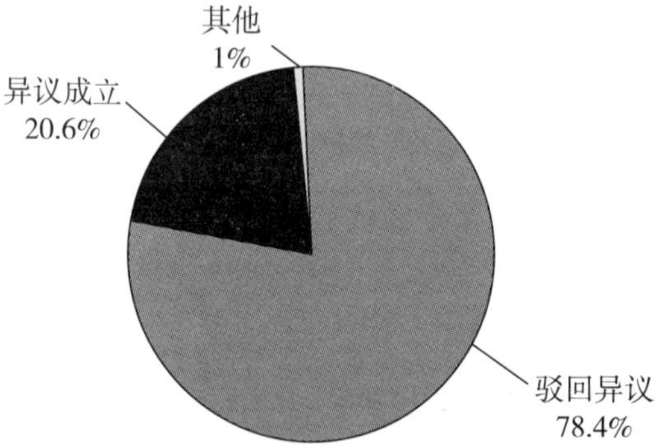

图 6　执行异议、复议、执行异议之诉案件

(四)近三年审理的执行异议、复议、执行异议之诉案件特点

对 2016～2018 年全自治区各中级人民法院及辖区基层法院审理的执行异议、复议、执行异议之诉案件的情况进行分析，可以发现有以下特点：

1. 异议成立率较低，驳回异议率较高

从近三年的执行异议、复议、执行异议之诉案件审理结果看，驳回异议的占 78.4%，支持异议的占 20.6%，即当事人提出的执行异议、复议、执行异议之诉得到人民法院支持的仅占两成。一方面，这反映了当事人的维权意识逐渐提高，保护自身权益的想法急切，但是对于执行中的一些法律法规、制度了解不够，把握不准，有的则是恶意滥用自身权利提起执行异议，导致法院驳回异议率高；另一方面，两成的异议支持率说明了执行标的的权利表象与权利的客观归属还存在不一致的情况，部分执行行为还存在不规范的现象。

2. 执行异议案件中对执行行为和执行标的提出异议即申请复议和提起执行异议之诉的比例相当

近三年全自治区两级法院受理的执行异议案件中对执行行为提出异议的比例为44.7%,对执行标的提出异议的比例为50.5%,比例相当。还有少部分是对与原判决有关的事项提起的执行异议。

对执行标的提出异议的案件,大部分是金钱债权执行中案外人基于被执行人名下的不动产采取强制措施提出的异议。例如,北海市两级法院审理的执行异议案件中,大部分被执行人是房地产开发商,其名下的房产(一般是已经竣工销售但未办理过户手续)被法院查封,房屋购买人因此提出异议。还有一部分案件是涉及共有财产的执行问题,主要是夫妻一方为被执行人时对共同财产采取强制措施,另一方提出案外人异议。

对执行行为提出异议的案件,主要是利害关系人对执行行为的异议,如采取拍卖腾退、以物抵债等措施时,利害关系人以租赁关系、抵押权、建设工程价款优先受偿权、唯一住房等理由阻却执行;部分是针对一般债务利息、迟延债务利息的计算及标准,是否制作财产分配方案、超标的查封、网络询价等提出的异议。

3. 执行异议之诉案件增多

全自治区中级、基层法院近三年受理的执行异议之诉为2412件,处于逐年上涨的态势(见图7)。

执行异议之诉案件相当部分属于当事人诉讼利益冲突大,矛盾尖锐的涉房地产商案件。例如,同一执行标的物上负载多项权利,是否强制执行相关标的物直接影响到申请执行人或案外人对标的物实体权益的实现。而多数案外人因欠缺法律知识,购房后未能及时办理房屋过户手续,诉讼时无证据证明已满足法定排除强制执行的条件,导致法院判决支持率较低,极易引发集体上访事件。

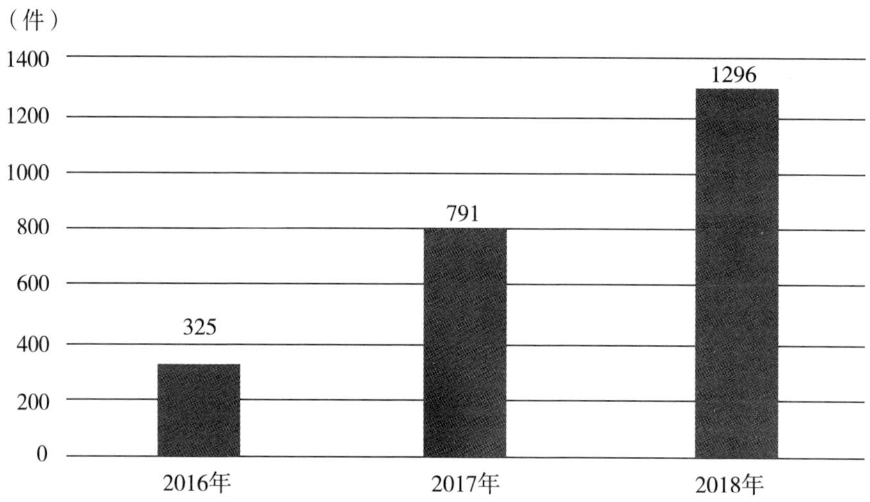

图 7　全自治区中级、基层法院 2016～2018 年受理执行异议之诉案件数

4. 新类型案件逐年增多

在本次调研中发现，近年来下级法院在执行异议案件审查中，陆续出现了不予执行仲裁裁决、追加变更执行当事人、对财产保全的异议及异议之诉等新类型案件，对于新类型案件该如何审查经验不足。

（五）“审执分离”改革所取得的成效

1. 全自治区法院审理执行异议、复议、执行异议之诉案件取得了良好的法律效果和社会效果

申请执行人、利害关系人、案外人等当事人的切身权利能否通过法院正常途径实现，已成为影响生效判决的权威性和严肃性，进而影响群众心目中的法院威信的重要因素。与此同时，执行难往往导致法院与当事人之间产生矛盾，部分尖锐的矛盾进一步产生涉执行信访案件，影响着社会的稳定。执行信访案件反映的是执行救济的问题，当事人对法院的执行产生不满，想通过执行信访达到对法院执行的监督。拓宽、畅通当事人的执行救济渠道，一方面可以更好地保障当事人的合法权益，降低当事人执行信访率；另一方面也可以更好地加强法院的执行监督。执行异议、复议、执行异议之诉就是法律赋予当事人权利救济的重要渠道。执行异议、复议是执行程序的救济，执行异议之诉则属于审判程序的救济，对于执行来说是一种特殊的监督。发挥这几种救济制度的监督作用对于缓解执行矛盾、维护社会稳定具有重要意义。

通过走访调研各中级人民法院发现，在“审执分离”改革之前，当事人对执行异议、复议、执行异议之诉案件的处理结果多有不满，申诉信访案件较多且矛盾比较尖锐。改革之后，当前全自治区法院对执行行为的监督主要由执行部门进行，执行异议之诉等执行裁判案件则由执行裁判庭或执行团队之外的专门团队来审理。“审执分离”改革推动了当事人矛盾的化解，提升了法院的公信力。同时，执行实施及执行裁判分由不同部门或团队审查审理，消除了当事人“执审都是由同一组织实施，当事人权利救济将会流于形式”的顾虑及成见，其不满情绪也得以平息。近几年来，虽然当事人提出执行异议、复议以及执行异议之诉等案件数量逐渐增多，但是当事人通过上述法定程序主张权利后，大部分当事人能够做到尊重法院的裁定和判决，在一定程度上有效降低了当事人走执行信访渠道的概率，矛盾的尖锐程度也有所下降。根据有关数据显示，2018 年全自治区执行信访案件相对 2017 年来说有所下降，如图 8 所示：

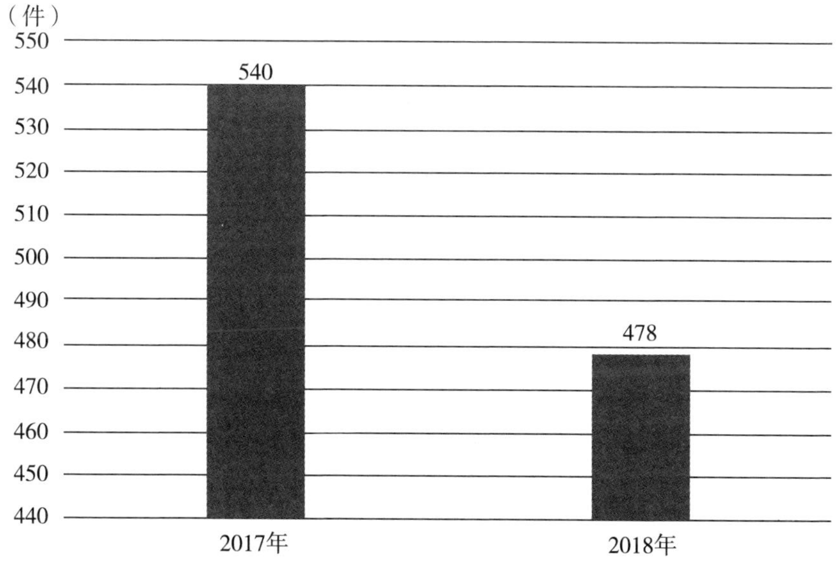

图 8　2017 ~ 2018 年全自治区执行信访案件

因此，无论从保障当事人权益、定分止争的角度，还是从维护法院权威、公正司法形象的角度，“审执分离”改革在更好地维护当事人的合法权益与社会的和谐稳定方面都有着重要的法律意义和社会意义。

2. 执行异议、复议、执行异议之诉案件的审理逐渐规范

调研组通过走访调研各中级人民法院发现，大部分法院设置了专门的庭室或审判团队来审理执行异议、复议、执行异议之诉等案件，有的法院还要求由庭领导担任审判

长，审判员担任合议庭成员。案件审理流程逐渐明晰，严格按照法律规定进行审理，在遇到分歧时也能做到积极向上级法院请示汇报，案件基本都能做到在审限内结案。

3. 充分保障了当事人的救济权利、知情权与参与权

调研发现，全自治区各法院对于执行异议、复议、执行异议之诉等案件给当事人送达的文书基本相同。对于执行异议、复议案件，送达当事人案件受理通知书、权利义务告知书、证据副本等；对于执行异议之诉案件，向当事人送达受理通知书、应诉通知书、举证通知书、合议庭组成人员通知书、申请审判委员会委员回避权利通知书、当事人权利义务告知书、诉讼风险告知书、裁判文书上网告知书、阳光司法网启用告知书、廉政监督卡、开庭传票、张贴开庭公告等。上述措施有效地提高了案件审理的透明度，保障了当事人的知情权和参与权，从而进一步保障了当事人的救济权利。

4. 全自治区"审执分离"改革逐步走上正轨

2016年是自治区高级人民法院实行"审执分离"改革试点工作的第一年，由于法律法规还不够完善，有些规定还不够具体、明确，审判思路不够清晰，全区法院都在根据自身经验探索"审执分离"改革的工作规律。经过近四年的发展，"审执分离"改革工作正在逐步趋于完善，审判理念有所转变，审判团队也趋于专业化，机构改革逐步落实到位，具体的实践操作也越来越成熟。

三、"审执分离"改革在司法实践中存在的主要问题及原因分析

（一）执行救济与执行效率的价值冲突

执行救济制度是执行制度的下位制度，是执行工作的有机组成部分。执行救济制度的价值取向是公正，为了保障执行的合法性、正当性，维护当事人或利害关系人的合法权益，法律必须设置相应的程序保障措施，执行异议、复议、执行异议之诉就属于法律规定的保障当事人合法权益的程序，这些程序保障措施客观上必然会影响执行的效率。执行救济制度的强化，意味着在执行工作中增加了一道新的审查程序，在个案中，的确有可能延缓强制执行进程，有可能使得执行工作"难上加难"。[1]

在本次调研中，有的中级人民法院或者基层法院的法官就指出，执行工作主要是考虑及时实现生效法律文书所确定的权利，提高执行效率，然而，过多的执行异议、复议和执行异议之诉在一定程度上降低了执行效率，也有可能对执行工作本身造成不

〔1〕 参见朱新林：《民事执行救济制度的司法适用与立法完善——以民诉法第225、227条为中心》，载《法治研究》2015年第1期。

利影响，如果当事人滥用执行救济程序，则容易导致执行工作寸步难行。可见，公正与效率在“执行难”的大背景下还存在一定的价值冲突。在执行工作中如何能更好地做到“保障公正、注重效率”成为“审执分离”改革中的重点和难点问题。

（二）“审执分离”改革的定位与困境

“审执分离”的首要定位无疑在于破解执行难和提升司法公信力。通过审执分离，一方面将执行过程中性质截然不同的权力分离，促使司法权的配置更为合理；另一方面审执分离意味着执行权的分立与制衡，从而在达到科学配置目的的同时，也有利于规范执行行为，防止执行过程中出现执行不规范等问题。

为强化执行监督，自治区高级人民法院把执行局原内设的一个庭室改设为执行裁判庭，脱离执行局，纳入审判机构序列，负责审理执行异议之诉案件，而执行局则继续审查处理执行异议、复议案件。下级法院的做法主要有三种不同的模式：一是在执行局内设立执行裁判庭，专门审查执行异议、复议、审理执行异议之诉案件；二是设立独立的执行裁判庭审理执行异议之诉案件，而执行异议、复议案件仍然放在执行局进行审查；三是执行机构只行使执行实施权，执行异议、复议、执行异议之诉案件由同一法院的其他庭室或者专门的审判团队行使。这三种模式虽然都是“审执分离”改革的做法，但不同的设计和做法在实际操作中仍然难以统一，仍然存在不足。当前，在司法改革及机构改革的背景下，大部分中级人民法院及基层法院都是由审判团队来审理执行异议之诉案件，而审判团队并不固定在同一部门，且团队人数少，条件有限，专业性不足，难以适应“审执分离”改革对专业化的形势要求，上下级法院相关业务、信息等对接也容易出现不及时的情况。

（三）“审执分离”改革背景下执行异议、复议、执行异议之诉案件审理遇到的实际问题

通过2016～2018年全自治区法院执行异议、复议、执行异议之诉案件审理的概况及实效分析，并经过实地走访各中级人民法院、与案件审理的法官座谈发现，全自治区法院在审理上述案件过程中遇到的问题主要有以下几个方面：

第一，实体方面。（1）法律规定不明确。虽然最高人民法院依据司法实践颁布了《关于人民法院民事执行中查封、扣押、冻结财产的规定》《关于适用〈中华人民共和国民事诉讼法〉的解释》等司法解释，也为民事强制执行立法奠定了一定的基础，但由于司法解释无法对广泛的执行案件出现的具体问题进行详细地规定，在执行工作实践中，远远不足以面对数量庞大、情况复杂的大量民事执行案件。从执行实践来看，在民事强制执行过程中许多细节问题缺乏相应规定，无立法予以保障，无法可依的局

面势必导致执行乱象，加剧了“执行难”，以致全国各省高级人民法院不得不纷纷出台本省适用的执行规定，该些规定不一，导致各地在司法实践中做法不一，影响了司法规范性，且相关司法解释在具体应用中，困难重重。(2)部分案件审理难度大、效率难以提高。对于执行异议、复议案件，无论是对执行行为还是对执行标的的审查，对于涉及多方主体、法律关系复杂、需要听证的案件，需要将相关的通知材料送达当事人，并组织各方当事人进行听证，对证据和事实进行核实。对于复杂案件，如果遇到一方当事人难以送达，则需要更长的时间。如果无法送达，则影响案件的听证与审查，影响案件效率的提升。对于执行异议之诉案件，诉讼中既要对案外人对执行标的是否具有某种实体权利做出判断，又要对该实体权利能否阻却执行进行判断，当事人争议较大，矛盾冲突比较明显，审理中涉及《物权法》、《合同法》、《担保法》、《公司法》、《婚姻法》等多个实体法领域，部分疑难复杂案件审理效率难以提高。

第二，程序方面。(1)当事人、利害关系人等滥用执行异议权。《民事诉讼法》对于提出执行异议的条件规定比较宽泛，未对违反法律的执行行为作出明确的界定，导致有些当事人、利害关系人滥用执行异议权，甚至对每一项执行行为都提出异议，企图拖延执行，以达到逃避执行目的。执行案件久拖不执，增加申请执行人执行负担，且执行异议的审查或是复议程序法院都需要安排法官来办理，势必造成司法资源的浪费。对于这种行为，法律法规又没有具体、明确和相应的惩罚措施，降低了执行的效率。(2)执行异议、复议、执行异议之诉程序容易混淆。如有的当事人对执行标的提出异议，执行法院本应依照《民事诉讼法》第227条的规定对当事人的异议进行审查，并告知当事人按该条规定行使权利，但执行法院却根据《民事诉讼法》第225条的规定作出执行裁定，并告知当事人可按《民事诉讼法》第225条的规定申请复议，程序混淆导致相关权利人的权利不能及时得到救济。

第三，维稳方面。有的执行异议、复议、执行异议之诉案件涉及的案件当事人人数众多，造成执行过程中及案件审理过程中维稳压力大，信访案件多。例如，北海市执行异议之诉案件中的执行标的多为开发商名下的商品房，诉讼主体以购房者为主，且多为同一楼盘群体性案件。因事关居住权益，购房者普遍情绪激动，以“抱团”方式维权，动辄采取上访、静坐、冲击政府机关、上网发帖炒作等极端方式维权。法官在办理案件的同时，还需要花大量的时间和精力去处理上述信访案件。

（四）产生上述问题的原因分析

从本次的调研情况可以看出，“审执分离”改革在司法实践中仍然存在一定的问题，主要原因有以下几个：

1. 执行权与审判权分离得不够彻底。(1)全自治区各地法院对于执行权与审判权如何分离做法不一。有的法院对于执行实施权和执行裁决权权力的划分不够明晰,人、财、物、案的管理还没有跟上,执行资源的整合还没有完全做到位。(2)立法供给薄弱。目前的执行法律规范仍然不足,实践中对一些问题的认识仍不到位、不统一,阻碍了执行工作的规范化水平。虽然近年来最高人民法院相继出台了相应的司法解释和规范性文件,但远远不能满足实际需要。在实际办案中,要从大量散见的司法解释、批复、案例中寻找法律依据,耗时费力,且十分容易出现理解的不一致。各地高级人民法院出台的规范性指导意见亦不统一,对同类问题的处理尺度标准不同,影响执行异议、复议、执行异议之诉案件的审理效率乃至执行实施案件的进度。(3)执行异议、复议审查承载了大量实体问题,容易造成与执行异议之诉程序上的混淆。对于执行行为异议的审查主要法律依据是《民事诉讼法》第 225 条,执行部门基本上采取的是形式审查。对执行标的异议的审查主要法律依据是《民事诉讼法》第 227 条,虽然立法的本意是希望执行审查部门对于该类异议迅速做出判断,从而提高执行的效率,但是在实践中,根据最高人民法院《关于人民法院办理执行异议和复议案件若干问题的规定》,案外人对执行标的提出异议的,应该审查案外人是否是执行标的真实权利人、提出的异议是否能够排除执行。该类案件审查的标准较高,为了查清事实,有的疑难、复杂案件需要组织有关当事人举证、听证,从而提高法官的内心确信,造成异议审查的标准与案外人异议之诉审查的标准极易混同。

2. 提出执行异议、复议及执行异议之诉成本过低。根据《民事诉讼法》第 225 条、第 227 条的规定,当事人、利害关系人或者案外人只要对执行行为或者执行标的提出书面异议申请即可,无须缴纳异议费用,执行异议成本过低,导致有的当事人利用该项特点不断提出执行异议、复议,恶意拖延执行。对于执行异议之诉,实践中部分法院按照财产案件标准计收案件受理费,而部分法院按非财产案件计收案件受理费。若是按非财产案件计收受理费,则受理费较低,诉讼成本也相对较低,在一定程度上也导致了有的当事人通过提执行异议之诉来恶意拖延执行。

3. 案件审理过程中还存在当事人权利保障与执行效率的冲突,在一定程度上成为影响司法公信力的因素。(1)执行中仍然存在小部分不够规范的行为。从前述的调研情况可以发现,支持异议的有两成,其中有 7% 左右属于纠正违法执行的行为异议和执行监督案件,这说明在实践中,仍存在小部分执行不规范的行为,需要通过执行异议、复议、执行异议之诉及其他执行监督的功能发挥来加以解决,而这种监督客观上降低了执行的效率。(2)对执行效率与当事人权益保障如何实现正向平衡缺乏研究和对策。目前全自治区法院在如何进一步推进“审执分离”改革,如何完善相应的配套制度,如何平衡当事人权益保障与执行效率等方面缺乏研究。理论研究的缺乏在一定程度上造成了司法实践问题的难以解决。

4.对于执行公正价值缺乏有效宣传。执行行为一直以来都是以“效率优先、兼顾公平”为原则,在司法实践中,特别是在解决“执行难”的任务中,大部分法院都将宣传重点放在了执行效率上,有时候对执行公正及如何实现执行公正与执行效率价值平衡宣传不够。一方面部分当事人要求按照法律规定的程序救济自身的合法权益,另一方面部分当事人则希望能够加快执行的速度,提高执行效率。在执行公正与执行效率价值冲突又缺乏对二者如何平衡的有效宣传的情况下,部分当事人及部分法官对于执行异议、复议及执行异议之诉制度不甚了解,甚至产生了抵触心理,导致执行的社会效果欠佳。

四、进一步推进“审执分离”改革的举措

如前文所述,执行裁判权属于审判权,审理执行中存在的涉及实体权利的重大事项和法律争议。妥善处理公正与效率、分权与制约、放权与监管等关系,优化权力配置是“审执分离”改革的目的与意义。

(一)进一步研究“审执分离”改革的实践根源和理论内涵,研究执行异议之诉的审理规律,明确执行权与审判权的界限

由于执行异议之诉是从执行实施中衍生而来,属于诉讼程序。但其比一般普通诉讼程序要相对复杂,审理过程中既涉及强制执行等诉讼法领域,又极大地涵盖了《物权法》、《公司法》、《合同法》、《婚姻法》等民商事实体法领域,如何准确适用法律,如何平衡执行公正与效率,如何高质量、高效率审理该类案件,从而助力解决执行难、提升司法公信力等已经成为“审执分离”改革中的一个重点问题。人民法院在新形势下应当对出现的新问题、新情况进行分析研判、深入研究,并提出切实可行的对策,服务和保障社会经济发展大局。

同时,还要进一步制定执行实施权和执行裁判权权力清单,对执行中涉及的权力作相应的梳理、分类,明确执行实施权和执行裁决权的相关事项,调整执行实施权和执行权的权力配置模式,理清执行复议与执行异议之诉的救济选择,将执行实施权配置给执行局行使,将执行裁判权配置给执行裁判庭或者专门的审判团队行使。

(二)加快案件审理速度,提升审判质效

执行异议、复议属于执行程序,执行异议之诉属于从执行程序中衍生出的特殊类

型诉讼，两种救济方式既要赋予案外人充足有效的救济途径，又要依法维护申请执行人的合法权益，不能让其成为被执行人拖延执行的工具。因此，应加快执行异议、复议、执行异议之诉案件的审理速度，提高办案质效。

1. 进一步推动繁简分流，提高执行异议、复议、执行异议之诉案件审查、审理的效率性和规范性

对于执行异议、复议案件，可根据案情的难易程度进行繁简分流。例如，对执行行为异议、部分变更追加当事人等案情较为简单的案件，应以书面审查为主，审查时间严格按照法律规定，不得延长或者超出法定审查期限，该类案件可由速执团队处理。对于涉及标的额巨大、案情疑难、当事人矛盾尖锐等复杂案件，则应进行听证，必要时可适当申请延长审查期限，该类案件可由精执团队处理。

对于执行异议之诉等执行裁判类型案件，可以根据案件的实际情况在专门的审判庭或者审判团队内进行繁简分流，做到“简案快审、难案精审”。例如，案外人异议理由明显能够成立的，或者案情比较简单的系列案件，则可以分由简易团队审理，适当缩短审理期限，但应当赋予当事人相应的民事诉讼权利；对于案情复杂的案件，则分由专门审理疑难复杂案件的团队审理。

2. 加强执行异议的审查与执行异议之诉审理程序的衔接

根据《民事诉讼法》及司法解释的相关规定，案外人或申请执行人提起执行异议之诉，必须要经过执行异议的前置程序。因此，对于案外人执行异议的审查，应该做形式审查，不应对实体争议进行实质性的审查与判断，坚持效率优先原则，一来可以对恶意拖延执行的异议进行过滤，二来也能督促权利人尽快主张权利，缩短实际权利人维权的时间。在执行异议之诉程序中，虽然是对实体问题进行审判，在注重公平的同时，也要兼顾效率，同时还要加强与执行部门的沟通，尽量提高执行的效率。

3. 积极推进执行裁判规范化建设，破解执行异议之诉等执行裁判类型案件的审判质效难题

执行裁判类型案件分由执行裁判庭或专门的审判团队进行审理，加强执行裁判法官队伍专业化。上级法院也要积极加强与下级法院的沟通交流，强化业务指导，定期举办相应的培训班对执行裁判问题进行专业化培训，统一裁判尺度，提升全自治区法院执行裁判业务水平。

（三）加强“智慧法院”信息化运用，进一步推动开展“尽可能一次性解决纠纷”活动

第一，以信息化为手段服务日常工作，如熟练利用审判系统一键生成各类通知

书、传票、公告、送达回证等制式文书和裁判文书;利用文书纠错系统,提高裁判文书质量;对执行裁判类型案件数据进行动态的统计分析等,通过信息化手段不断提高案件审理的质效。第二,在全自治区的执行裁判庭或者审判团队中大力推行“尽可能一次性解决纠纷”活动,切实解决在执行裁判类型案件审理中存在的审判释明不清、未能一次性解决纠纷等问题,进一步提升解决纠纷的能力和诉讼服务水平。

(四)加强对恶意提起执行异议、复议及执行异议之诉以拖延执行行为的研究和处罚,努力提升办案效率

法院在审判实践中要加强对恶意拖延执行行为的分析,并研究相应的惩处措施,减少当事人恶意利用执行异议、复议及执行异议之诉以拖延执行的行为,提升办案效率。例如,在执行异议、复议及执行异议之诉案件审查和审理过程中,如果发现当事人有故意伪造证据、为拖延时间重复提起异议、利用执行异议诉讼程序拖延执行嫌疑的,可以对其进行警告,告知其虚假诉讼的法律后果;如果被执行人与案外人涉嫌恶意串通、妨害执行的,在查明事实的基础上,可依照《民事诉讼法》的相关规定加大罚款、拘留等强制措施的力度;申请执行人因此受到损害的,可以提起诉讼要求被执行人、案外人赔偿等。

(五)加强执行公正与效率的宣传

法院应当利用各种媒体和平台,加大执行工作宣传力度。一方面加强对执行效率的宣传,另一方面也要加强对执行公正的宣传,如执行异议、复议、执行异议之诉等当事人权利救济制度相关法律法规的宣传,转变当事人的理念,帮助当事人更好地理解执行公正与执行效率的价值取向,以及法院为二者平衡所付出的努力,让社会更好地了解执行、理解执行、支持执行,同时也更好地了解执行异议、复议、执行异议之诉等制度,为法院的审判执行工作营造良好舆论氛围。

司法论坛

广西少数民族调停习俗与现代司法实践研究

田　海*

随着法治现代化的发展，解纷多元化已经成为当今法治的新趋势，十八届四中全会《中共中央关于全面推进依法治国若干重大问题的决定》明确指出："健全社会矛盾纠纷预防化解机制，完善调解、仲裁、行政裁决、行政复议、诉讼等有机衔接、相互协调的多元化纠纷解决机制。"

少数民族的调停习俗由于其独特法则和规范，对于化解纷争、平抑冲突有着重要地位和特殊作用。但将其引入司法解纷领域，发掘民族习惯法的"自愈"功能，实务中也存在诸多的困境。本文尝试以广西情况为索引，探讨二者在现行司法解纷领域的合作可行性。

一、广西少数民族地区司法审判的实效性考察

现代司法审判与少数民族习惯法会产生怎样的"化学反应"，为了更准确地了解这一问题，本文进行了实证考察。

（一）参考案例

阮某自诉重婚罪案。被告人阮某（女）与黄某（男，已故）均系上思县某村村民，二人于 1997 年在村内按家乡礼俗完婚，并于次年生育一

* 广西壮族自治区防城港市中级人民法院。

女。后黄某外出打工，结识原告人张某(女)，并与张某于2002年在上思县民政局登记结婚。随后十年间，虽然阮某与张某均知晓对方与黄某的关系，但三人亦能平和相处，及至2013年冬黄某因病亡故，阮某与张某就黄某与阮某曾共同生活的房产一间产生继承权纠纷，继而因该民事纠纷引发了阮某诉请撤销黄某"偷办"的，记载有张某名字的共有房产权证，黄某、张某离婚证的连续行政诉讼，阮某诉请确认其共有权的民事诉讼，以及张某作为"反击"而自诉的阮某重婚罪的刑事诉讼等一系列诉讼。有意思的是，阮某代理人在刑事案件中，坚持阮某与黄某是非法同居性质，但在民事、行政诉讼中却又坚持阮某与黄某系事实婚姻在前。

本案(重婚罪案)的法理问题并不复杂，无论是刑事重婚理论还是民事婚姻法理，均对1994年《婚姻法》颁布后的事实婚姻持否定态度。即为了保证婚姻登记要件的严肃性，将该事实婚视为非法同居行为，既无生效婚姻的存在，事实婚姻亦不存在，也就无法保护所谓的"配偶权"。阮某明知张某已与黄某领取结婚证，却依然与黄某(回村时)保持事实婚姻关系，似以重婚罪论定也无不可。

但各案件的主办人均深知，由于上思县本是广西较为穷困、交通不便的县城，更是壮族、瑶族这些对礼俗、习惯认同感十分高的少数民族聚居地之一。故对这一类涉及礼俗的敏感案件不能简单、生硬的下判，至少也应努力促成双方的庭外和解。依此思路，防城港市中级人民法院组织了跨多个审判庭的联合庭外和解。虽然在法官单独释明，明晰了婚姻法对事实婚的规定以及法理后，阮某在和解中仍以社会认同和宗族习俗作为抗辩理由，一度引发其极大的心理反弹。峰回路转，最后通过行政诉讼案件合议庭中的一位人民陪审员(同时亦是当地较有威望的族老之一)向张某晓之以情、动之以"理"，竟使张某羞愧撤回自诉。而阮某最后亦撤回两个行政诉讼和刑事自诉案件，双方同意以民事共有事实是否存在来判断阮某是否房子的共有人，以及其能否以事实共有在先来对抗房产证的法律共有等问题。由于参与了相关几起案件的审理或讨论，笔者对这一系列的案件亦有所思。除了法理与礼俗的冲突，传统解纷及其权威对实体案件的审理，乃至对该类案件的司法解纷进程也会有决定性、戏剧化的影响。这种影响有可能是积极的，也有可能是消极的。上述案件处理过程中受到了民族习惯、习俗和民族权威的冲击，冲突范围涵盖了礼俗婚姻与法律婚姻的冲突、刑事责任年龄认定的错位，少年刑罚轻缓化和"血亲复仇"倾向的民间习惯之间的冲突等问题。少数民族惩罚机制与报应性司法审判机制的这种错位、冲突，也造成了类似案件中法律价值选择的困境。少数民族习惯在民族地区具有高度认同感，承载其的族老权威也会对此类案件的解纷程序造成积极或消极的影响。

（二）现行司法审判在广西实践中的困境

从上述案件，可对现行司法审判在广西司法实务中存在的困境有比较直观的认识：

1. 传统礼俗领域会对司法纠纷和解纷产生实质影响

少数民族习俗、习惯法具有高度的稳定性，尤其在涉及婚姻礼俗、丧葬礼俗方面，其仍具有较大的认同力；民族习俗本身也可能成为司法矛盾的诱因。

2. 传统少数民族习惯对司法审判的反作用

在司法实践中，资深法官会结合实际案情调整自由裁量的尺度和分寸。出于保持当地稳定、促进民族团结、化解民族矛盾等目的，有可能更倾向于适用目的解释，即直接以法益为原点对案件进一步确定调处幅度。即便无法将传统少数民族解纷机制及习惯法作为判决的直接依据，也会借自由裁量，将传统的一些规范作为酌定量刑情节。当然，这些"柔软"的变通，需要主办法官具有更多的司法经验和司法技巧，这种影响在多大程度上是合法的，是符合司法正义和民族感情两方面需要的，也都值得商榷。例如，在刑事案件中对是否可以采用农历对当事人的年龄进行计算的问题，即使在实践中已有不胜数的判例，但也仅仅体现了该司法机关在司法操作中对该习惯的认同和变通。

总之，运用传统少数民族习惯法进行自由裁量的做法，由于缺乏系统地评估与详细地探讨，对于其在自由裁量中应处于什么位置等问题缺乏量化标准，随意性较大。

二、广西传统少数民族调停习俗考察

广西作为具有历史悠久，少数民族人口最多的自治区，蕴藏着丰富的民族习惯法及少数民族解纷机制资源，调停是广西民族习惯法的重要部分，为此，笔者选择了多民族聚居的广西地区为研究地域进行了田野调查。经过筛选，以其中三个民族为样本，即人口最多的少数民族——壮族、民族自治习性浓厚的山岳民族——瑶族和崇尚"德治"的海洋民族——京族为切入。以传统少数民族调停习俗的特点为分析框架，以进一步挖掘其内生性潜力，寻找其与现代司法融合难的根本原因。

（一）广西少数民族习惯法的历史变迁

广西是中国人口最多的少数民族自治区，居住着汉族和总数约 1800 万的壮族、瑶族、苗族、侗族、水族、仫佬族、仡佬族、彝族、毛南族、京族、回族等 11 个少数民族。[1] 由

---

〔1〕 参见袁翔珠：《论广西少数民族习惯法文献收集与整理》，载《广西政法管理干部学院学报》2007 年第 3 期。

于广西地理位置远离中央,故形成历史悠久的少数民族自治传统。

中华人民共和国成立后,为了更好地适应新的社会形态和多元解纷、良法善治时代要求。广西一直在探寻将传统少数民族习惯法现代化改良的道路。

以瑶族为例,1950 年当地政府致力于制定符合新时代自治精神和法治文化的民族习惯法,首当其冲是《大瑶山团结公约》。为了制定一部符合现代法治文明,也符合当地民族特色的《公约》,当地政府"步步为营"、小心推进。先通过几个民族纠纷、民族矛盾的调和,让当地瑶民了解、信服"官民结合"的调处方式,再通过从局部到整体的地区瑶民大会,逐步形成小规约、大公约,逐步融合官方法和习惯法,形成二者共治的解纷方式。

1. 象县李某荣烧毁林木案。山子瑶村民李某荣发现茶山瑶李某华承包的山地中有一窝马蜂,遂放火烧马蜂,不料将林木一并烧毁,由此引发了群体纠纷。当地政府在该案的调处过程中发现两大瑶族积怨已久,茶山瑶多年不给山子瑶耕种、开荒、狩猎,于是从中斡旋,最终双方达成了给山子瑶打猎、开荒的协议,获得了当地瑶族人民的支持。

2. 金秀县形成小《公约》。象县案例珠玉在前,金秀县对同样的山林开垦问题亦及时借鉴,召开了当地瑶民大会,调解茶山瑶与盘瑶的山林开垦纠纷,并形成小《公约》,约定当地茶山瑶也同意盘瑶的开荒自由权,且不再收租金。

金秀县政府会后进行了总结,并于 1951 年 6 月召开了金秀瑶民各族各界代表大会,140 多名代表与会。会议最终确定了荒地谁种谁收,反对敬神拜佛、反对红白喜事收礼请客,田租协商处理等多个具有时代特色的普遍性公约。

3. 订立《大瑶山团结公约》。为了勘察土地改革成效、了解经济发展状况,中央人民政府派出民族访问团到广西慰问考察。1951 年 8 月,金晓村、陈岸同志率领访问团到访金秀,经过摸底、调研后,访问团踏察瑶族山区,带去慰问粮食、礼品,并为瑶族群众放电影,与其座谈,从而了解到瑶族《石牌律》的重要性和影响力。

当时的广西省人民政府指示当地政府,利用访问团来访之机,召开了金秀大瑶山各族代表大会。除了金秀之外,来自梧州、柳州、平乐三区十二乡的 246 位瑶族代表与会。会上剖析了国民党扶持茶山瑶(长毛瑶)压迫其他瑶民的不当做法,呼吁各族摒弃前嫌。通过反复商讨、平等讨论、政府明理释法等环节,最终当地政府做通了茶山瑶的工作,其愿意放弃所有特权,不再压迫其他瑶民。

其后大会通过协商讨论,以金秀小《公约》为基础,选出各族代表 11 人作为起草委员会,订立了《大瑶山团结公约》并表决通过,按照《石牌律》的形式,将公约以石牌铭刻,各族代表喝鸡血酒盟誓,遂颁布施行。[1]

以《大瑶山团结公约》为蓝本,金秀还有多处这种依靠当地政府组织,当地各民族人民代表决议的《新石牌律》,至今仍在各地的司法实践中发挥实质作用,完成了当地传统少数民族解纷机制的重大转型。

除瑶族外,各民族也在探寻自己的传统解纷机制转型之路。如京族将海神祭祀作为辅助调和矛盾的方式,以德育教化为主要手段,并在日常案件处理中,积极协助当地派出法庭进行调停等。但不可否认的是,这种“转型”主要多以“旁敲侧击”的方式,抑或借用石牌律等传统形式对报应性解纷进行再包装,并未真正发挥传统调停习俗的辅助作用。

(二)广西少数民族调停主体

1. 壮族的“议团”会议

在传统壮族社会,“议团”是最主要的族内解纷主体,体现了集体权威。“议团”本是民约立法制度,而非单独的案件调处制度,其机构设置与农耕生产、生活息息相关。每年春秋两季,附近乡、寨主要头人都要按照耕作时令集中召开议团会议。春季议团主要为保护禾苗防止牲畜践踏;秋天则是为了预防盗窃、讨论、修改、补充以往乡约条款。除了定期“议团”,出现重大刑事案件时,也会另外举行“议众”会议,即开会对侵犯财产、偷窃生产资料等与生产生活相关的重刑情况专项讨论。

在这两种会议上,任何与会人员均可对案发当时的情况、相关证据、古老做法和加害人的日常行止等问题发表意见。会议上的发言并不限于案情相关联的事实,可针对加害人在熟人社会中整体印象进行评判,最后综合决定相应的处理办法。此外也会针对重大案件制定特别规约,决议由各村头人回村后向村人转达,并将其书写于木板挂于村内要道之处,起公示作用。除了议团会议之外,壮族头人也是主要调停主体。一般的轻微案件多以头人调停的方式推进解纷,体现个人权威。

2. 京族的哈亭机构

京族是中越交界的海洋民族,是中国少数民族中唯一生活在海边的民族,历史上自称为“京”、“越”或“安南”,其人口源流亦可称为两国杂合而成。京族文化兼具海洋文化、边境文化和少数民族文化的多元特色,同时具有海洋文化的外向包容性和民俗文化的本土传统性。其独特的“翁村”和“海神祭”活动正是每年民间纠纷调停的主要运作机构和方式,是一种体现了集体权威和宗教信仰的特色文化。

---

[1] 参见韦杨:《〈大瑶山团结公约〉研究》,广西民族大学2008年硕士学位论文。

(1)翁村与哈亭

京族的自治运作机构和解纷机构,即"翁村"。"翁村"从越南语发展而来,其为"乡正"之意。除了一般的乡正、里长的职责——处理乡内争端、外交等工作外,其最主要的任务就是筹办京族的重要祭祀节日——"哈节",进行每年一度的海神祭祀。在祭祀中翁村负责组织"唱哈"迎海神,召集乡土大会,宣读乡规民约等事宜。

在"翁村"之下,又设有 v[n┤ 33kiΛ33(越语"翁记"即文书)、uN┤ 33kuEnΛ35("翁祝"即总管)各一人。"翁记"负责协助"翁村"处理具体事务,如"唱哈"时做"喊礼"(司仪),登记"人家"(Noi┤ 22moi┤ 33)的名单,整理账目等。"翁祝"负责管理山林、渔业,监督、执行习惯法,阻止偷盗、偷伐等。由此,这三种职级形成了较有威望的三人一组的自治组织,即 j[N┤ 22kuEn┤ 33,即"哈亭",也称为"那钧座"。

"哈亭"组成人员大多由群众推选,三年一换,任期一般为两任。与其他村民自治组织类似,对翁村、翁记、翁祝的认同也是监督哈亭权力的关键,如上述人员处事不公,群众也可随时罢免。由于京族是海洋民族,因此对出海的禁忌较多,"哈亭"又负责每年祭祀的要务,如犯了忌讳,做了不吉利的事情,也有"下野"的风险。

(2)哈亭的等级制度

京族聚居的万尾、巫头、山心、红坎等村,均有"唱哈"的习俗,"唱哈"作为京"哈节"最重要的祭祀项目,具有高度组织性和等级设置。按规定本方的男子凡满一定岁数,即有资格登记"入席"听"哈",但"入席"时须按各人在"哈亭"记录的档次高低分别就座。

"哈亭"的等级计分:高、中、低、白丁、佚力五等,高级之上还有余级的特级(j-n┤ 22ku[n┤ 33),以特级为最高。等级的确定,大多是以修建"哈亭"与"唱哈"的筹款多寡来确认,捐献多则级位高,据说在解放前每级价值谷子76斤(约3块银元)。形成这种等级制的原因,大抵是因为过去京族聚居区生活较为贫乏,而为了维持祭祀的隆重性和神圣性,又不能在"唱哈"时过分节俭的缘故。全族辛苦了一年,也需要热闹的庆祝祭祀活动,故形成了特有的等级激励机制。因此,与其他的等级制度相比,其更强调鼓励性,而上级对下级的压迫性并不严重。比如,生活困苦,无力捐献的,则称为"白丁"(têG┤ 22he┤ 22kon┤ 33),或更低一等的叫"佚力",他们由于平时少出,或者不出钱,必须负责出殡抬棺等脏累活;"唱哈"时则负责抬香案、挑水、烧饭或一些对上位人的必要服侍、招待。据说解放前山心村122个入席的男子中,当"佚力"的就有69人,可见当时的困苦。

等级可以在未到"入席"年龄前预先购买,也可出卖等级。每年到了"哈节"时期,没有钱缴纳祭祀费用,就要把自己的级位出卖或抵押,抵押限期一年,如有到期不赎,即于次年"唱哈"时宣布注销。可见,划分等级的筹款作用,甚至成为京族特有的交易抵价品——今年我服侍你,或许明年你就要服侍我,其人身依附关系愈见稀薄,演变成了对个人致富的一种奖励。

当然,等级越高也是越有特权,具体有:

"唱哈"时享有坐在高位;祭品优先获得;若村中有人"百年归老"(去世),其祭品或遗留物品,要送给参与祭奠的等级最高者,以为"寿礼";与一般的村内调解不同,如翁村调解了村内重大矛盾,并进行了罚款,则需将所得罚款的一半请最高等级者吃喝,其余一半收入哈亭,做祭祀基金。

有奖就有罚,如已登记"入席"的,无故缺席,则由"翁村"提出,"唱哈"后讨论,定以开除出席与罚款的处分。

3. 瑶族的石牌组织

石牌组织负责广西瑶族习惯法的运作,包括议定、执法、处罚措施、裁判到执行等,瑶民对其权威高度认同。瑶族调停习俗同样以"石牌"形式加以规范。石牌的内容必须经过全族石牌成员一致通过。[1]一般程序为,在召开石牌会议之前,先由"石牌头人"拟定草案;之后举行石牌会议,与该石牌律有关的群众或其代表均与会;会上,首先由石牌头人"料话",而后逐条宣读、解释"料令",旁听族人对宣读内容有不同看法也可即时提出,族人一并商讨后依照最终讨论结果对草案进行完善。最后形成的石牌律,由全场与会人员一致以默认或欢呼的形式通过。这种立法是一种"原始民主制"的方式,制定出来的法令由于得到了族人代表的背书,自然也会得到全体族人的遵守。

由于广西瑶乡大多依山而居,社会环境比较封闭,故在法度的执行方面,一般直接由全体族人集体执行。尤其是重大的违法行为,更是全村出动。以这种方式执行石牌律就能起到实质上的威慑作用,同时也得到各方当事人及其亲族的认同,起根除新事端、世仇的效果。

(三)调停习俗运行方式

传统少数民族调停机制的具体运行方式既有强调社会参与、追求"人和"式解纷的恢复性理念,也有鲜明的小传统性和极端性。在广西传统少数民族调停机制中,有

---

〔1〕 参见黄海:《瑶族传统道德的现代化探索》,载张有隽主编:《瑶学研究第4辑——现代化与瑶族:发展前景》,广西民族出版社1997年版。

许多效果显著且值得参考的调停机制。如下述的“和面酒”“喊村”等即是其典型。

1. 和面酒

“和面酒”主要适用小额偷窃等较轻微案件，犯罪人请乡老或保苏、把士及受害人共进一餐，当面谢罪并返还受害人损失即可了结。这种制度在广西乡村中被普遍采纳，一些基层法院对这种方式也多有借鉴，以起“案结事了”之效。

2. 喊村

“喊村”是一种特殊的刑事和解方式，如被害人家中被盗而无线索查明盗窃者，则失主报告村老，由其通告村人并指定一地点，要求盗窃者将原物在晚间放到该地点，若次晨失主在该地点寻回原物，则该案了结。若喊村三天仍无人送还原物，村老则召集全村，各户用联保法互相保证，如日后调查查出盗窃人，则需加倍惩罚其保证人，盗窃人反而无罪。如村中有人无人替他保证，失主即可向其要求追赃和罚金。

3. 头人调停机制

族老、头人调停的方式在各少数民族基本都有使用，但细节各有不同。因这种方式在民间具有较高的普遍性和实效性，故考察壮族两种不同形式的“头人调停”样本作为其解决民间纠纷的主要方式。

广西龙胜各族自治县龙脊乡（以下简称龙脊乡）的头人调停规则比较细。在龙脊乡若要请头人调停纠纷，先要用红纸包裹一粒槟榔，当面交予受请头人，以此仪式表示尊重。由于此乡头人完全由民间产生，均对自己威信极其看重，不会随意推脱调停职责。一般为分担风险，头人间也会互相推荐，或与其他头人共同处理纠纷。

龙脊乡头人调停一般也采取背对背的方式，当地流传民谚“请中不对面，对面不请中”，“请中”即是调停的意思。原告请到头人处理纠纷，就要准备酒宴款待，头人可以在酒席上商讨处理对策、询问原告事情经过和他的请求，之后到被告家去，同样由被告设置酒席款待，由头人们在酒席上调停或决定是否处罚以及罚金多少等问题，之后头人们将意见反馈给原告，同样需要原告摆酒以报，一般整个流程由头人们商定，所以一个纠纷可以将上述程序来回多次。头人们若滥用职权骗吃骗喝，那么他们最好先找好可服众的理由，否则自己的威信将大大受损。

调停结束后，如有罚金，则从罚金中抽成10% ~20%作为“水礼”以答谢头人；如无罚金，则原告得由家中拿出一定金额作为“工价钱”以答谢。如果理亏一方暗地里行贿头人，即“背手钱”，这将大大减损头人们的威信，是比较忌讳的。

对于调停结果如一方不服，则头人们还要对其进行反复劝说以使其心服，若还是无法解决纠纷，才可能另请其他头人或告至官府。

4. 瑶族的“请老”

广西瑶族的调停机制主要是“请老”。“请老”与“头人调停”外观上大同小异,但二者内涵及细节均有所不同。“请老”是建立在强调亲族“瑶老制”的基础上的,“瑶老”一般都由宗族老人担任。这一点与壮族的“头人调停”不尽相同,后者受到儒家文化的影响,头人也可能由“有功名者”“处事公道的读书人”担任,强调的是族内人民对他的知识崇拜和认同感。另外,二者在规定上也有诸多细节的不同,故特再对“请老”机制进行考察。

(1)“请老”机制概述

广西瑶族“请老”机制是从其“瑶老制”衍生出来的调停方式。其原则主要有两点:一是“有事须请老”,即不可私自处理,以免事态失控;二是“不得外出请老”,即必须请本族、本村、本石牌的老人、寨老来解决,以免遗害自族。

依习惯法,若未经请老调处,自行打杀、捆人锁人,便是违反石牌,要受惩罚。如清光绪末年,六巷村蓝公安,到浪冲(地名)偷盗同村蓝公顶的苞谷,蓝公顶约齐同族兄弟,待蓝公安挑担回来时,将其抓获,并关在家中,请族老来调处时,被提请石牌公断,经过激烈辩论后,结果认定其未报石牌,私自抓人,罚银30元给石牌。

“外出请老”,也称为“过村请老”,是瑶族习惯法禁止之事,立于大瑶山1822年的《门头、下灵、黄桑三村石牌》规定“三村有事,不许过介(界)请(老);若过介(界)请老,众罚银六十两”;[1]1971年立的《三十六瑶七十二村大石牌》规定“石牌有事,不得请别人”;广西龙胜杨梅屯瑶族1891年的乡规约定“地方遇有大小事务,准请头甲及公举之老人,再三理论或判不清,方可兴松”。[2]

禁止外出“请老”,也即意味着禁止径自“词讼”。不得过村请老的原因,瑶山学者莫金山认为有三点:其一,亲缘关系。瑶族山寨建立之初,多以同宗共祖为基础,过村请老无异于不认祖宗、无视亲族。其二,名誉原因,外出请老,意味着本村族老和习惯法的水平不佳,无法解决本村纠纷,实质是示弱于外、家丑外扬。其三,效果因素,外出请老,证明本村人心涣散,力量削弱,外人不仅会乘机提出高昂的诉讼费,且有可能趁机分割本村山林、田地等。[3]

高其才认为,除了上述理由外,还有以下几个原因:①本村就近解决,节省成本,

---

[1] 高其才:《瑶族调解和审理习惯法初探》,载《中华法系国际学术研讨会文集》,2006年9月16日。

[2] 高其才:《瑶族调解和审理习惯法初探》,载《中华法系国际学术研讨会文集》,2006年9月16日。

[3] 参见莫金山:《瑶族石牌制》,广西民族出版社2000年版,第21页。

方便当事人;②在较小空间内,方便查明案情;③有利于村寨内部解决矛盾,不激化矛盾,外出请老容易横生枝节,不利于内部化解;④瑶族大群体意识薄弱也是一个原因。[1]

对于请本村族老不能解决问题的情况和后续程序,石牌也有详细规定,如 1918 年立的《罗香七村石牌》规定"第六条:无论何人争执田土山场,先请父老调解不下,又请小石牌调解、不下,再请大石牌调解,不得擅自开武"[2]颇有调处层级规定的意味。

(2)"请老"的受案范围和处理原则

"请老"机制受案范围极广。在习惯法上,除了民事性质的纠纷,如山林、土地、水利、借贷等,也包括刑事性质的案件,如人身伤害、盗窃等。

"请老"的原则主要有两个,即"入理不入亲"和"大事化小,小事化无"。所谓"入理不入亲",即要求在调处时依(习惯)法进行,秉公处理、以理为先,不问亲疏。瑶族习惯法有明文规定,如 1914 年广西金秀《六十村石牌》规定:"二料众石牌人有小事大事,不得打,杀人(空缺)屋。千祈(千万)要请老讲理;先小村判不得,到大村大石牌作(着)老人所判;入理不入亲。三料众石牌人,不得乱交(搞)赖事锁人,犯石牌。乱作生事害石牌地方。小村有小事大事,作(着)老照道理判平。入亲害石牌地方,究治。"[3]"十五料众石牌人,如有违法背规条,不遵法律,大众石牌,秉公办理。"[4] 1936 年的《金秀白沙领导下的五十一村石牌》也规定:"第十一条料:我瑶山石排(牌),有小大事,听村团判,大事要听石排公审公办,入理不得入亲,不得包办何人。"[5]对于违反"入理不入亲"原则,未公平调处者,依习惯法予以处罚。

"大事化小,小事化无"原则要求调处、判案要追求社会效果,息事宁人,不能在处理案件后节外生枝,持续引发族内外矛盾。如调处者调处不力,引起事态恶化,也必须受到一定处罚。这一原则在瑶族社会的特殊意义在于,瑶族村寨是由多个不同宗族、家族集团组成,以血缘关系为根基,村民之间共祖同根,彼此间的亲缘关系更甚于现实利益,因此,对出现的社会矛盾、民间纠纷,只要把问题解决,把道理讲透,处理结果与实质公平不太遥远即可。

---

〔1〕 参见高其才:《瑶族调解和审理习惯法初探》,载《中华法系国际学术研讨会文集》,2006 年 9 月 16 日。

〔2〕 高其才:《瑶族调解和审理习惯法初探》,载《中华法系国际学术研讨会文集》,2006 年 9 月 16 日。

〔3〕 广西壮族自治区编辑组:《广西瑶族社会历史调查》(第 1 册),广西民族出版社 1984 年版,第 74 页。

〔4〕 广西壮族自治区编辑组:《广西瑶族社会历史调查》(第 1 册),广西民族出版社 1984 年版,第 75 页

〔5〕 广西壮族自治区编辑组:《广西瑶族社会历史调查》(第 1 册),广西民族出版社 1984 年版,第 47 页。

(3)"请老"的程序

瑶族"请老"有其规矩。大瑶山石牌规定,但凡发生争端,受害人将石牌族老请到家里来。族老住在本村的,以口头通知;路途较远的,就用禾秆草一根,一头串铜钱8枚,另一头串铜钱16枚,或分别用两根禾秆草串上,瑶语叫"八文十六",请人送到族老家。族老受邀后便来到原告方家里,原告先请族老吃一顿便饭,如果双方的矛盾已转化为"对抗性"矛盾,如发生捆人、开打等,其就得杀"二十四猪"〔1〕来款待石牌族老。

族老调停纠纷的地点一般在受害人家中,或设在"社"里。瑶俗有云"有相讼者,集于社"。〔2〕在调处过程中,如当事人拙于言词,也可请人代讲。代讲者不仅须熟悉习惯法,且须为当事者的亲族(不限于近亲属),不可为外人,否则即属"包事",而"包事"为习惯法所禁止。调处时,可以面对面调处,也可由族老(调处人)居中转达。

具体的调处程序也有相应规定。一般是族老进餐完毕后,事主摆八仙桌于房屋正中,主人和族老们依次坐好后,主人开始申诉争执原委、理由。瑶语谓之"论理""讲件"。这种"论理"要从自家传承说起,来自何方,现住哪里,在哪个村寨等,每提出一条理由,拗一节(约三寸)的禾苗杆以做标记。每讲一条理由的首句和末句都唱:"我们这样论来,我们这样摆由,你们众石牌人听啊!"当事主把理由陈述完毕,族老将筹接过,按事主陈述的理由逐条重述一遍,即"压话",如事主无异议,再交"码"给族老。这种"码",是用禾秆草串铜钱一枚,或串手镯一只。族老将"码"连同原告陈述的理由一起传给被告方,叫"度话"。被告的一方听完族老传达原告一方的道理后,可以"答辩",谈谈自家的理由,同样以禾秆为标记,互相发表"辩论意见"数次后,如没有新的"道理",族老根据各方的意见和道理,结合自己的查证(如向当事人的邻居核实等)作出裁决,谓之"判案"。

此外,如果调解头人在为人排难解纷中索要"台底钱"(贿赂),或虚报罚款数额,私相贪污罚款,除了前述的重罚之外,也可能被石牌出"花红"买人暗杀。例如,在广西大瑶山,石牌头人龚道岸等七人在调处金秀村苏某砚与陶某现争山场一案中,处理不当,结果各石牌头人被罚,每人出17元赔偿事主;容洞村石牌头人苏某龙,金秀村石牌头人苏某有,则因隐瞒罚款,意欲吞没肥己,被石牌群众买人杀死,可见头人违法

---

〔1〕 其是指双方矛盾严重,可能引发械斗,调处前由主人杀猪一头,定价24元银币招待参与人,调处结束,由失败方承担该花费。

〔2〕 广西壮族自治区编辑组:《广西瑶族社会历史调查》(第1册),广西民族出版社1984年版,第48页。

则被严惩。

(4)调停结果

调处头人宣告结果常以口头形式作出,较少采用书面形式。但在清末及民国时期,在一些瑶族地区如广西金秀、广东乳源等地,较多地采用书面形式,称为"和息帖""劝息帖""了事帖""石牌判书"等。

三、少数民族地区现代司法实践困境分析

透过考察,可进一步对现代少数民族地区司法实务中存在问题的原因进行探讨,从民间调停机制的主体、司法权威、关注点和解纷方式四个层面进行分析。

(一)调处主体差异导致理解难

1. 主体思维方式差异。现代司法涉农倾向于适用形式正义的思维去思考,即每一个要件的争执与判断都需要严谨的逻辑推理和衔接,以专业化、系统化的"法言法语"和讼辩技巧,构建出一套逻辑周延、层次清晰的国家裁夺体系,以达到稳定性、明确性和可预测性等法治基本理念,但也致使整套解体系演化为一种不断复杂化、技术化和职业化的法制话语,从而使纠纷解决与大众生活渐行渐远。

2. 话语体系差异。传统少数民族调停习俗来源于乡土,脱胎于群众的实质正义之维。调停人员构成大多是四方友邻和望重老人,调处亲切而有威严,语言平实易懂而切合各方需求,处理结果公道而符合当地实际,有较强操作性;乡规民约大多以通俗易懂,甚至是粗糙简陋的语言来表达,适用范围也基本困于一地,其在当地的礼俗关系网中形成,具有天生的小传统性,体现出一种破碎、断裂的地方性知识品格。

总之,现代司法由于是一种自上而下突然推行的解纷机制,由此导致的调处主体代换,以及其深层次的调处逻辑、话语体系和思维方式的代换,均尚未能让发展相对落后的广西地区人民真正适应和领会。对当事人主体地位的架空格局,更难以让少数民族地区人民真正掌握这种"新"的调处纠纷模式。

(二)权威差异导致报应性法治信仰树立难

首先,规范权威的差异导致报应性法治信仰难以树立。内生的少数民族传统解纷规范和建构的司法规范具有不同的法律逻辑。前者由自下而上、从个别到一般归纳而来,其产生自族群的生产、生活习惯,后者则是从上而下,从一般到个别演绎而来,其产生自统治阶级的意志;前者之所以能具有强有力的调处效果,并在当事人心中树立威权,系源于熟人社会的"认同感"所致。后者之所以能在不同地区统一定法,系源自其内在的"理性"自洽,且以其后的国家暴力为保障。

其次,运行权威差异导致法治信仰树立难。传统的习惯权威是多元化、内生的权威,而现代司法权威则是一元化、建构式的权威,随着法制的推进,后者取代了前者,但内生的、传承的习惯法治信仰并未“让位”,传统权威仍有巨大的影响力,二者的对立和冲突导致法治信仰在少数民族地区树立难。

(三)视角差异导致融合难

传统习惯法以“事了、人和”为最终追求。其倾向于从纠纷的源头来着手解决问题,以受害人得到救济为优先目标,关注小社会的和谐稳定,多以合意、协商的方式达到目的。现代司法以“案结、惩处”为主要关注焦点。其裁判方式是从损害结果反推动机,其关注的是大社会的总体稳定和国家的安全。关注点的偏差导致现代司法在自治性较强的少数民族地区,时而难以真正发挥预期效用,更难入法“入心”。

(四)解纷运行方式的差异造成两套解纷机制并行

首先,现代司法的决定型解纷运行方式与传统少数民族的合意型解纷运行方式差异,容易造成对纠纷的二次处理。一方面,现代司法是国家以其司法权管理社会的工具,是围绕公权力而构建的司法体系,即便设计了司法调解机制,也仍是一种决定型解纷,个体和社会的需求会在这种单一维度的解纷体系中被忽视。另一方面,传统少数民族调停习俗仍然在少数民族地区产生着实质影响力,这些传统解纷方式具有历史传承惯性,也更适用于少数民族“大杂居、小聚居”的生活习惯,可以说是权威性和效用性兼备的合意型解纷方式。即便是已逐渐消亡的刑事裁判、惩罚机制,也多采用议团、议众等合意方式进行,虽然确有“压服”的情况存在,但其合意的形式也能在多数情况下中和这种隐性的压迫。总之,两种不同理念的治理方式,由于缺乏沟通和协调,极容易造成多头治理、双重处理的情况。

其次,一元化的解纷方式难以满足少数民族地区的多元化治理需求。随着西部大开发等战略的推进,各西部民族地区的法制推进状态也进入了“快车道”,这迅速打破了西部地区的自治格局,但并未能很好地兼顾少数民族地区发展不平衡、民族情况具有多样性等事实,造成了一元化的解纷方式在对纠纷化解具有多元需求的民族地方施行时“水土不服”;原有的以地域性和小传统性的习惯权威为依托的传统调停方式也越来越不能适应当下的社会治理效率要求,导致二者“错位”式治理,法治信仰就更难以树立。

四、现代少数民族调解机制的一些设计

如何将少数民族调停习俗引入司法解纷领域,构建现代少数民族调解机制。大

体思路需从两个方面入手:一方面,需要司法尊重民族习惯,重拾恢复性理念;另一方面,需要使用合适的法理工具,对少数民族习惯法中过度小传统性、模糊性以及不文明的部分进行筛除,而后少数民族调停习俗中公序良俗的部分,才能够真正得以借鉴、融合,并在民族地区适用。

关于具体如何设计少数民族调解机制,丰富调解方式,设计如下:

(一)视情况吸收族老、头人作为程序主持人、参加人

在经过对个案的社会影响力评估后,可分层次地引入民族地区德高望重之人参与调解:其既可作为一些地方敏感或需要因地制宜处理的案件主持人,在得出合法、合理的调处结果后,由司法机关进行司法确认;也可作为案件的陪审员,以“族老”这一特殊身份加入陪审员人才库,对一些有调解意向的涉民族习惯案件进行调解、对加害人进行劝诫、对一些事实认定发表意见或向主审法官提出建议等。

(二)引入多种民族习惯法中的恢复性调停方式,使调处手段更多样化

我国司法调解中的调处手段仍然较为单一,其在设计时虽然借鉴了德国法的做法,按照“真挚努力”与“被害人损失恢复”两个维度去设计调解机制,但是从调解的践行情况来看,往往会走到物质赔偿的单一向度,调解双方更关心赔偿金额而忽视面对面真挚沟通(许多情况下,司法调解实务中被害人与加害人之间并不直接交流和沟通,而是交由代理人进行“讨价还价”),这无形中使金钱赔偿成为司法调解中的唯一重心。

在此,可以借鉴多种民族习惯法的特有形式,将调解机制的设计更人性化。如可引入“和面酒”等少数民族地区行之已久的调停形式,借助神灵权威、长老权威、家长权威、村委权威等权威仪式发挥调处效果。使案件当事人可以在较非正式的场合放心进行交流,将音乐、水果饮料等道具一起加入调解场所中,营造打开心结的外部环境;或可以少数民族特有的,且为当地民族当事人普遍接受的民族习俗替代正式的调解程序,如村民自治中发生的轻微刑事案件,或者犯罪村民的社区矫正活动等,均可召开小型的“议众”会议,让村民的议论一次性摆在台面上,并由处事公道族老和明白法律的司法人员共同主持交流,引导舆论,给当事人以“重整羞耻”的机会。

此外,在处罚方面,除了金钱赔偿,也可以将民族习惯法中的多元化做法,如帮做农活、顶砖罚站、坟前磕头、帮助处理后事等符合老百姓善良习俗的赔偿方式加入解纷领域,这种习惯法的运用既不烦琐复杂,又可达到减轻穷困犯罪人刑罚与经济压力的“墨菲效应”,还能使受害人心灵和物质双重受益的效果。

认罪认罚案件上诉权之保障

——被告人“反悔”不能成为抗诉的理由

李　敏*　周广明**

2018年10月26日，第十三届全国人民代表大会常务委员会第六次会议通过《关于修改〈中华人民共和国刑事诉讼法〉的决定》，认罪认罚制度正式在《中华人民共和国刑事诉讼法》（以下简称《刑诉法》）中确立。该制度的确立对及时有效惩罚犯罪、落实宽严相济的刑事政策、强化人权司法保障以及优化司法资源配置等方面具有重要意义。根据《刑诉法》的相关规定，犯罪嫌疑人、被告人自愿如实供述自己的罪行，承认指控的犯罪事实，愿意接受处罚的，可以依法从宽处理。犯罪嫌疑人自愿认罪，同意检察机关的量刑建议和程序适用的，应当在辩护人或者值班律师在场的情况下签署认罪认罚具结书。对于认罪认罚案件，人民法院依法作出判决时，一般应当采纳人民检察院指控的罪名和量刑建议。据此，对于认罪认罚案件，法院判决通常是对控辩双方合意的确认，既减少了诉讼中的对抗，及时惩治了犯罪，又使司法资源得到合理配置。但司法实践中，也不乏一些被告人，在法院根据其签署的具结书内容进行判决后，又“反悔”以量刑过重为由提出上诉。对此情况如何应对，目前主要有两种观点。

一种观点认为，对适用认罪认罚制度审理的被告人，其已经签署认罪认罚具结书并据此得到量刑减让，原则上不宜再提出上诉，否则检察

---

* 上海市杨浦区人民法院刑事审判庭庭长。

** 上海市杨浦区人民法院刑事审判庭法官。

机关应当行使抗诉权以纠正原有判决，让失信、反悔的被告人丧失优待、恢复到减免之前的刑期，主要理由有四点：一是适用认罪认罚从宽制度判决的被告人无任何正当理由“反悔”提出上诉，系滥用上诉权；二是被告人适用认罪认罚从宽制度判决后又提出上诉，反映其认罪认罚动机不纯，从宽幅度不应再适用，一审刑罚明显不当；三是被告人“反悔”的行为严重影响认罪认罚制度的实施，破坏认罪认罚制度的严肃性和权威性，同时也造成司法资源严重消耗；四是从控辩平等的角度，具结书类似于契约的效力，双方均有遵守的义务，被告人“反悔”，检察机关当然也可以“反悔”并以此来追求契约的稳定性。

另一种观点认为，适用认罪认罚从宽制度审结的案件，被告人的上诉权仍要得到保障。被告人签订认罪认罚具结书后又以量刑过重为由提出上诉，确实违背之前认罪认罚的承诺，但根据现行法律规定，被告人有权提出上诉，且只有在出现符合法律规定的应当提出抗诉的情形时检察机关才能抗诉，一审判决后被告人在认罪、认罚上“反悔”不能成为抗诉的理由，即检察机关的抗诉权不应用于制衡被告人的上诉权，二者不是矛与盾的关系。

笔者倾向于第二种观点。

一、上诉权是被告人享有的法定诉讼权利

《刑诉法》第 227 条规定，被告人不服地方各级人民法院第一审的判决，有权提出上诉。对被告人的上诉权，不得以任何借口加以剥夺。也就是说，我国法律对被告人提出上诉是没有任何限制的，上诉权是被告人享有的一项绝对的诉讼权利，被告人无论出于何种目的、无须任何理由均可提出上诉，且为保证被告人的上诉权，法律还确立了上诉不加刑原则。《刑诉法》在确立认罪认罚从宽制度的同时，并没有对适用该制度判决的被告人的上诉权作出任何限制或特别规定，维持了立法者通过被告人上诉由二审保证被告人权益的意图，故对适用认罪认罚从宽制度判决的被告人依法提出上诉的行为，何来滥用一说？

二、被告人认罪认罚动机不纯非法定抗诉理由

有抗诉书认为被告人以认罪认罚形式换取较轻刑罚后又提出上诉，反映其认罪认罚动机不纯，被告人违背认罚承诺，认罪认罚从宽幅度不应再适用，原判量刑畸轻。首先，最高人民检察院《人民检察院刑事诉讼规则》第 584 条规定了六种人民检察院

应当提出抗诉的情形,〔1〕也就是说,检察机关提请抗诉必须有明确的依据,被告人签署认罪认罚协议时的动机不纯非法定抗诉理由。其次,《刑诉法》确立的认罪认罚从宽制度未要求考虑及评价被告人的认罪动机,无论被告人是出于真诚悔罪还是为获取从轻刑罚,法律没有要求,被告人没有报告其认罪认罚动机的义务。再次,如果检察机关认为认罪认罚的动机影响量刑,则与被告人签署认罪认罚协议时即应对动机进行考察。最后,关于量刑是否达到明显不当也就是畸轻的程度,笔者认为,这个衡量尺度要达到对被告人有量刑幅度的明显跨越,如减轻处罚等,认罪认罚案件尤其是适用速裁程序审理的案件,检察机关减免的刑期大多为一个月至三个月,减免几个月的刑期是否就量刑明显不当有待商榷。

三、抗诉产生的司法成本明显高于被告人上诉的行为,且过度抗诉容易对司法公信力产生消极影响

对认罪认罚"反悔"的案件应当抗诉的观点认为,被告人认罪认罚后又提出上诉,损坏了认罪认罚制度的权威,浪费了司法资源,降低了诉讼效率。笔者认为,第一,抗诉案件具有较高的程序要求,抗诉一旦启动,所产生的司法成本明显高于被告人提出上诉的行为,相较于检察机关提出抗诉,由二审直接驳回上诉、维持原判更加符合诉讼经济的原则,亦更加维护与体现认罪认罚制度的权威性和严肃性。第二,认罪认罚案件多属简单案件,即使上诉也未必造成过多的司法负担,实践中在二审撤回上诉的被告人占有很大比例,尤其是很多被告人提出上诉是为留所服刑即所谓的"技术性上诉",二审在审查时仅需考虑被告人在签署认罪认罚具结书时是否自愿,如果自愿则应维持原判决,甚至可以不开庭审理,进而缩短结案周期,压缩被告人为争取留所而提出上诉的空间,该问题即可得到解决。第三,抗诉权作为检察机关重要的监督手段,本身即与维护司法裁判稳定性之间具有某种程度的紧张关系,故大多数国家均对检察机关的抗诉权进行严格的限制,抗诉权的过度行使容易对司法公信力产生消极影响。

---

〔1〕《人民检察院刑事诉讼规则》第584条规定:"人民检察院认为同级人民法院第一审判决、裁定有下列情形之一的,应当提出抗诉:(一)认定的事实确有错误或者据以定罪量刑的证据不确实、不充分的;(二)有确实、充分证据证明有罪而判无罪,或者无罪判有罪的;(三)重罪轻判,轻罪重判,适用刑罚明显不当的;(四)认定罪名不正确,一罪判数罪、数罪判一罪,影响量刑或者造成严重社会影响的;(五)免除刑事处罚或者适用缓刑、禁止令、限制减刑错误的;(六)人民法院在审理过程中严重违反法律规定的诉讼程序的。"

四、通过抗诉追求认罪认罚程序的稳定性可能事与愿违

对于适用认罪认罚从宽制度审理的一审案件宣判后,被告人提出上诉,确实违背了之前认罪认罚的承诺,其行为有违诚实信用原则,但根据被告人是否上诉来决定是否抗诉的行为,虽然可以威慑部分投机的被告人,表面上一定程度维持了认罪认罚契约的稳定性,但实质产生的后果可能有两点:一是被告人签署认罪认罚具结书的意愿降低,选择由一审法院依法判决后再决定是否提出上诉,反而会减少被抗诉加刑的风险,这与认罪认罚从宽制度设立的初衷相悖;二是被告人产生心理负担不敢通过行使上诉权维护自己的权益,造成被告人的行为不构成犯罪或者不应当追究其刑事责任、被告人违背意愿认罪认罚、被告人否认指控的犯罪事实、起诉指控的罪名与审理认定的罪名不一致等其他可能影响公正审判的情形无法被及时发现,从而对司法公正带来伤害。此外,完全根据被告人是否上诉来决定是否抗诉,也使抗诉活动本身具有较大的不确定性,在实践中已发生被告人撤回上诉、抗诉行为该何去何从的尴尬局面,导致检察机关抗诉的严肃性难以得到保障。

综上,笔者认为,认罪认罚制度施行过程中,肯定会遇到各种问题,但被告人的法定诉讼权利必须得到保障,这是法治社会实现司法公正的底线。

“名为买卖，实为借贷”案件的裁判路径选择

——以平衡合同双方当事人和第三人的利益为出发点

韦玉娟[*]　雷　易[**]

最高人民法院《关于审理民间借贷案件适用法律若干问题的规定》（以下简称《民间借贷规定》）于2015年9月1日起施行，其中第24条规定“当事人以签订买卖合同作为民间借贷合同的担保，借款到期后借款人不能还款，出借人请求履行买卖合同的，人民法院应当按照民间借贷法律关系审理，并向当事人释明变更诉讼请求。当事人拒绝变更的，人民法院裁定驳回起诉。按照民间借贷法律关系审理作出的判决生效后，借款人不履行生效判决确定的金钱债务，出借人可以申请拍卖买卖合同标的物，以偿还债务。就拍卖所得的价款与应偿还借款本息之间的差额，借款人或者出借人有权主张返还或补偿”。这成为指导各地法院审理“名为买卖，实为借贷”案件的主要依据。然而，该规定只是明确了人民法院审理此类案件的程序性问题，对此类买卖合同的效力、出借人是否享有优先受偿权、是否可以排除第三人对房屋的请求权等实体性问题并未作出具体规定，导致实务界对条文的理解存在很大分歧。由于缺乏明确指引或统一性规则，加之各地法官对法条的理解差异，导致司法裁判不统一。本文拟从一起“名为买卖，实为借贷”案件切入，通过分析《民间借贷规定》第24条存在问题，探讨在现有法律框架内合理运用裁判规则平衡各方利益的进路，以期对审理该类案件有所裨益。

---

* 广西壮族自治区来宾市中级人民法院审判员。

** 南宁师范大学2019级法律硕士研究生。

一、问题的提出

2005 年 5 月 12 日，许某与江某签订《房屋转让合约》，约定许某以 70 万元购买江某的一套房屋，后许某支付全部款项并入住，但双方未办理房屋过户登记手续。2006 年 11 月 20 日，江某与龚某签订该房产的买卖合同，合同于同月 28 日在房地产管理机关备案，并办理过户登记，将房屋过户至龚某名下。2006 年 12 月 2 日，江某与龚某签订《借款协议书》，约定江某向龚某借款 60 万元，江某每月向龚某还款，江某无违约情况下，有权提前还清本息后赎回房屋，龚某无条件配合房屋过户。若江某违约不还欠款，则房屋归龚某所有。[1]

该案不仅涉及“名为买卖，实为借贷”，还涉及“一房二卖”，而且债权人中既有出借人，又有已经实际占有房屋的第一买受人，还有办理过户的第二买受人。因此，如何平衡三人利益？出借人和借款人签订的买卖合同效力如何？在存在善意第三人或者其他合法债权人的情况下，不审查买卖合同是否妥当？出借人是否享有优先受偿权？如无优先受偿权，仅是普通债权，在房屋已经过户、办理预告登记或实际占有的情况下，若仍这么处理，是否对债权人不公？在借款人和有金钱债权的第三人同时申请法院强制执行出借人名下的同一套房产的情况下，出借人和第三人的权利是否有优先和劣后之分？在存在抵押权人或善意买受人的情况下，应如何处理？

二、《民间借贷规定》的现实挑战

《民间借贷规定》对于上述案件中所涉买卖合同的性质、买卖合同的效力、借款人是否享有优先受偿权、是否可以排除第三人对房屋的请求权等实体性问题没有给出明确的答案。

（一）有关买卖合同性质的理解差异

关于此类买卖合同的性质，理论界和实务界有着不同的认识。有人认为，“在借贷关系成立的前提下，签订商品房买卖合同并办理备案登记的行为，足以构成一种非典型担保”。[2] 有人认为，以买卖合同作为担保实际上是构成了一种让与担保，比如在“许某与江某、龚某等房屋买卖合同纠纷”一案中，一审法院认为“双方以买卖合同

---

〔1〕 重庆市第一中级人民法院（2015）渝一中法民终字第 04562 号民事判决书。

〔2〕 梁曙明、刘牧晗：《借贷关系中签订房屋买卖合同并备案登记属于让与担保》，载《人民司法》2014 年第 16 期。

的合法形式掩盖让与担保的非法目的,江某与龚某签订《房地产买卖合同》应属无效”,二审审理后对此予以维持。《民间借贷规定》出台后,实践中仍有法官将该行为理解为让与担保。比如,在“张某法与菏泽昶楷房地产开发有限公司确认合同无效纠纷案”[1]中,一审法院认为“本案原告、被告所签订的买卖合同实际上是为原告向被告借款所设定的担保,而非真正实现买卖合同的目标,双方之间所形成的是让与担保”,故一审法院确认原告与被告签订的20份《商品房买卖合同》无效。二审法院认为“上诉人与被上诉人签订的商品房买卖合同实际上是被上诉人为借款所设定的担保,该种担保以商品房买卖合同形式出现,并在房屋登记部门备案登记,通过房地产买卖合同在债务到期之前就固定了担保物的价值,且由于预售登记的存在,作为债务人的被上诉人不可能另行通过交易途径实现担保物的市场价值,该房地产买卖合同事实上达到了‘流押契约’的效果,规避了法律禁止‘流押’的规定,故案涉商品房买卖合同实际上是‘流押’契约,有违法律强制性规定,依法应确认为无效”。可见,实践中虽然各地法院对于该类买卖合同的效力存在不同认识,但在处理案件时,均援引让与担保的法理进行剖析。通过梳理《民间借贷规定》,会发现司法解释的起草者倾向于将该类买卖合同视为类似于担保合同,认为其效力依附于作为主合同的民间借贷法律关系。[2]

（二）有关买卖合同的效力争议

在《民间借贷规定》出台之前和之后,实务界对该问题有两种截然不同的态度。出台前,主要存在有效说和无效说两种观点之争,“有效说”的大致理由是不存在法律规定的无效情形、不违反物权法定原则、并无通谋虚伪的意思表示,“无效说”认为以买卖合同作为借款担保并没有买卖房屋的真实意思表示,是通谋虚伪的意思表示、违反禁止流押的规定。法官在处理案件的过程中,也通常会以结合案情、运用法律解释等方法去评判买卖合同的效力问题。而在该司法解释出台后,法官在审理此类案件时,基本是直接绕开了买卖合同的效力问题,对买卖合同不予理会,不再对买卖合同的效力问题进行评判。当然,实务界也有观点认为:“第24条并未否定买卖合同的效力,而是认为应当认定当事人之间同时成立了商品房买卖和民间借贷两个民事法律关系,并且认为此种交易并不违反法律、行政法规的强制性规定,因而两个民事行为均属合法有效。”

---

〔1〕 山东省菏泽市中级人民法院(2017)鲁17民终111号民事判决书。

〔2〕 杜万华主编:《最高人民法院民间借贷司法解释理解与适用》,人民法院出版社2015年版,第35页。

《民间借贷规定》第 24 条并没有对涉及买卖合同的效力作出明确表态。从该条第 1 款规定来看，当事人必须按照借款提出诉讼请求才能得到法院的实体处理，如果不以此提出诉讼请求，将被人民法院裁定驳回起诉。可见在处理该类案件时，人民法院只审民间借贷，不审买卖，先将当事人之间的买卖合同法律关系撇开。这样看第 1 款似乎是否定了买卖合同的效力，因为如果买卖合同有效，法院理应对此进行审理并对出借人要求继续履行买卖合同的诉讼请求作出实体回应。而从第 2 款“可以申请拍卖买卖合同标的物”的规定来看，似乎又是认可买卖合同并非无效，因为如果买卖合同无效，出借人取得民间借贷生效法律判决后为什么又可以申请拍卖买卖合同的标的物，毕竟出借人请求人民法院执行的依据是民间借贷判决，判决主文中并未涉及买卖合同的标的物。当然，司法解释起草者认为，“法院应在判决主文中明确写明，如果借款人不履行本判决确定的金钱债务，出借人可以依据本判决，申请强制执行买卖合同标的物”。[1] 但从该条文规定看，把买卖合同标的物写在判决主文中不太妥当，因为案件是按民间借贷这个基础法律关系进行审理，法院并不审买卖合同，不审买卖合同，却把买卖合同的标的物写进主文，实属牵强，且在司法实践中，基本没有法官在判决书中将司法解释起草者前述所说的内容写进判决主文，亦即仅是在主文中判决返还借款本金、利息等，未涉及买卖合同的房屋这一标的物。

借助中国裁判文书网下载的文书分析，在《民间借贷规定》出台前，法官通常会以结合案情、运用法律解释等方法去评判买卖合同的效力问题，而司法解释出台后，法官在审理此类案件时，基本是直接绕开了买卖合同的效力问题，对买卖合同不予理会，不再对买卖合同的效力问题进行评判。

（三）有关出借人是否享有优受偿权的不同解读

《民间借贷规定》第 24 条第 2 款规定“出借人可以申请拍卖买卖合同标的物，以偿还债务”，该款并没有“享有优先受偿权”的表述，但出借人是否享有优先受偿权，实务界有不同的理解。有观点认为该条款实际上是赋予了出借人与实现担保物权程序的申请人相同法律地位，故有优先受偿权。因为如果出借人只是民间借贷的普通债权人，按照现行法律，其拿到民间借贷案的生效法律判决去执行局申请强制执行，只能按照正常的执行程序走，而不能申请拍卖买卖合同的标的物，毕竟出借人有可能有存款或其他财产可供执行。这种债权属于有担保的债权，不能作为一般债权处理，

---

〔1〕 杜万华主编：《最高人民法院民间借贷司法解释理解与适用》，人民法院出版社 2015 年版，第 430 ~ 431 页。

出借人应该享有优先受偿权。[1] 反之，有观点认为“由于借款人对于该合同标的物并无约定或法定的担保物权，就该标的物拍卖所得价款，出借人并无优先受偿权，而只能与借款人的其他债务人公平受偿”。因此，出借人并无优先受偿权。有法官认为在担保型买卖合同中，并不发生物权变动，债权人对标的物不享有担保物权，债权人只享有债权请求权，没有优先受偿的效力，如果认为其具有物权的优先受偿效力，对其他债权人会不公平。[2]

（四）有关出借人是否享有排除第三人对房屋的请求权的理解

如果买卖合同标的上出现其他法律关系，比如抵押给银行在前、一房二卖，抵押权人和善意买受人对房屋的请求权和出借人的请求权如何处理？通常而言，如果抵押在前并办理了登记，出借人就不能排除抵押权人和善意第三人对房屋的请求权，如果出借人已经根据买卖合同办理了过户登记，房屋的物权已经发生了变动，就可以排除第三人对房屋的请求权。对此，可以运用扩张解释的方法，将这种买卖型担保准用动产抵押的相关规定，使其具有对抗恶意第三人以及一般债权人的效力。

三、《民间借贷规定》下“名为买卖，实为借贷”案件的裁判路径

司法回避评判买卖合同的效力、是否享有优先受偿权、是否可以排除第三人对房屋的请求权等实体性问题并非一个理性的选择，在借款人经常因资不抵债跑路现象严重的当今，如何保护债权人的利益至关重要。

（一）意思自治与契约自由优先

实践中出现的各类担保型买卖合同，是因为这种担保方式符合市场经济主体的不同利益需求，是民事主体根据自己理性作出的交易选择，只要不损害公共利益，不存在法律、行政法规规定的法定无效情形，通常不应认定为无效。司法不应对此过度干预，而应保持谦抑的态度，尊重当事人的意思自治，维护契约自由。如果公权力介入民事领域太多，会挫伤民事主体交易的积极性，剥夺当事人交易的预期，以致阻碍社会的经济发展。因此，只要当事人之间就房屋买卖达成一致，符合法律所规定的民事行为有效要件，合同即成立并生效。

《民间借贷规定》出台后，刻意绕开买卖合同，不评判买卖合同效力的做法有失妥

---

〔1〕 参见杨立新主编：《〈最高人民法院关于审理民间借贷案件适用法律若干问题的规定〉理解与适用》，中国法制出版社2015年版，第150页。

〔2〕 参见高治：《担保型买卖合同纠纷的法理辨析与裁判对策》，载《人民司法》2014年第23期。

当。因为实践中出借人欠缺支付能力的情况比较普遍，仅仅审理民间借贷纠纷，并不足以维护借款人的合法权益，[1] 尤其在存在第三人的情况下，借款人无支付能力的风险更加明显，[2] 如此处理方式易产生不公平的结果，不公平的结果将导致借款人融资更为困难，经济的发展也会受到更多的限制，甚至更会催生其他担保方式。[3]

对于买卖合同的性质，实务中倾向于认为是让与担保。但是，让与担保是以移转担保标的物的所有权或其他权利来担保债权实现的担保。[4] 换言之，让与担保需要以转移担保物权利为前提。在以买卖作为担保的借贷关系中，双方仅仅在买卖合同中对标的物的所有权归属进行约定，标的物的权利并不实际发生转移，因此根本不构成让与担保。“此种情形下的买卖合同应当视为类似于担保合同，其效力依附于作为主合同的民间借贷法律关系。”[5] 实际上，从官方对司法解释的解读中我们可以看出，亦不认可此类买卖合同属于让与担保，而认为这仅仅是债权合同，债权行为只有在预告登记后才具有对抗第三人的效力。

（二）物权变动原因与结果甄别

买卖合同会涉及物权和债权，买卖合同本身是一种债权，买卖合同的目的是获得所有权，即物权。在以买卖合同作为担保的案件中，作为担保方式的买卖合同仅仅具有债的效力，仅是物权变动的原因，并不直接产生物权变动的结果。交付或登记与订立合同是两个相互独立的民事行为，不应将履行买卖合同和物权等同。在审理该类案件时，应根据物权变动的原因和结果区分原则，严格区分订立合同和物权的取得两个阶段的独立性，如果合同的订立和生效符合规定的要件，买卖合同应当有效。

（三）物权法定和合同自由的严格区分

在对此类案件的合同效力进行认定时，应区分物权法定和合同自由原则，当事人之间约定并非一定无效，只要是意思自治，通常有合同法上的效力。只要不存在法律、行政法规规定的无效情形，人民法院就不宜轻易否定此类买卖合同的效力。买卖合同有效并不一定取得物权，不能通过交易约定获得物权，不动产应办理登记。至于

---

〔1〕 参见庄加园：《“买卖型担保”与流押条款的效力——〈民间借贷规定〉第 24 条的解读》，载《清华法学》2016 年第 3 期。

〔2〕 参见李玉斌：《基于民间借贷的房屋买卖合同效力研究》，载《法制与经济》2016 年第 1 期。

〔3〕 参见张海鹏：《担保性房屋买卖合同法律性质之探析——兼析〈民间借贷司法解释〉第 24 条》，载《东方法学》2016 年第 2 期。

〔4〕 参见梁慧星、陈华彬编著：《物权法》，法律出版社 2007 年版，第 382 页以下。

〔5〕 杜万华主编：《最高人民法院民间借贷司法解释理解与适用》，人民法院出版社 2015 年版，第 35 页。

是否对第三人产生效力,要看物权的取得是否符合物权取得规则。物权效力来源于公示,对于未满足公示方式的买卖型担保,自应不应认可其物权效力;如果已经完成了一定的公示,如房屋已经办理了过户登记或者预告登记,可通过解释认定其具有物权效力。

(四)办理登记和实际占有的审慎认定

在多个债权并存的情形下,出借人是否享有优先权应审查出借人是否符合优先受偿权的法定条件。如果法院审查到买卖合同的标的物已经办理了登记或者出借人已实际占有并支付了合理价款,应肯定出借人的优先受偿权,在判决主文里明确借款人不按期履行生效判决确定的给付金钱义务,出借人可以申请拍卖买卖合同标的物偿还债务。事实上,以买卖作为借贷担保的债权,它的属性介于普通债权和有抵押的债权之间,比普通债权的保障性高一些,但绝对没有有抵押的债权效力高。

在买卖合同的标的物已经办理过户登记的情况下,只要符合不动产登记的规定,符合物权变动的规则,就发生物权变动的法律效果,不能因是将买卖做成担保的方式,就否定已经办理过户手续的出借人的权利,这与物权变动的原则和精神相悖。《民间借贷规定》第24条第2款规定出借人可以申请拍卖买卖合同标的物,如果法院审查到当事人诉前已经根据买卖合同将标的物办理了过户登记,出借人应和其他办理了抵押登记的债权人一样享有优先受偿权。

在已经办理预告登记的情况下,因预告登记使债权具有部分物权的功能,而在执行异议里也规定了预告登记的物权具有抵御执行的效力,因此出借人应当享有优先受偿权。至于办理了备案是否可以认定具有物权效力的问题,因备案登记只是房管局对房地产行业的一种行政管理手段,与预告登记并不具有相同的法律效力,因此仅是备案登记不能产生物权变动上的效力。

在没有登记但是出借人已经实际占有标的物的情况下,法院应重点审查是否支付了合理对价,如果借款的数额与同期其他买受人应付的房屋价款相差不大或者差价在合理范围内,也应赋予出借人优先受偿权。在既没有办理登记也没有实际占有的情况下,出借人不享有优先权,与其他债权人处于平等地位。

(五)请求权基础的正确厘定

所谓请求权基础,又称请求权规范基础,是指支持一方当事人向他方当事人有所主张的法律规范。[1] 司法裁判实际上是一个不断寻找法律的过程,法官寻找案件裁

〔1〕 参见王泽鉴:《民法思维:请求权基础理论体系》,北京大学出版社2009年版,第41页。

判大前提的司法过程可以形象地称为“法官找法”。因各个请求权在构成要件、法律效果、举证责任等方面均有差异，主张哪一个，结果可能不同。[1] 因此准确探寻请求权基础，有利于保护当事人的合法权益，更有利于实现裁判的公平公正。

重新以请求权基础来审视“朱某芳案”[2]和“嘉美案”，[3]这两个案件案情和法律关系基本相同的，当年因截然相反的两种判决结果，曾引起一片哗然，舆论一度指责最高人民法院同案不同判。事实上，从法律上说，最高人民法院对于这两个案件的处理均没有问题，因为两个案件当事人的诉讼请求完全不同。在朱某芳案中，出借人朱某芳的诉讼请求是确认涉案十四份《商品房买卖合同》有效，判令和泰公司履行商品房买卖合同，该案的诉讼请求并未直接涉及买卖合同标的物所有权，故最高人民法院认定两个合同均合法有效。而在“嘉美案”中，出借人杨某鹏的诉讼请求是确认双方签订的《商品房买卖合同》有效，判令嘉美公司交付房屋并承担违约金责任，最高人民法院并未以合同违反流押条款为由否定合同的效力，其言下之意应是：流押条款并不影响买卖合同的效力，但影响物权的实现，所以对出借人请求直接取得商铺所有权的主张不予支持。

人民法院在审理“名为买卖，实为借贷”案件时，应根据当事人的诉讼请求，准确寻找请求权基础，以正确处理纠纷。在有证据证明借款人还存在其他债权人或者有善意第三人的情况下，出借人如果并未就买卖合同的标的物提出物权主张，仅仅请求确认买卖合同有效，人民法院可以援用“朱某芳案”的裁判思路，认定买卖合同和借款合同均有效。

四、结语

“名为买卖，实为借贷”案件日益增多已是现实，《民间借贷规定》第24条虽然为解决该类纠纷提供了程序性指引，但不免存在滞后性，在遇到疑难复杂案件时，法官应当运用法律解释技术，在法律允许的限度内释法明理，对案件涉及的实体性问题进行充分评判，才能有效化解纠纷。

---

〔1〕 王泽鉴：《民法债编总论·基本理论·债之发生》（总第1册），三民书局1993年版，第57~63页。

〔2〕 最高人民法院(2011)民提字第344号。

〔3〕 最高人民法院(2013)民提字第135号。

正当使用注册商标中文字的基本含义不构成商标侵权

——广西柳州金杉木业股份有限公司诉融安县人民政府侵害商标权和不正当竞争纠纷案评析*

周　冕**

裁判要旨：

1. 被诉侵权行为系正当使用注册商标“”中文字“香杉”的基本含义，且不构成商标使用行为，故不侵犯商标权人的注册商标专用权。

2. 商标权人无权禁止社会公众正当使用商标中文字的基本含义，其对商标中的文字不具有排他性垄断使用权。

3. 商品通用名称是指法律规定或国家标准、行业标准规定的或者约定俗成的名称。全国范围内相关公众普遍认为某一名称能够指代一类商品的，应认定该名称为约定俗成的通用名称。

4. 行政机关并非《反不正当竞争法》所规制的经营者，其使用注册为商标的文字的基本含义不构成商标使用行为，且系正当使用，不构成不正当竞争。

---

* 一审判决：南宁市中级人民法院(2018)桂01民初792号民事判决；二审判决：广西壮族自治区高级人民法院(2019)桂民终716号民事判决。

** 广西壮族自治区高级人民法院民三庭副庭长。

一、基本案情

上诉人(一审原告):广西柳州金杉木业股份有限公司(以下简称金杉公司)。

被上诉人(一审被告):广西壮族自治区融安县人民政府(以下简称融安县政府)。

金杉公司经核准受让第 1668243 号“”注册商标,该商标核定使用的商品为第 19 类“地板、镶花地板”,经续展注册有效期自 2011 年 11 月 21 日至 2021 年 11 月 20 日。金杉公司为营销“香杉”木地板,先后在柳州火车站、机场、路桥、楼宇电梯等地方投放广告以及制作产品宣传册等进行推广宣传。“”商标分别于 2008 年 12 月 15 日、2012 年 12 月 17 日、2015 年 12 月 4 日被广西壮族自治区工商行政管理局认定为“广西著名商标”。金杉公司生产的“香杉”牌实木地板于 2013 年 9 月被自治区实施质量兴桂战略工作领导小组、自治区质量技术监督局授予“广西名牌产品”称号,于 2016 年 3 月 2 日取得国家质量监督检验检疫总局颁发的“生态原产地产品保护证书”。金杉公司经公证取证证实,融安县政府在融安收费站旁设置广告牌“中国香杉第一县”、在 G209K2857 道路附近设立“融安 · 广西香杉生态工业产业园”、从伶俐服务区乘车往南宁方向约 15 分钟立交桥上设置广告牌“融安 · 广西香杉实木生态板基地欢迎您”、在县政府网站“投资融安”栏目“融安县香杉产业发展情况汇报”“融安县广西香杉生态工业产业园基本情况介绍”等文章使用“香杉”文字字样。金杉公司认为,融安县政府的上述被诉侵权行为侵害了其第 1668243 号注册商标专用权,同时构成不正当竞争,故向南宁市中级人民法院起诉请求:(1)判令融安县政府及其所属“融安县广西香杉生态工业园”立即停止侵害,变更“融安县广西香杉生态工业园”名称,变更后的名称不得再含有“香杉”文字字样;判令融安县政府立即拆除在融安收费站、南柳高速伶俐服务区往南宁方向约 15 分钟处的立交桥设置的“中国香杉第一县”“融安 · 广西香杉实木生态板基地欢迎您”巨型广告牌或删除“香杉”文字字样;(2)判令融安县政府在其官网或法院指定的国家级媒体对金杉公司发布致歉声明或致歉函,以消除影响;(3)认定金杉公司注册的“香杉”商标为驰名商标;(4)判令融安县政府赔偿金杉公司经济损失 10 万元;(5)判令融安县政府赔偿金杉公司因维权所支出的合理费用 28,303 元(其中公证费 2849 元,取证差旅费 454 元,律师费 25,000 元);(6)本案诉讼费用由融安县政府承担。

金杉公司在二审庭审时明确放弃以认定涉案商标驰名作为事实根据。

二、裁判内容及理由

南宁市中级人民法院于2019年4月9日作出(2018)桂01民初792号民事判决。一审法院认为:(1)涉案商标是否有必要认定为驰名商标,若有必要是否构成驰名商标。驰名商标的认定采取“个案认定、被动保护”原则。商标侵权案件中如果在同一种商品或类似商品上使用与注册商标相同或近似的商标,不涉及不相类似商品的商标跨类保护,则商标专用权人没有必要通过司法认定驰名商标的方式寻求保护。本案融安县政府不从事商品生产经营,其被诉侵权行为中使用“香杉”文字的目的在于发展壮大当地的“香杉”产业,而当地的“香杉”产业除种植之外,主要是生产经营“香杉”板材、地板。被诉侵权行为所涉“香杉”板材、地板与金杉公司涉案注册商标核定使用的第19类商品相同,故没有必要认定金杉公司涉案商标是否驰名,且金杉公司也没有提供足够的证据证明其商标已驰名。(2)融安县政府是否侵害金杉公司商标权及构成不正当竞争。1945年出版的《中国裸子植物志》记载“香杉”为一种树木名称,类属台湾杉木。2015年9月21日,融安县西山林场向国家商标局申请注册“香杉”商标用于第31类“棕榈叶(棕榈树叶)、棕榈树、未切锯木材”等商品时,被国家商标局驳回,理由为“香杉”为乔木的一种。百度百科将“香杉木”解释为杉树的一种,有淡淡的香味,故称为香杉。这说明不仅是融安县政府及其所在地的公众,而且我国其他地方的社会公众及消费者都普遍认为“香杉”是杉树的一种,是一种树的通用名称。融安县政府使用“香杉”两字仅是为了表明香杉是当地的一种乔木或当地企业生产经营商品板材、地板的原材料,不具有侵犯金杉公司“香杉”商标专用权的主观恶意,也并非作为商业标识使用,不会造成相关消费者对商品来源的误认和混淆,属于对“香杉”商标的合理使用,没有侵犯金杉公司涉案注册商标专用权,也不构成不正当竞争。(3)若融安县政府构成侵权,应如何承担民事责任。因融安县政府不存在侵害金杉公司商标权及不正当竞争行为,金杉公司各项诉讼请求缺乏事实与法律依据,故判决驳回金杉公司的全部诉讼请求。案件受理费2866元由金杉公司负担。

金杉公司上诉请求:撤销南宁市中级人民法院(2018)桂01民初792号民事判决或者依法改判。事实与理由:(1)一审判决认定事实不清。“香杉”不是杉木的通用名称,也不是商品通用名称。(2)被上诉人作为县级人民政府,虽然其不从事商品生产经营,但通过招商引资,引进一批与上诉人属同行业且存在直接竞争关系的企业入驻,使用“香杉文化”和“香杉产业”等字样,进行大量宣传报道,误导社会公众,严重损害商标权人的企业形象和声誉,不但侵犯了上诉人的商标权,而且构成不正当竞争。

广西壮族自治区高级人民法院于 2019 年 10 月 25 日作出(2019)桂民终 716 号民事判决。二审法院认为:1. 融安县政府被诉侵权行为是否侵害涉案第 1668243 号注册商标专用权并构成不正当竞争。首先,融安县政府被诉侵权行为不构成商标使用行为。《商标法》第 48 条规定:“本法所称商标的使用,是指将商标用于商品、商品包装或者容器以及商品交易文书上,或者将商标用于广告宣传、展览以及其他商业活动中,用于识别商品来源的行为。”该条规定的“用于识别商品来源”指的是商标使用人的目的在于识别商品来源,包括可能起到识别商品来源的作用和实际起到识别商品来源的作用。本案融安县政府被诉侵权行为虽然使用了上诉人金杉公司涉案第 1668243 号注册商标标识中的文字“香杉”,但系使用“香杉”文字的基本字面含义,即指有芳香气味的杉木,如产业园名称“融安·广西香杉生态工业产业园”、大型广告牌“中国香杉第一县”“融安·广西香杉实木生态板基地欢迎您”等,融安县政府不是将“香杉”使用于某一商品上,其目的显然不是识别商品来源。而且,上诉人金杉公司涉案第 1668243 号注册商标标识为“”,其显著性主要体现在“香杉”文字的特定书写方式上,而不是“香杉”文字本身。融安县政府被诉侵权行为虽然使用了注册商标中的“香杉”文字,但既不是以与涉案第 1668243 号注册商标标识相同或相近似的书写方式使用,也没有突出使用,不会造成相关社会公众的混淆和误认,故不可能起到识别商品来源的作用和实际起到识别商品来源的作用。融安县政府被诉侵权行为中使用“香杉”文字均不是商业性使用,而是在其行使人民政府行政职权过程中使用。综上,被上诉人融安县政府被诉侵权行为不构成商标使用行为,其行为没有侵害上诉人金杉公司涉案第 1668243 号注册商标专用权。

其次,融安县政府被诉侵权行为如设立产业园名称为“融安·广西香杉生态工业产业园”、设置大型广告牌“中国香杉第一县”“融安·广西香杉实木生态板基地欢迎您”以及政府官网及政府文件、宣传材料等使用“香杉”文字系正当使用,上诉人金杉公司无权禁止他人正当使用。《商标法》第 59 条第 1 款规定“注册商标中含有的本商品的通用名称、图形、型号,或者直接表示商品的质量、主要原料、功能、用途、重量、数量及其他特点,或者含有的地名,注册商标专用权人无权禁止他人正当使用”。“香杉”并非臆造词,从字面基本含义而言是指有芳香气味的杉木,这与融安县政府在一审诉讼中提交的证据一《中国裸子植物志》及证据五“香杉原木”在百度网站搜索结果相符。融安县政府在相关材料中亦明确指出,香杉是指有芳香气味的杉木。虽然一审判决认定“香杉”为杉木通用名称证据不足,但融安县政府均是使用“香杉”文字字面基本含义，即“香杉”是指有芳香气味的杉木，而且其书写方式与上诉人金杉公司涉案第 1668243 号注册商标标识“”既不相同，也不构成近似，因此，融安县政府使用“香杉”文字系出于善意，并不是用于识别商品来源，不可能造成相关公众的混淆与误认，金杉公司不能因其注册了第 1668243 号“”商标就有权禁止社会公众正常使用“香杉”文字，其对“香杉”文字不具有排他性垄断使用权。金杉公司关于融安县政府被诉侵权行为侵犯其涉案第 1668243 号注册商标的上诉理由不能成立，不予支持。

最后，融安县政府被诉侵权行为不构成不正当竞争。根据《反不正当竞争法》第 2 条“经营者在生产经营活动中，应当遵循自愿、平等、公平、诚信的原则，遵守法律和商业道德。本法所称的不正当竞争行为，是指经营者在生产经营活动中，违反本法规定，扰乱市场竞争秩序，损害其他经营者或者消费者的合法权益的行为。本法所称的经营者，是指从事商品生产、经营或者提供服务的自然人、法人和非法人组织”的规定，构成不正当竞争的主体应仅限于从事商品生产、经营或者提供服务的自然人、法人和非法人组织。其一，本案被上诉人融安县政府是行政机关，并非《反不正当竞争法》所规制的经营者。其二，融安县政府被诉侵权行为使用“香杉”文字是正当使用，并没有违反《反不正当竞争法》的规定扰乱市场竞争秩序、损害其他经营者或消费者的合法权益，故融安县政府被诉侵权行为不构成不正当竞争，金杉公司相关上诉理由不能成立。

2. 如构成商标侵权及不正当竞争，融安县政府应承担何种侵权责任。由于融安县政府被诉侵权行为既没有侵害金杉公司涉案第 1668243 号注册商标专用权，亦不构成不正当竞争，故金杉公司各项诉讼请求没有事实和法律依据。

故判决驳回上诉，维持原判。

三、法理评析

本案二审法院虽然判决驳回上诉，维持原判，但判决理由与一审判决则差异甚巨。

从事实层面而言，一审判决对一些关键的事实没有做出认定或认定不当。首先，金杉公司涉案第 1668243 号注册商标标识为“”而不是“香杉”，一审判决忽略了融安县政府被诉侵权行为中使用的是“香杉”文字而不是涉案注册商标标识“”，且其对“香杉”文字的使用与涉案注册商标标识“”的书写方式既不构成相同，也不构成相近似。其次，一审判决认定“香杉”为杉树的一种通用名称证据不足。虽然 1945 年出版的《中国裸子植物志》记载“香杉”为一种树木名称，百度百科将“香杉木”解释为杉树的一种,国家商标局相关决定曾指出“香杉”为乔木的一种,但上述证据不足以证明“香杉”为杉树的一种通用名称。最高人民法院(2016)最高法民再374号民事判决指出,我国《商标法》第59条规定的商品通用名称是指法律规定或者国家标准、行业标准规定的或者约定俗成的名称。相关公众普遍认为某一名称能够指代一类商品的,应当认定该名称为约定俗成的通用名称。被专业工具书、词典列为通用名称的,可以作为认定约定俗成的通用名称的参考。约定俗成的通用名称一般以全国范围内相关公众的通常认知为判断标准。本案被上诉人未能提交证据证明“香杉”为法定或者约定俗成的杉树的一种通用名称,一审判决予以认定不当。最后,被上诉人融安县政府是行政机关,不是从事商品生产、经营或者提供服务的自然人、法人和非法人组织,并非《反不正当竞争法》所规制的经营者,不可能构成不正当竞争的主体,一审判决未予认定不当。

从法律适用层面而言,二审判决首先指出融安县政府被诉侵权行为中使用“香杉”文字不构成商标使用行为,因此,其行为不可能侵害金杉公司涉案注册商标专用权。所谓商标使用,是指将商标用于商品、商品包装或者容器以及商品交易文书上,或者将商标用于广告宣传、展览以及其他商业活动中,用于识别商品来源的行为。商标的本质属性是其识别性或指示性,基本功能是用于区分商品或者服务的来源。不用于识别或区分来源的商标使用行为,不会对商品或服务的来源产生误导或引发混淆,以致影响商标发挥指示商品或服务来源的功能,不构成商标法意义上的侵权行为。融安县政府是行政机关,其被诉侵权行为使用的“香杉”文字并非使用于商业活动中,而是在其行使人民政府行政职权过程中使用,其使用目的亦并非识别商品来源。特别需要指出的是,融安县政府被诉侵权行为使用“香杉”文字并非金杉公司涉案第1668243号注册商标标识“”,而该商标标识的显著性主要体现在“香杉”文字的特定书写方式上,而不是“香杉”文字本身。融安县政府被诉侵权行为虽然使用了“香杉”文字,但既不是以与涉案第1668243号注册商标标识相同或相近似的书写方式使用,也没有突出使用,不会造成相关社会公众的混淆和误认,故不可能起到识别商品来源的作用和实际起到识别商品来源的作用,因此,其使用“香杉”文字不构成商标使用行为,不可能构成商标侵权。

其次,二审判决进一步指出,融安县政府被诉侵权行为对“香杉”文字的使用系正当使用,上诉人金杉公司无权禁止他人正当使用。“香杉”并非臆造词,从字面基本含义而言是指有芳香气味的杉木,融安县政府被诉侵权行为对“香杉”文字的使用是使用其字面基本含义,而不是使用金杉公司涉案注册商标标识“”以区分商品或服务来源，不可能造成相关公众的混淆与误认，金杉公司不能因其注册了第 1668243 号“”商标就有权禁止社会公众正常使用“香杉”文字，其对“香杉”文字不具有排他性垄断使用权。二审判决对《商标法》第 59 条第 1 款“注册商标中含有的本商品的通用名称、图形、型号，或者直接表示商品的质量、主要原料、功能、用途、重量、数量及其他特点，或者含有的地名，注册商标专用权人无权禁止他人正当使用”的规定，实际上作了扩张性解释适用。

将普通文字以美术体方式书写并注册为商标使用于经营活动中的现象比较普遍，该种类型商标的显著性不是体现于文字的基本含义，而是体现于其特定书写方式，但商标权人往往误认为其取得对文字的排他性垄断使用权。本案准确界定文字注册商标的保护范围，将不构成商标使用行为及对文字基本含义的正当使用行为排除于注册商标专用权的保护范围之外，较好地平衡了商标权人和社会公共利益，对类似案件的裁判具有指导借鉴意义。

平衡理论择路下起诉期限扣除的认定

贺利研[*]　杨　钉[**]

【案件基本信息】

1. 裁判书字号：

广西壮族自治区高级人民法院(2018)桂行终1048号行政裁定书。

2. 案由：房屋所有权登记纠纷。

3. 当事人：

上诉人(一审原告)：田阳县糖业烟酒公司。

被上诉人(一审被告)：田阳县人民政府。

被上诉人(一审被告)：田阳县房产管理局。

一审第三人：田阳县茂田房地产开发有限公司。

【基本案情】

2011年9月16日，田阳县糖业烟酒公司(以下简称田阳县糖烟公司)与田阳县茂田房地产开发有限公司(以下简称茂田公司)订立《旧城改造合作建设协议书》，约定双方合作建设田阳县田州镇解放西路1号田阳县糖烟公司昭旺楼，项目完成后，第一层至第三层商铺和第四层3间(后第四层3间调整为第十层3间)产权归田阳县糖烟公司所有，办理产权证所产生的税、费由茂田公司负责。此合作方案经田阳县人民政府(以下简称田阳县政府)审批，该项目已经建设完成，未竣工验收。2013

---

* 广西壮族自治区高级人民法院立案庭副庭长。

** 广西壮族自治区高级人民法院员额法官。

年11月26日，茂田公司向田阳县房产管理局（以下简称田阳县房管局）申请将田阳县田州镇解放西路1号昭旺楼第三层301商铺登记为茂田公司所有，该公司取得阳房权证阳字第20131851号房产证后，于2014年1月21日将上述房产作为抵押物，为广西辰威进出口贸易有限公司在中国建设银行南宁市园湖支行担保贷款480万元。2015年1月30日前，田阳县糖烟公司得知田阳县房管局将涉案房产证颁给茂田公司，遂于2015年3月向田阳县人民法院提起民事诉讼，2015年5月12日，田阳县人民法院作出（2015）阳民二初字第10号民事调解书，由茂田公司于2015年9月30日前将涉案房屋产权登记到田阳县糖烟公司名下，但茂田公司未履行调解书。2016年1月19日，田阳县糖烟公司向田阳县房管局提出申请，要求撤销涉案房产证，将该房产证涉及的房产登记为田阳县糖烟公司所有。田阳县房管局于2016年2月2日、2017年3月17日分别作出阳房管复字〔2016〕6号《答复意见》、阳房管复字〔2017〕2号《回复》，答复田阳县糖烟公司因阳房证阳字第20131823号、第20121824号、第20131825号和第20131851号房产权涉及房产抵押，需要茂田公司解押房产后方能撤销上述房产证，明确表示该局无权单方撤销阳房证阳字第20131823号、第20121824号、第20131825号和第20131851号房产权证，田阳县糖烟公司可以和茂田公司两方协商一致，共同前来办理上述商铺产权证的撤销手续和办理权证转移登记。田阳县糖烟公司认为，田阳县房管局拒绝撤销错误的房产登记，无事实和法律依据，于2017年5月3日向田阳县人民法院起诉，请求判决撤销阳房权证阳字第20131823号、第20131824号、第20131825号、第20131851号房产权证。田阳县人民法院判决撤销前述房产证后，田阳县房管局不服，提出上诉。百色市中级人民法院作出（2017）桂10行终94号行政裁定，将案件发回重审。在田阳县人民法院重审期间，田阳县糖烟公司申请撤诉，田阳县人民法院裁定准予撤诉。2018年4月12日，田阳县糖烟公司变更被告，以田阳县政府和田阳县房管局为共同被告向百色市中级人民法院提起诉讼，要求撤销前述房产证。一审庭审中，田阳县糖烟公司自认2015年1月知道涉案房产证颁给茂田公司。

【案件焦点】

田阳县糖烟公司提起的本案诉讼是否超过起诉期限。

【法院裁判要旨】

百色市中级人民法院经审理认为：行政相对方主张行政机关的行政行为侵害其

合法权利,向人民法院提起行政诉讼,应在法定的起诉期限内提出,超过法定的起诉期限,人民法院不予受理或在受理后驳回起诉。本案经查,2015年1月30日前,田阳县糖烟公司知道田阳县房管局将涉案阳房权证阳字第20131823号、第20131824号、第20131825号、第20131851号房产权证颁发给茂田公司,应当自知道作出行政行为之日起六个月内提起行政诉讼,即2015年7月30日前起诉。本案田阳县糖烟公司于2017年5月3日向田阳县人民法院起诉,于2018年4月12日向该院起诉,两次向两级人民法院起诉均超过法定的起诉期限,诉权已丧失。依照《行政诉讼法》第46条的规定,裁定:(1)驳回田阳县糖烟公司的起诉。(2)一审案件受理费50元,予以退回。

田阳县糖烟公司不服,提起上诉。广西壮族自治区高级人民法院经审理认为:根据最高人民法院《关于执行〈中华人民共和国行政诉讼法〉若干问题的解释》第41条"行政机关作出具体行政行为时,未告知公民、法人或者其他组织诉权或者起诉期限的,起诉期限从公民、法人或者其他组织知道或者应当知道诉权或者起诉期限之日起计算,但从知道或者应当知道具体行政行为内容之日起最长不得超过2年"的规定,田阳县糖烟公司的起诉期限本应从2015年1月该公司自认知道涉案房产证之日起计至2017年1月结束。但根据《行政诉讼法》第48条第1款"公民、法人或其他组织因不可抗力或者其他不属于其自身的原因耽误起诉期限的,被耽误的时间不计算在起诉期限内……"的规定,田阳县糖烟公司提起民事诉讼及等待政府作出答复的期间,系不属于田阳县糖烟公司自身原因耽误起诉期限,应予以扣除。2015年3月13日,田阳县糖烟公司在法律规定的起诉期限内向法院提起民事诉讼主张涉案商铺的权属;后田阳县糖烟公司向田阳县房管局申请撤证,田阳县房管局于2016年2月2日、2017年3月17日分别作出阳房管复字〔2016〕6号《答复意见》及〔2017〕2号《回复》,答复田阳县糖烟公司该局无权单方撤证;之后田阳县糖烟公司又向田阳县人民法院起诉撤证,百色市中级人民法院于2017年11月21日作出(2017)桂10行终94号行政裁定,撤销田阳县人民法院(2017)桂1021行初216号行政判决,并将案件发回田阳县人民法院重审。田阳县糖烟公司于2018年3月21日申请撤诉,田阳县人民法院作出准予撤诉裁定。除田阳县糖烟公司申请撤诉系该公司行使诉权放弃主张以外,2015年3月13日至2017年11月21日的期间应予扣除,故田阳县糖烟公司于2018年4月12日提起本案诉讼,未超过法定的起诉期限。另外,因我国不动产登记法律制度发生了变化,2015年3月1日起施行的《不动产登记暂行条例》第7条规定:"不动产登记由不动产所在地的县级人民政府不动产登记机构办理……"《不动产登记暂行条例》施行后，涉及房屋登记已经转变为不动产统一登记，原不同登记机关的职责整合到不动产登记机构。本案田阳县糖烟公司诉请撤销原田阳县房产局于2013年11月27日颁发的阳房权证阳字第20131823号、第20131824号、第20131825号和第20131851号《房屋所有权证》，被诉行政行为是房屋权属登记行为。根据《田阳县编委关于设立田阳县不动产登记机构有关机构编制事项的通知》(阳编〔2015〕106号)等规范文件规定，从2015年11月起，田阳县范围内的不动产登记的法定职责统一由田阳县不动产登记局承继。另外，田阳县机构编制委员会制定的《田阳县编委关于整合不动产登记职责的通知》(阳编〔2014〕24号)，规定田阳县国土资源局为房屋登记职能部门。本案田阳县糖烟公司起诉田阳县政府、田阳县房管局属于被告主体不适格。田阳县政府、田阳县房管局均不是本案适格被告。百色市中级人民法院未对适格被告主体进行释明，不适用最高人民法院《关于适用〈中华人民共和国行政诉讼法〉的解释》第69条第1款"有下列情形之一，已经立案的，应当裁定驳回起诉：……(三)错列被告且拒绝变更的"规定。综上，百色市中级人民法院未予释明关于适格被告主体，以超过六个月起诉期限驳回起诉，属于适用法律不当。依照《行政诉讼法》第89条第1款第2项、最高人民法院《关于适用〈中华人民共和国行政诉讼法〉的解释》第109条第1款之规定，裁定：(1)撤销百色市中级人民法院(2018)桂10行初41号行政裁定；(2)指令百色市中级人民法院对田阳县糖烟公司的起诉重新进行审查，并对田阳县糖烟公司进行指导、释明，经释明后，田阳县糖烟公司的起诉符合法定条件的，百色市中级人民法院应当继续审理。

【法官后语】

行政诉讼法上的行政行为效力理论倾向于说明为什么要设置起诉期限。从行政行为的效力理论我们可以知道，行政行为不仅影响相对人，而且涉及多数的利害关系人以及相关行政机关，如果随时都可以争议行政行为的效力，将使多数人置于法律的不安定状态之下。因此通过起诉期限，使行政行为效力安定，从而达到行政法律关系早期安定的目的，进而使行政顺利运行，保障国民的权利利益。而行政诉讼法上的权利救济理论更倾向于说明以怎样的理论为指导去设置起诉期限。众所周知，行政诉讼制度是典型的"民告官"制度，特别是在我国法律史上代表着人民法律地位的提升。行政带有法律执行的作用，具有公平分配现有资源以及调整各种社会利益(利害)冲突的功能。虽然行政活动是执法活动，但执法活动如果引起人民的不满或者人民受到违法行政侵害，该如何救济，在行政救济被穷尽的情况下，司法是最后的途径，面对行政主体和个人,在权利救济理论者看来,司法应该选择弱势的个人一方,予以保护,起诉期限就应该以此为指导。

而行政诉讼法上的平衡理论正是寻求前述两种理论的一个平衡点,其体现着诉权保障与司法对行政活动谦抑、尊让的价值权衡。基于此,行政诉讼起诉期限延误制度就孕育而生了。行政诉讼起诉期限延误制度,是指在法定的起诉期限内,因特殊情况致使起诉期限经过,在障碍消除后的法定时间内,依当事人的申请,人民法院决定将被耽误时间予以扣除的制度。作为行政诉讼起诉期限恒定的例外情形,行政诉讼起诉期限延误制度体现着对处于弱势地位的当事人在诉讼程序启动上的人文关怀。该制度规定在现行《行政诉讼法》第48条中,这也正是平衡理论运用的具体体现。我国行政诉讼起诉期限延误制度先后经历了确立、发展与完善三个阶段。首先,确立于1990年施行的《行政诉讼法》第40条规定:"公民、法人或其他组织因不可抗力或其他特殊情况耽误法定期限的,在障碍消除后十日内,可以申请延长期限,由人民法院决定"。其次,因2000年最高人民法院《关于执行〈中华人民共和国行政诉讼法〉若干问题的解释》第43条对其作了进一步明确规定而得到发展,即"由于不属于起诉人自身原因超过起诉期限的,被耽误的时间不计算在起诉期限内。因人身受到限制而不能提起诉讼的,被限制人身自由的时间不计算在起诉期间内"。[1] 最后,在综合前者的基础上,现行《行政诉讼法》第48条对其作了进一步完善,即"公民、法人或其他组织因不可抗力或者其他不属于其自身的原因耽误起诉期限的,被耽误的时间不计算在起诉期限内。公民、法人或其他组织因前款规定以外的其他特殊情况耽误起诉期限的,在障碍消除后十日内,可以申请延长期限,是否准许由人民法院决定"。从前述立法演变的进程可以看出,行政诉讼起诉期限延误制度有以下几点变化:第一,延误情形的适度扩展,即从起诉期限延长的单一情形扩展到起诉期限扣除与延长两种情形;第二,耽误事由的逐步完备,即从"'不可抗力'和'其他特殊情况'耽误起诉期限"发展到"'不可抗力'、'其他不属于其自身原因'以及'其他特殊情况'耽误起诉期限";第三,对依当事人申请作为程序启动条件的部分摒弃,也就是说,耽误事由为"'不可抗力'和'其他不属于其自身原因'耽误起诉期限"的,当事人不需要向人民法院申请起诉期限的扣除,应当是自动扣除。

如前所述,我国行政诉讼起诉期限延误制度基于平衡理论定位于当事人诉权保障与司法对行政活动谦抑、尊让的权衡。任意地偏向一方,其功能的发挥将会大打折

---

[1] 该解释于2018年2月8日废止。

扣。一味地强调诉权保障，不利于行政活动的正常开展，而一味地强调司法谦抑与尊让，规定起诉期限为不变期限，也有悖于行政诉讼法的人文关怀。在一定程度上，行政诉讼法中的起诉期限的实践运用是在两者价值考量、权衡的基础上取舍。在司法实务界，人民法院支持的起诉期限延误案例中，耽误事由大致有以下几种情形：一是行政案件交叉管辖致使起诉材料在途期限；二是原告主体资格变更，例如，以企业清算组名义提起诉讼被驳回后又以企业名义起诉的；三是当事人一直向人民法院主张权利所耽误的时间；四是当事人基于对法律的认识错误未能恰当行使诉权的，例如，本应属于行政诉讼的受案范围，当事人一直选择民事诉讼途径进行权利救济，其提起民事诉讼的时间应予以扣除。

具体到本案，田阳县糖烟公司的起诉期限本应从2015年1月该公司自认知道涉案房产证之日起计至2017年1月结束，但田阳县糖烟公司提起民事诉讼及等待政府作出答复的期间，系不属于田阳县糖烟公司自身原因耽误起诉期限，应从起诉期限中予以扣除。因为田阳县糖业公司一直都在向法院、政府部门积极主张自己的权益受到侵害，并没有怠于行使自身权利，在田阳县人民法院作出（2015）阳民二初字第10号民事调解，由茂田公司于2015年9月30日前将涉案房屋产权登记到田阳县糖烟公司名下，但茂田公司没有履行义务的前提下，田阳县糖烟公司即向田阳县房管局提出申请，要求撤销涉案房产证，将该房产证涉及的房产登记为田阳县糖烟公司所有。而在田阳县房管局于2016年2月2日、2017年3月17日分别作出阳房管复字〔2016〕6号《答复意见》、阳房管复字〔2017〕2号《回复》，称该局无权单方撤销涉案房产证，田阳县糖烟公司可以和茂田公司两方协商一致，共同前来办理上述商铺产权证的撤销手续和办理权证转移登记后，田阳县糖烟公司即于2017年5月3日向田阳县人民法院起诉。上述田阳县糖烟公司的一系列行为，均证明其一直以来都在主张权利，但由于非自身原因致使本案起诉期限出现了延误，且涉案《旧城改造合作建设协议书》是经田阳县政府审批的，也即田阳县政府是知道协议双方对案涉房产权属分配情况的。广西壮族自治区高级人民法院正是基于当事人诉权保障与司法对行政活动谦抑、尊让的权衡，最终对本案起诉期限中非因当事人自身原因的部分时间进行了扣除，从而保护了当事人合法行使诉权。

保险人对相关免除保险人责任的条款进行提示和明确说明的义务不因与投保人就同一保险条款第二次订立保险合同而当然免除

——原告蔡某峰与被告中国平安财产保险股份有限公司广西分公司财产保险合同纠纷案

梁韵捷[*]　黄敏俊[**]

【案件基本信息】

1. 裁判书字号：

广西壮族自治区南宁市中级人民法院(2019)桂01民终1316号民事判决书。

2. 案由：

财产保险合同纠纷。

3. 当事人：

上诉人(一审被告)：中国平安财产保险股份有限公司广西分公司(以下简称平安公司)。

负责人：宣某，该公司总经理。

被上诉人(一审原告)：蔡某峰。

---

* 广西壮族自治区北海海事法院法官。

** 广西壮族自治区南宁市中级人民法院法官。

【基本案情】

2015年10月23日,平安公司向蔡某峰签发了《机动车交通事故责任强制保险单》和《机动车综合商业保险保险单》。其中,《机动车综合商业保险保险单》载明平安公司同意为蔡某峰所有的桂AN03××号车辆承保机动车第三者责任保险在内的商业保险;机动车第三者责任保险的保险金额为500,000元;保险期间自2015年10月24日0时起至2016年10月23日24时止。平安公司提交的《机动车综合商业保险条款》规定:“在上述保险责任范围内,下列情况下,不论任何原因造成的人身伤亡、财产损失和费用,保险人均不负责赔偿:……(二)驾驶人有下列情形之一者:1.事故发生后,在未依法采取措施的情况下驾驶被保险机动车或者遗弃被保险机动车离开事故现场……”该条款为加粗字体;提交的《中国平安财产保险股份有限公司机动车交通事故责任强制保险/机动车综合商业保险投保单》(以下简称投保单)中,投保人签章处有手写“蔡某峰”的签名及手写“2015年10月23日”落款日期;提交的《投保人声明》落款处有手写字样“本人确认收到条款及《机动车综合商业保险免责事项说明书》。保险人已明确说明免除保险人责任条款的内容及法律后果”。投保人签章处有手写“蔡某峰”的签名及手写“2015年10月23日”落款日期。此外,2014年9月23日,平安公司向蔡某峰签发了《机动车辆商业保险》保险单,同意为涉案桂AN03××号车辆承保包括商业第三者责任保险在内的商业保险,保险期间自2014年10月23日零时起至2015年10月22日二十四时止。蔡某峰在《中国平安财产保险股份有限公司机动车辆保险投保单》中的“投保人签章”处签字。投保单中的“投保人声明”一栏用加粗字体载明:“本人确认已收到了《平安机动车辆保险条款》,且贵公司已向本人详细介绍了条款的内容,特别就黑体字部分的条款内容和手写或打印版的特别约定内容做了明确说明,本人已完全理解,并同意投保。”

2016年4月17日22时许,蔡某峰驾驶桂AN03××号车辆与行人刘某连发生碰撞,造成刘某连被碾压受伤的交通事故,事故发生后,蔡某峰驾车逃离现场。该事故经《道路交通事故认定书》认定,蔡某峰驾驶机动车在道路上发生交通事故后驾车逃逸,应承担本次事故的全部责任。2016年7月1日,刘某连将蔡某峰、平安公司诉至南宁市良庆区人民法院(以下简称良庆区法院),该院于2016年12月26日作出(2016)桂0108民初1170号民事判决书,认定蔡某峰应向刘某连赔偿各项损失138,398.77元。收到判决后,蔡某峰不服,向南宁市中级人民法院上诉,南宁市中级人民法院于2017年5月23日作出(2017)桂01民终878号民事判决书,判决驳回上诉,维持原判。判决生效后,蔡某峰向良庆区法院交纳了全部赔款。2017 年 10 月 23 日,刘某连再次将蔡某峰、平安财险广西分公司诉至良庆区法院,要求蔡某峰向其赔付后续治疗费等各项损失共计 247,871.35 元,平安公司在交通事故责任强制保险范围内承担赔偿责任。该院于 2018 年 2 月 26 日作出(2017)桂 0108 民初 3187 号民事判决书,判决蔡某峰应向刘某连赔偿各项损失 108,923.32 元。该判决于 2018 年 3 月 15 日生效,后蔡某峰向良庆区法院交纳了全部赔款。

2017 年 10 月 25 日,蔡某峰以前述事实理由诉至一审法院,并提出本案诉讼请求。经蔡某峰申请,一审法院依法委托广西众邦司法鉴定中心对日期“2015 年 10 月 23 日”投保单及《投保人声明》中签字处“蔡某峰”签名是否本人亲笔书写进行笔迹鉴定。该鉴定中心于 2018 年 8 月 2 日作出桂众邦司法鉴定中心〔2018〕文鉴字 48 号《司法鉴定意见书》,鉴定意见前述笔迹与送检样本中的“蔡某峰”笔迹不是同一人所写。

【案件焦点】

平安公司主张依据保险条款应予免赔的理由是否成立。

【法院裁判要旨】

南宁市青秀区人民法院经审理认为:平安公司同意为蔡某峰所有的桂 AN03 × × 号车辆承保机动车交通事故强制责任险及包括机动车第三者责任保险在内的机动车商业保险并签发保险单,双方之间成立合法有效的财产保险合同关系。

本案中,蔡某峰驾驶桂 AN03 × × 号车辆与行人刘某连发生碰撞,造成刘某连被碾压受伤后,驾车逃离现场。平安财险广西分公司依据涉案《机动车综合商业保险条款》第 24 条第 2 款第 1 项的约定,抗辩称蔡某峰驾驶桂 AN03 × × 号车辆在发生保险事故时驾车逃逸的行为符合保险条款中约定的免责范围,故拒绝赔付保险金。但经广西众邦司法鉴定中心对涉诉投保单及《投保人声明》中“蔡某峰”的签名是否本人亲笔书写进行笔迹鉴定所得出的鉴定意见为非蔡某峰本人所写,且本案没有证据表明平安财险广西分公司履行了向蔡某峰交付保险条款并就免除保险人责任的条款尽到提示和明确说明义务,即无法证明该保险条款为双方意思表示一致的保险合同的内容,故相关保险条款的内容不构成合意,对蔡某峰不具有约束力,平安财险广西分公司主张依据保险条款应予免赔的理由不成立。另外,平安财险广西分公司抗辩称,蔡某峰于 2014 年亦向其购买了机动车辆商业保险且在《中国平安财产保险股份有限公司机动车辆保险投保单》中的"投保人签章"处签字,应视为已向蔡某峰就免责条款履行了提示及明确说明义务,故该效力应及于本案保险合同。对此,投保人与保险人就同一保险条款第二次订立保险合同时,并不能当然免除保险人应就相关免除保险人责任的条款进行提示和明确说明的义务,亦不能当然推定投保人已经知道或者应当知道免责条款的具体含义和法律后果,故该院对平安财险广西分公司的该项抗辩理由亦不予采信。综上,因涉诉保险合同所附的保险条款中的免责条款不生效,平安财险广西分公司仍应在机动车商业保险范围内向蔡某峰赔付保险金。

关于保险金的数额认定问题。经南宁市中级人民法院作出的已生效的(2017)桂01民终878号民事判决书和良庆区法院作出的已生效的(2017)桂0108民初3187号民事判决书认定,蔡某峰应向刘某连赔偿各项损失合计247,322.09元(138,398.77元+108,923.32元),且蔡某峰已向刘某连实际履行了赔付义务。该损失属于本案保险合同中机动车第三者责任保险范围,故平安公司应向蔡某峰支付保险金247,322.09元。关于蔡某峰主张的利息,实际上是平安财险公司未能及时支付保险金所造成的资金占用期间的利息损失,应以138,398.77元为基数,自2017年10月25日起至实际清偿之日止,按中国人民银行同期存款利率计付;应以108,923.32元为基数,自2018年3月15日起至实际清偿之日止,按中国人民银行同期存款利率计付。

综上所述,依照《保险法》第13条、第17条和《民事诉讼法》第64条的规定,判决:(1)平安公司向蔡某峰支付保险金247,322.09元;(2)平安公司向蔡某峰支付利息(以138,398.77元为基数,自2017年10月25日起至实际清偿之日止,按中国人民银行同期存款利率计付;应以108,923.32元为基数,自2018年3月15日起至实际清偿之日止,按中国人民银行同期存款利率计付);(3)驳回蔡某峰的其他诉讼请求。

被告不服一审判决,提出上诉。广西壮族自治区南宁市中级人民法院同意一审裁判意见,依照《民事诉讼法》第170条第1款第1项、第175条之规定,判决如下:

驳回上诉,维持原判。

【法官后语】

本案系一起典型的财产保险合同纠纷。本案的争议焦点:保险人与投保人就同一保险条款第二次订立保险合同时,保险人是否仍需对相关免除保险人责任的条款进行提示和明确说明?

最高人民法院《关于适用〈中华人民共和国保险法〉若干问题的解释(二)》(以下简称《解释》)第10条规定"保险人将法律、行政法规中的禁止性规定情形作为保险合同免责条款的免责事由，保险人对该条款作出提示后，投保人、被保险人或者受益人以保险人未履行明确说明义务为由主张该条款不生效的，人民法院不予支持”。该规定是关于保险人如何履行对以法律、行政法规中的禁止性规定作为免责事由的格式条款的提示和明确说明义务的规定。案涉的保险免责条款“1.事故发生后，在未依法采取措施的情况下驾驶被保险机动车或者遗弃被保险机动车离开事故现场……”该条款内容系我国法律对交通肇事逃逸禁止性规定，保险公司以其作为免责事由的，应尽到提示注意义务，要符合本解释第11条的要求，不仅要通过字体、符号等特别标识对免除保险人责任的条款作出标识，还应主动向保险人出示该条款，并提醒投保人注意到，保险条款中存在行为人违反禁止性规定将导致保险人责任免除的条款，即提示投保人“违反禁止性规定”与“保险人免责”之间存在关联性。

本案中，平安公司与蔡某峰财产保险合同关系合法有效。关于双方签订的《机动车综合商业保险条款》第24条第2款第1项的免责条款是否生效的问题。平安公司上诉主张本案涉案系蔡某峰第二次向上诉人投保，属于续保，蔡某峰第一次投保商业险时《中国平安财产保险股份有限公司机动车辆保险投保单》的签名属于被上诉人亲笔签字，可见上诉人已将免责条款向蔡某峰进行提示说明义务，蔡某峰是明知事故后逃逸是免赔范围。但是，投保人续保属于与保险人重新签订保险合同，建立新的保险合同关系，即便新的保险合同条款与前一次无异，仍不能当然免除保险人应就相关免除保险人责任的条款进行提示和明确说明的义务，提示投保人“违反禁止性规定”与“保险人免责”之间存在关联性，亦不能当然推定投保人已经知道或者应当知道免责条款的具体含义和法律后果。本案涉诉投保单及《投保人声明》中“蔡某峰”的签名非蔡某峰本人所写，且本案没有证据表明平安公司履行了向蔡某峰交付保险条款并就免除保险人责任的条款尽到提示和明确说明义务，故相关免责条款的内容对蔡某峰不具有约束力。本案纠纷实为平安公司不规范的经营行为所致，由此产生的经营风险应由平安公司自行承担，平安公司应引以为戒，加强管理，避免类似事件发生。

梁某珍、胡某芝与被申请人玉某红、聂某中所有权确认纠纷案

——单纯的资金来源不能认定事实物权人

赵元松*

【裁判要旨】

在房屋登记权利人与真正权利人分离的情况下,确定真正权利人,有书面借名购房约定从约定。无书面约定,应通过审查当事人购房的真实意思、房屋的实际出资情况、实际占有情况、房屋票据及房产证的持有状况以及借名购房原因是否符合常理等因素,综合认定借名购房关系的存在,确定真正产权人。

【案件索引】

一审:广西壮族自治区南宁市良庆区人民法院(2015)良民一初字第710号民事判决书(2016年2月24日)。

二审:广西壮族自治区南宁市中级人民法院(2016)桂01民终1804号民事判决书(2016年9月9日)。

申诉复查:广西壮族自治区高级人民法院(2017)桂民申1042号民事裁定书(2017年12月22日)。

再审:广西壮族自治区高级人民法院(2018)桂民再207号民事判决书(2018年6月28日)。

* 广西壮族自治区高级人民法院民一庭员额法官。

【基本案情】

玉某培与玉某芬系夫妻关系，生育有玉某红、玉某谊两女儿。玉某培于 2008 年 12 月 21 日因慢性呼吸衰竭病逝；玉某谊被法院宣告死亡。玉某红与聂某中系夫妻关系。1985 年、1996 年玉某培分别与梁某珍、胡某芝签订《用工合同书》，约定梁某珍、胡某芝二人不拿工资，玉某培帮助二人建造房屋。2005 年，玉某培与玉某芬共同出具一份《房屋房地产权转让书》给梁某珍、胡某芝，约定将南宁市良庆区大沙田开发区欣荣小区 185 – 55 号宗地交给梁某珍、胡某芝两人所有，玉某红在该转让书上写上："同意父母玉某培、玉某芬的处理决定。"2006 年，梁某珍、胡某芝购买南宁市良庆区建设路 2 号鑫金现代城 1 号楼 1 层 06 号商铺（以下简称 6 号商铺），购房款、税款和办证费用，均系玉某培支付。购房款系由玉某培从其保管的玉某红的拆迁补偿款中支付。2013 年，梁某珍、胡某芝二人将 6 号商铺以 975,000 元出售。

玉某培 2008 年去世后，梁某珍、胡某芝因欣荣小区 185 – 55 号房屋的所有权归属问题与玉某芬、玉某红存在争议，法院判决归梁某珍、胡某芝二人所有。后玉某红、聂某中向法院起诉，要求确认 6 号商铺所有权归其所有。

【裁判结果】

广西壮族自治区南宁市良庆区人民法院于 2016 年 2 月 24 日作出（2015）良民一初字第 710 号民事判决：驳回原告玉某红、聂某中的诉讼请求。

广西壮族自治区南宁市中级人民法院于 2016 年 9 月 9 日（2016）桂 01 民终 1804 号民事判决：（1）撤销南宁市良庆区人民法院（2015）良民一初字第 710 号民事判决；（2）被上诉人梁某珍、胡某芝于本判决生效后十日内返还上诉人玉某红、聂某中 975,000 元；（3）被上诉人梁某珍、胡某芝于本判决生效后十日内向上诉人玉某红、聂某中支付利息。

广西壮族自治区高级人民法院于 2017 年 12 月 22 日（2017）桂民申 1042 号民事裁定：（1）本案由本院提审；（2）再审期间，中止原判决的执行。

广西壮族自治区高级人民法院于 2018 年 6 月 28 日（2018）桂民再 207 号民事判决：（1）撤销南宁市中级人民法院（2016）桂 01 民终 1804 号民事判决；（2）维持南宁市良庆区人民法院（2015）良民一初字第 710 号民事判决。

【裁判理由】

法院生效判决认为，本案的争议焦点：案涉 6 号商铺的所有权应归谁所有？根据

《物权法》第9条第1款“不动产物权的设立、变更、转让和消灭,经依法登记,发生效力;未经登记,不发生效力,但法律另有规定的除外”的规定,登记是我国不动产物权的生效要件。玉某红主张案涉6号商铺的所有权,但该商铺登记在梁某珍、胡某芝名下,也由梁某珍、胡某芝实际居住、管理,并已经卖出给他人,一般应认定梁某珍、胡某芝二人是该6号商铺的实际产权人。如玉某红主张登记有误,其才是实际所有权人,应由玉某红提供充分的证据予以证明。在认定房屋所有权时,购房资金来源是重要的依据,但购房资金出资人不一定是产权人。根据原审查明的案件事实,玉某培购买6号商铺的资金系玉某红所有的252号房屋的拆迁款,该款项属于玉某红、聂某中所有,二审改判梁某珍、胡某芝返还房屋,也是建立在此事实认定的基础上。再审法院认为,这个事实即使成立,也无法认定玉某红为6号商铺的购买人。玉某培擅自使用玉某红的拆迁款购买6号商铺,系在玉某培与玉某红之间形成债权债务关系,玉某红不能因此向案涉房屋主张权利。关于6号商铺的所有权是否受另案55号房屋所有权影响的问题。玉某红提出其与玉某培一起购买6号商铺赠与梁某珍、胡某芝两人以置换55号房屋,现55号房屋已经判归梁某珍、胡某芝所有,则6号商铺应予返还。其一,置换的说法没有证据证实,也已被另案,即已生效的南宁市良庆区人民法院(2014)良民一初字第244号民事判决否定。其二,本案购买商铺的钱款虽为玉某培所出,但直接登记在梁某珍、胡某芝二人名下,并一直交由梁某珍、胡某芝二人管理使用,从该行为分析,玉某培将该6号商铺赠与给梁某珍、胡某芝存在较大可能性。玉某红再审庭审时也承认,其未参与到6号商铺的购房行为当中,故玉某培与梁某珍、胡某芝之间的意思表示,玉某红无法探究,因此玉某红提出的置换55号房屋的说法,并不可信,也无依据。、虽然玉某培与梁某珍、胡某芝之间约定用她们的工资建房,《收条》也表明2006年55号房屋建房前梁某珍、胡某芝二人的工资已经结清,但双方并未约定仅限于用其二人的工资购房而不能再另行赠与。应以优势证据认定案件事实。综上,玉某红以实际出资人为由主张6号商铺的所有权,却未能提交足以推翻房屋权属登记证书效力的证据,其主张应予驳回。二审判决以购房款来源于玉某红的拆迁款,梁某珍、胡某芝工资已结清为由否定案涉商铺的产权登记,并要求梁某珍、胡某芝二人对其为何取得6号商铺进行说明并举证,举证责任分配不当,实体处理不当,应予以纠正。

【案例注解】

我国不动产物权变动以登记生效主义为原则、登记对抗主义为例外。除法定情形外,登记是不动产物权变动的必要形式,未经登记当然不能取得物权。原《物权法》第 9 条第 1 款规定:“不动产物权的设立、变更、转让和消灭,经依法登记发生效力,未经登记,不发生效力,但法律另有规定的除外。”然而,经登记所表征的物权未必与当事人真实意思所欲的目的相一致,不动产登记机关的错误、当事人真实意思的隐藏、交付产权证书代替产权登记的交易习惯等都有可能造成名义权利人与真正权利人不一致的情形。这种情况,在房屋权属争议中最为突出。司法实践中也莫衷一是,不同地区的法院采取不同的裁判标准和裁判思路。

一、物权归属的基础理论

(一)物权变动的立法模式

物权具有对世权、绝对权其可以对抗第三人与其在标的物上对立的权利。一般来说,不动产价值普遍较高,占有关系更为复杂,一旦发生争议通常涉及多方利益。因此,为了保护不动产权的稳定和保护市场上交易的秩序化,综观全球,所有国家都确立了不动产登记制度的法律规定。物权变动主要有德国为代表的形式主义模式、法国为代表的债权意思主义模式和英美法系的契据交付主义。

以德国、瑞士为代表的德国法系国家的民法学界,确立了物权变动形式主义原则,只有满足了当事人物权合意和完成物权公示两个条件,才能发生物权变动的法律效果。认为物权的变动不仅需要双方当事人之间的物权合意,还须完成法定公示,即动产的交付和不动产的登记,至此物权变动才发生法律上的效力。但由于物权行为理论的主流地位,通说承认存在于某一特定外部表现形式中的物权合意,如公证证明、向登记机关提交登记申请、交付登记许可证等具有公示作用的方式,但这种除登记以外的公示方式仅对形成物权合意的当事人具有约束效力。形式主义模式下,物权公示所带来的已经不仅仅是得以对抗第三人的效力,而是直接成为物权变动生效的必备要素。虽然说形式主义使物权变动变得比较复杂,但由于其将物权变动的内部合意和外部公示进行综合化处理,使未经公示的物权变动不出现,不仅清除了逻辑上的障碍,而且有利于维护交易市场的安全与秩序。

以法国、日本为代表的法国法系国家,采用债权意思主义物权变动模式。物权变动法律效力来源于当事人之间的意思表示,登记只有对抗效力而非生效要件。登记与否,不影响权利的物权属性,只对物权实现的优先性产生影响。英美法系关于不动产权利变动系采“契据交付主义”。按照美国法,不动产权利的变动除了让与人与受让人需要缔结买卖契约外,只需作成“契据”交付买受人,便发生不动产权利变动的效力。登记不是不动产权利变动的生效要件而仅仅是对抗要件,虽然具有公示的机能但并无公信力,只起到了权利优势比较的作用。[1] 在广义上,英美法系的契据交付主义也可以归属于意思主义模式。意思主义模式下,只要求当事人存在一致的意思表示、法律行为有效成立便能够实现物权的变动,而无其他形式上的要求。如此意味着,物权变动和物权公示发生了分离——物权公示并非物权变动的生效要件,而仅仅是得以对抗第三人的条件,故又称公示对抗主义。

(二)不动产登记效力

不动产物权登记作为一种公示方法对物权变动的影响,其旨在表明权利人通过公示使不特定的第三人知悉其权利。而物权的设立、变更、终止一经公示便具有公信力,所以,登记的效力还延伸表现在登记的公信力方面。所谓公信力,是指一旦当事人变更物权时,依据法律的规定进行了公示,则依公示方法表现出来的物权是否存在瑕疵,对于信赖该物权的存在并已从事了物权交易的人,法律仍然承认其具有与真实的物权存在时相同的法律效果,以保护交易的安全。公信力是法律上建立某种公示手段公示的权利为真实权利的一种规则。物权变动的公信力包含两个方面效力:一是权利正确性推定的效力,即推定以动产的占有为正确的权利人占有,不动产登记簿所记载的当事人的权利内容为正确的不动产权利,即使动产的占有与实际的动产物权不一致,或者不动产登记簿所记载的物权与实际的不动产物权不一致,动产占有人则被推定为所有人,登记对任意的善意第三人均为正确。二是善意保护的效力,即通过法定方式取得的物权不受原权利人的追夺,即使登记错误,从登记名义人处取得物权的善意第三人仍受保护;即使占有非为权利人,从占有人处取得物权的善意第三人仍受保护。[2]

物权登记的推定力是公信力的基础内涵,一切公示公信的法律效果皆源于登记的推定力。不动产登记的推定效力,是指把登记的物权认定为正确的物权,法律法规应该对其加以保护。不动产登记的推定力主要是通过引入国家有关行政机关严格的登记和核查制度赋予不动产登记这一行为严肃可靠性。这种严肃可靠性主要有以下法律效力:不动产登记的推定主要体现在举证责任的分配上。一旦对方对不动产登记簿提出怀疑,仅仅怀疑不动产登记簿的效力是不够的。怀疑者需要提出可以推翻

---

〔1〕 参见陈华彬:《物权法》,法律出版社 2001 年版,第 130 页。

〔2〕 参见尹田:《论物权的公示与公信原则》,载梁慧星主编:《民商法论丛》(第 26 卷),金桥文化出版(香港)有限公司 2003 年版。

登记簿错误并证明登记簿错误的想法。一旦产生分歧,不动产登记簿上的权利人就会直接推定为物权真实权利人,减除其举证责任。登记在不动产登记簿的人不需要主动证明其权利的真实有效性,并将此举证责任移交给提议者。持反对意见的反对方,即声称登记是错误的,应该积极地证明可以推翻现有登记正确性这一事实。援引推定的主体资格不限于登记的权利人。除登记权利人援引,其他各方也可以援引推定效力。

我国总体上实行形式主义的物权变动模式,也同样承认不动产物权登记的推定力规则。

(三)不动产事实物权理论

不动产登记具有推定效力,但这并不意味着登记的权利人的利益任何时候都受到保护,也存在登记推定力被推翻的情形。"不动产登记簿只是行政机关对房屋产权与具体表现模式的确定,并不会直接明确当事人间的实体权益,也不是创设权的根本所在。"[1]假如不动产物权无关善意第三人,持反对意见者能够出具相关证明推翻登记簿的推定力并且证明自己是真正的物权人,那么这种推定应该被打破,从而保障事实权利人的合法权益。

针对不动产物权中存在的"名""实"可能分离的情况,2001 年,孙宪忠和常鹏翱提出"事实物权"理论,与"法律物权"相对。法律物权是指"权利正确性通过法定公示方式予以推定的物权",事实物权是指"在不存在交易第三人的情况下能够对抗法律物权的物权"。[2] 经过诸多学者和司法实务界的共同研究和发展,事实物权理论已经逐渐被主流观点接纳。

一般来说,法律物权是指通过法律条文所规定的法律手段进行公示而获得的物权。法律物权的两种形式分别是占有形式的动产与不动产登记簿所记载的不动产物权。[3] 登记名义人也是登记物权的主体。法律物权的外在表现形式可以通过不动产登记来对外公示。法律物权保障的是交易的顺利进行。事实物权是指由于登记错误、不动产交易过程中当事人意思表示不真实、不动产转让合同成立与登记存在时间差以及法律规定等原因,在登记名义人与事实应当享有权利的主体不一致情况下,不具有登记形式应予以保护相关权益的统称。其主要有下列情形:(1)原始取得的物

[1] 王利明:《物权法研究》,中国人民大学出版社 2007 年版,第 102～106 页。

[2] 孙宪忠、常鹏翱:《论法律物权和事实物权的区分》,载《法学研究》2001 年第 5 期。

[3] 参见郑云龙:《商品房借名买卖中物权归属研究》,上海交通大学 2013 年硕士学位论文。

权。即凡是不根据当事人意思,而是根据法律规定产生的物权。譬如基于继承,取得物权。(2)准形式物权。当事人物权变动的真实意思不是通过法定形式(不动产登记或动产交付)表现,而是以其他足以表达当事人的真意表现,不具有登记形式的买受人获得强于债权的保护。(3)从形式物权转化为的实质物权。主要有两种情况,一是登记机关的错误登记;二是物权人转让物权存在欺诈、胁迫等情形导致意思表示不真实、存在法律禁止的意思表示瑕疵。(4)符合当事人本意的实质物权。当事人保留所有权的真实意思,委托他人获得物权的形式名义,而自身实际享有物权的权益。实务中,借名买房就是这种类型的典型表现。[1]

虽然事实物权理论遭到诸多学者的反对,认为违反了物权法定原则。但不可否认,事实物权理论为司法实践解决"名""实"分离的争议提供了理论基础。不动产的登记是关于不动产物权变更的公告,而不是行政许可的行为。由于登记的目的是公布物权发生变化的事实,所以登记只是为了确认法律事实,而不是建立新的权利。登记具有权利推定的效果,但登记本身并不是创造权利的来源。即只要其他的表示方式满足形式要件的要求,就认可其作为物权公示的方式存在,而且应当承认其物权变动的法律效力。最高人民法院《关于适用〈中华人民共和国物权法〉若干问题的解释(一)》第2条规定:当事人有证据证明不动产登记簿的记载与真实权利状态不符、其为该不动产物权的真实权利人,请求确认其享有物权的应予支持。正是基于事实物权和物权区分理论,在维护真正物权人的合法权益上有了理论基础。

二、司法实践中认定事实物权人的影响因素——以房屋权属纠纷为例

在认可不动产事实物权的案例中,法院放弃了以登记为准的确权方式,转而寻找其他确权方式。通过对司法判例的分析,我们发现法官在判断物权归属的过程中,主要看重五个方面的事实。本文以司法实践中最常见的房屋权属纠纷为例,特别是借名购房为例进行阐述。

(一)当事人之间的真实意思表示

司法过程中,对房屋所有权的确认,属事实认定问题,实际权利人需提供优势证据证明其与名义登记权利人之间存在登记合意。对当事人真实意思表示的判断,有约定时,依据约定的内容进行判断;没有约定时,或一方当事人不承认口头约定时,依据具体行为进行判断。

---

〔1〕 参见邓敏儿:《论不动产事实物权》,华南理工大学2017年硕士学位论文。

1. 有书面约定或当事人双方均认可的口头约定。在借名登记案件中，借名人与出名人之间最大的纽带就是物权合意。倘若该物权合意得不到证明，借名人的事实物权利益也无法得到法官的支持。对于借名买房关系的认定，应首先查明是否存在借名买房的约定。如果有书面协议，借名关系存在自无疑问。没有明确的借名协议，根据当事人往来的邮件、信息、谈话记录等直接约定或者间接推定双方有关于房屋所有权归属和处分的说明，也应认定存在借名约定。

对于借名约定的效力，一般认为借名登记的协议是实际购房人与名义登记人之间，就有关房屋的购买、贷款、登记，房屋的实际权属等达成借名合意，这种协议属于无名合同或委托、代理、信托合同的范畴，法律允许当事人在不违反法律禁止性规定和社会公共利益的前提下，自主决定合同的内容订立合同，并给予效力上的保障。合同一旦成立，双方就应该严格按照合同执行约定。在司法实践中，如果房屋是一般的商品房屋，则认定借名协议有效，实际购房人可依据签订的合同，要求登记产权人将登记在其名下的房屋登记过户到自己的名下。在杜某与中国国际科技促进会所有权确认纠纷案中，法院认为，中国国际科技促进会、杜某之间存在借名买房协议，根据相关法律规定，该协议并未违反法律法规强制性规定，亦不存在其他导致合同无效的情形，合同应属有效。合同签订后购房相关费用均由中国国际技术促进会交纳，讼争房屋由中国国际技术促进会实际占有支配，遂确认中国国际技术促进会对讼争房屋拥有所有权。[1]

2. 有实际购房的意思表示。许多时候，双方当事人出于对亲属或朋友的信任，只存在口头商议，即没有签署书面协议，从双方往来的电子邮件、手机信息、微信记录等能保存电子证据中也无法推定借名约定的存在，这时，就需要重点考虑当事人的购买本意、房屋的购买过程、出资情况、占有使用情况、购房票据及房屋权属证书的持有情况、借名购房有无合理解释等方面，依据查明的事实进行推定，当相关证据符合高度盖然性标准时，可以认定双方之间存在借名购房的约定。[2]

在这些事实行为的认定上，本文认为，首要标准是认定实际购房人。我国法律不

---

〔1〕 参见北京市海淀区人民法院(2013)海民初字第 21913 号民事判决书。

〔2〕 如在马某等与许某等房屋确权纠纷上诉案中，法院分别从涉案房屋的买卖过程、购房合同的签订、房证及土地证载明的权利人及两证和税费单据的实际持有人、房贷的偿还、涉案房屋的出租及居住情况、水、电、物业费用的缴纳、涉案房屋的装修及生活用品的添置等多方面进行分析，认定原被告之间存在借名买房合意，实际购房人徐某对房屋拥有所有权。参见江苏省徐州市中级人民法院(2013)徐民终字第 1454 号民事判决书。

认可物权行为，物权变动就是当事人之间的法律行为，再加上一种外在的公示方法。在依法律行为发生的物权变动中，物权变动的原因或基础是买卖、赠与、抵押等法律行为，在当事人就不动产物权归属发生争议时，法院应当对发生物权变动的原因或基础予以审查，并最终依法确认物权的实际归属。因此，涉及房屋买卖时，房屋买卖合同是房屋所有权变动的原因和基础，借名人要想取得房屋所有权，须先证明自己是房屋买卖合同的实际买受人。

判断实际购房人可以从主客观两个方面进行分析，主观方面主要从实际购房的意思表示、借名买房的合理性，客观方面主要从购买房屋的实质性贡献，以及不动产的实际利用情况等。

(1)审查实际购房的意思表示。审查的重点一是借名人具备购买房屋的真实意思表示。从常理来看，借名登记买房现象出现的原因要么是购房人出于规避楼市政策或银行信贷规定，为使不具备某种购房或按揭贷款资格或不具备享有某种购房优惠资格的自己能够购买房屋而借用名义登记人的名义，其具备真正购房意愿。而出名人本身并不具备购买该房屋的真正意愿，其愿意出名登记的原因要么是出于亲情、友情，要么是出于经济利益。如在安某诉黄某所有权确认案中，法院认为，本案讼争房屋确是以被告的名义购买的，并办理了备案登记手续，但从选房、签订合同及付款的过程来看，原告始终参与其中，购买讼争房屋是双方的共同决定，目的是今后两人结婚和共同生活之需，这也是原告支付部分购房款的真实意图。同时，被告也以现金及向银行贷款的方式支付了部分购房款。双方基于共同的购买意思表示，以共同出资方式购得讼争房屋，对该房屋均享有财产权利，即讼争房屋应属于原告、被告共有。[1]

审查的重点二是借名购房的原因是否符合常理。借名人甘冒风险不签订书面合同而借名购房，除了基于双方之间的信任关系之外，必定有其客观原因：或是为规避国家房贷、税收、购房资格等相关法规政策；或是借用他人资格享受贷款、税收等政策性优惠；或是登记名义人享有保障房等特殊性质房屋的购买资格；或是转移财产以逃避债务等。因此，对于借名人主张的借名原因，应注重审查其是否符合客观事实以及是否具有合理性。一般来说，符合常理的借名动机，往往具有较强的证明效力。

审查的重点三是审查登记名义人对于他人实际出资原因的解释是否合理。对于借名人出资的原因，借名人当然主张其系实际购房人而出资，登记名义人则一般主张

〔1〕 参见福建省厦门市湖里区人民法院(2009)湖民初字第3219号民事判决书。

双方之间存在借款、赠与、抵销等法律关系。虽然根据证据规则,即便登记名义人无法举证证明其主张的上述法律关系,法院亦不可仅凭此认定双方之间存在借名关系,但是登记名义人能否合理解释他人出资的性质,亦是认定借名关系是否存在的重要参考因素。如借名人经济状况一般,则登记名义人主张借名人的出资为赠与就欠缺合理性,因为房屋价值巨大,借名人赠与购房的出资与常理不符。

(2)购房过程的实际参与度。房屋购买过户、日常管理等手续、费用由谁办理及支付,房屋贷款由谁偿还,这在一定程度上可以证明双方的借名购房关系。审查重点一是交易过程。由于房屋的价值巨大,通常情况下,房屋交易及管理的手续由实际购买人亲自参与,如看房、交易价格的谈判、购买合同的签订、房屋的交付与验收等,实际购房人会关注房屋的大部分细节问题,而出名人往往只参与有关签名环节,对房屋本身情况也不是很关注。二是按揭贷款过程。在存在按揭贷款时,实际购买人是按揭款项的实际归还者。在查明案件事实时,不能因借贷与买卖不属于同一法律关系而将查明事实的范围局限于房屋买卖过程,应将按揭贷款的办理和归还的事实纳入审查范围,才能完整掌握当事人间纠纷发生的全过程,有利于对案件事实的整体平衡。三是相关税费的缴纳。通常情况下,房屋交易过程产生的费用,如房屋契税、房贷偿还、物业费、维修基金、装修保证金等费用是由实际购房人缴纳并持有相应单据。四是出卖方及中介方的证明。房屋买卖合同的签订双方为买受人与出卖人,二手房屋交易往往还存在中介方,当初出卖方、中介方与何人实际磋商、谈判、订立合同及收取何人交付的房款也是判断真正权利人的依据之一。特别是在实际购买人直接与出卖人接洽付款的,或者中介公司作为居间方参与付款过程的情况下,出卖方以及中介公司的证言尤其具有证明价值。在原告许某与被告马某、第三人李某、刘某楼房屋确权纠纷案中,法院认为,虽然讼争房产买卖在产权部门的备案合同为出卖人黄某屏与马某所签,但黄某屏到庭后表示仅与许某存在买卖关系,与马某并不相识,且其陈述交易过程、付款情形能够与许某举证相互印证。马某及李某、刘某楼认为系委托许某代为买房,但未提供证据证实。因此确认房产系许某以马某名义购买,其产权应归许某所有。[1] 在赵某、李某禄与李某合同纠纷案中,法院认为,本案通过原告的当庭举证可以证实首付款系原告出资,每月房贷亦由原告偿还,遂认定当事人之间存在借名

〔1〕 参见江苏省徐州市泉山区人民法院(2012)泉民初字第 1413 号民事判决书,类似案例还可参见浙江省杭州市江干区人民法院(2013)杭江民初字第 220 号民事判决书。

买房的意思表示,原告是讼争房屋真实权利人。[1]

但在审查购房的实际参与度时,应谨慎识别代理购房行为,必须以完整的证据链的形成为依据,识别购房代理人恶意编造借名事实。

(二)购房资金来源

不动产的出资往往可能决定不动产权属的归属,实际出资行为是判断实际购房人的重要标准。借名购房中购房款一般由实际购买人支付,出名人一般情况下不会实际出资。根据《合同法》第130条的规定,“买卖合同是出卖人转移标的物的所有权于买受人,买受人支付价款的合同”。因此,借名人主张自己是房屋买卖合同的实际买受人,关键在于举证证明自己支付了购买房屋的价款,自己是实际出资人。如果借名人未能证明实际支付价款,无法证明自己是房屋买卖合同的实际当事人或参与人,在这种情况下,物权变动的原因和基础都不具备,法院无法在缺乏事实根据和法律依据的前提下支持借名人的诉求,确认其为房屋所有权人。借名人对其出资情况应承担举证责任,法官应当根据当事人提供的付款凭证、按揭贷款的还款手续和还款情况、购房票据的持有情况、双方的财务状况及还款能力、证人证言等证据综合认定实际出资人。当事人提交银行提款记录、借条的,注意审核相关数额及提款、借款时间,是否与购房时间、购房款数额相符。如在谭某兴与雷某志、深圳市京达旅业有限公司房屋确权纠纷案中,法院认为本案有充分证据证明讼争房产的首期房款、按揭款以及其他相关款项等实际上由雷某志等支付,因此,一审、二审判决认定讼争房产登记于谭某兴名下属于代持有性质有事实依据。谭某兴也未提供证据证明本案讼争房产的房款及其他相关款项由其本人支付,故讼争房产不应认定属于谭某兴所有。[2] 在借名登记中,实际出资人才具有真正的房产购买意思表示,法官对出资情况尤为看重。为了规避借名风险,借名人往往会与出名人签订代持或委托协议,明确约定房屋出资、实际所有人、名义所有人等情况。房屋的占有、使用、管理、支配一般都由实际掌控,房屋产权证一般也由实际购房人保管。[3]

以出资事实作为确权依据,符合社会大众的公正理念,有利于定分止争。资金来源虽然是重要标准,但不是绝对标准,不能一概根据“谁出资,谁受益”的原则来处理。有时实际出资人并不一定是实际购房人,单纯根据购房资金的来源判断房产的最终

---

〔1〕 参见天津市红桥区人民法院(2013)红民初字第4479号民事判决书。

〔2〕 参见最高人民法院(2011)民申字第261号民事裁定书。

〔3〕 参见广东省东莞市第二人民法院(2015)东二法沙民一初字第73号民事判决书。

归属并不科学，实际出资人不仅要证明购房资金来源于本人，还要证明自己的出资行为不是出于赠与或借贷关系，而是实际存在借名买房的合意。如在借款买房时，购房人向第三人借取资金购房，第三人直接将资金打入出售方账户代替购房人履行部分或全部付款义务。这时，从表面证据来看，实际出资人是第三人，但我们并不能就据此认定第三人就是购房人，第三人的出资行为只构成债权关系，无法产生物权关系。在董某生与董某仲所有权确认纠纷案中，法院认为仅凭此出资的事实，尚难以证明董某仲与董某生之间存在借名买房关系。[1]

对于当事人间（曾经）存在亲属关系的案件，即使根据涉案证据可以查明出资系一方所为或者房屋由一方使用，也不直接以出资或使用等事实推定存在借名合意，而是要求直接举证证明借名合意的存在，因此对实际出资人施加相对严格的举证责任。如子女购房资金不足，父母代为出资的情况，根据最高人民法院《关于适用〈中华人民共和国婚姻法〉若干问题的解释（三）》第7条第1款规定，"婚后由一方父母出资为子女购买的不动产，产权登记在出资人子女名下的，可按照婚姻法第十八条第（三）项的规定，视为只对自己子女一方的赠与，该不动产应认定为夫妻一方的个人财产"。由此可见，实际出资人并不一定是所有权人，实际出资人可能基于赠与的目的购买房屋，并在购买房屋的同时将房屋赠与出名人。在卞某旗与卞某云、卞某珍所有权确认纠纷案中，法院认为，当事人系特殊亲属关系，因未能举证证明双方存在借名购房合意，原告实际出资行为宜认定为赠与关系或债权债务关系，不产生物权效力。[2] 在韩某新、朱某军与王某泉、吕某敏、王某晨所有权确认纠纷案中，法院认为，原告未能证明双方曾达成借名购买经济适用房的约定，因讼争房屋限特定人员购买，出资不足以认定房屋所有权。基于双方此前的亲戚关系，对房屋进行装修和居住使用也不足以作为认定权属的依据。[3]

因此，在对讼争房屋的权属进行认定时，不仅应查明房产的出资来源，还应对财产性质进行综合分析认定，以探究当事人出资的真意，对不动产的出资来源与性质进行主客观全面分析认定最终确定不动产权属归属。只提供出资证明的证据，可以是借贷关系，也可以是赠与关系，但是和房产的所有权归属问题没有必然联系。尤其是发生在亲属、恋人之间的房产纠纷案件，很有可能双方是赠与或者借贷资金关系，只

---

〔1〕 参见上海市第二中级人民法院（2013）沪二中民终字第16735号民事判决书。

〔2〕 参见山东省青岛市市南区人民法院（2013）南民初字第10853号民事判决书。

〔3〕 参见浙江省杭州市下城区人民法院（2013）杭下民初字第1755号民事判决书。

是后来面对房价大涨的诱惑,或者当事人之间出现了矛盾纠纷,才提起诉讼。

(三)房屋的实际占有情况

占有、使用、收益系不动产所有权的重要权能,因此,房屋由谁实际占有使用,或者房屋在出租的情况下由谁收益,均是判断房屋实际权利人的重要因素。出名人一般只提供其身份和资格,但不实际控制房产;借名人购房房屋的最终目的是享有相关收益,应实际占有房屋。

一是房屋的实际控制状态。虽然实际占有房屋并不能在逻辑上推论出占有人是真正的借名人,但实际占有是判断房屋实际所有权人的重要标准之一。在于某、李某1诉李某2所有权确认纠纷案中,法院认为,李某1虽在过户和申请贷款时借用了李某2名义,但房屋由于某、李某1实际控制使用,月供款均由于某、李某1支付,中介人员对交易过程所做陈述与于某、李某1一致,能够证明于某、李某1借李某2名义购房的事实,判决确认涉案房屋归于某、李某1所有。[1] 在宋某国所有权确认纠纷申诉案中,法院认为涉案房屋宋某国从未使用过,结合《房屋买卖契约》、房款发票等购房资料以及房产证原件也均由联营公司持有,涉案房屋由联营公司购买并一直占有使用的事实,推定借名买房的事实成立。[2] 在周某所有权确认纠纷申诉案中,法院认为实创公司提供了交纳首付款、房屋贷款、相关手续费的支票存根、发票、对账单等材料证明诉争房屋的首付款、房屋贷款及相关手续费均由实创公司支付,且房屋交付后,由实创公司使用、出租、并交纳水电、物业费。基于上述事实查明,原审法院认定诉争房屋的实际出资人为实创公司,证据充分,实创公司要求确认诉争房屋归其所有,于法有据。[3]

二是产权证、购房合同、相关税据等原始凭证的保管情况。购房合同、缴纳的相关税费的凭证、发票等购房原始凭证及房产证作为实际出资以及房屋产权的重要凭证,实际产权人一般会由自己亲自保管,一般不会随意交给他人,故上述凭证由谁保管亦能在一定程度上反映出是否存在借名购房关系。还款手续、购房发票与产权证虽载被借名人之名,但由借名人长期持有、保管,而出名人不能提供证据证明借名人方持有的原始房屋产权证书具有非法性时,能够提供出付款银行账单、收据、还款账

---

〔1〕 参见深圳市中级人民法院(2015)深中法房终字第374号民事判决书。类似的案件还有李某虎诉蔡某光所有权确认纠纷案,参见深圳市中级人民法院(2015)深中法房终字第1431号。

〔2〕 参见北京市高级人民法院(2014)高民申字第02924号民事裁定书。

〔3〕 参见北京市高级人民法院(2014)高民申字第00789号民事裁定书。

单等证据的是实际购房人的可能性比较大,购房相关手续由其办理,相关款项亦可推理为由其支付。在恒某鼎与陆某妹所有权确认纠纷案中,法院认为系争房屋虽登记在恒某德名下,但根据陆某妹提供的一系列房屋购买时所涉的付款凭证等原始材料以及数位多方证人的证人证言,据此采信相关证据并认定陆某妹为实际购房人。[1]

三是日常物业、水电费等物业费用的缴纳及票据保管情况。一方如能提供相关的水电费和取暖费等物业票据,证明了相关房屋一直由其居住,并进行了装修,而对方对此不能作合理解释,可以作为认定占有人为房屋实际权属人的因素之一。在胡某与北京美康澳医疗器械有限责任公司等所有权确认纠纷上诉案中,法院认为美康澳公司提供的银行转账支票载明的支付数额准确无误,该证据可以证明房屋的全部价款确系美康澳公司向北京能源房地产开发有限责任公司支付;同时,美康澳公司提交了该公司持有的物业费、装修保证金等票据及业主公约、物业公司出具的证明等证据,诉争房屋的所有物业费、电费等一切费用均由美康澳公司全部缴纳,从而认定美康澳公司为诉争房屋的实际出资人。[2]

三、关于本案的解析

本案再审的争议焦点:在无其他证据支撑的情况下,单纯的资金来源能否作为认定事实物权的依据。

在举证责任分配上,由于涉案房屋已经依法登记在梁某珍、胡某芝名下,因此原告玉某红一方应提交证据推翻行政机关的登记行为。在本案中,玉某红先是主张存在置换行为。从本案一审、二审、再审及南宁市良庆区人民法院(2014)良民一初字第244号判决和南宁市中级人民法院(2015)南市民一终字第25号判决查明的事实来看,最初玉某培是将55号房产给梁某珍、胡某芝二人,后又买了6号商铺给了梁某珍、胡某芝二人,玉某红一方主张是以6号商铺置换55号房产,梁某珍、胡某芝二人的说法是对多年辛苦工作的额外奖励。关于是否存在以55号房产置换6号商铺的事实,综合玉某红在南宁市良庆区人民法院(2014)良民一初字第244号判决和南宁市中级人民法院(2015)南市民一终字第25号判决等诉讼中的陈述,玉某红本来承认6号商铺归梁某珍、胡某芝所有,并主张是赠与关系。只是在前述诉讼败诉后,主张6号商铺系其实际出资购买,要求将6号商铺所有权人确认由其所有。玉某红在一审

---

〔1〕 参见上海市第二中级人民法院(2014)沪二中民二(民)终字第81号民事判决书。

〔2〕 参见北京市第一中级人民法院(2013)一中民终字第11924号民事判决书。

中主张,6 号商铺是其委托玉某培购房给梁某珍、胡某芝二人,以抵换 185 - 55 号房屋。但并未提交证据支持其主张抵换的主张,也未提交证据证明其委托玉某培购买的主张。根据本案事实,玉某红、聂某中与梁某珍、胡某芝二人之间并不存在养老协议。2005 年玉某培立下协议将 185 - 55 号房屋的产权无偿转让给梁某珍、胡某芝二人,至 2006 年购买 6 号商铺登记在梁某珍、胡某芝二人名下,玉某红并未提交证据,证明 185 - 55 号房屋不再转让给梁某珍、胡某芝二人。因此,玉某红应承担举证不能的不利后果。

关于借名理由正当性的判断。无论借名人是为了规避限购政策或信贷政策、减少税费、隐匿个人财产,还是土地使用权证登记在他人名下而导致自己无法办理房产登记,借名人都有一个需要借用他人名义的理由,否则没有人会毫无缘由地将自己的不动产登记在他人名下,限制自己的处分权,并承担相应的法律风险。本案中双方对涉案 6 号商铺的权属并无书面协议约定,一审、二审玉某红也未主张借名买房,同时对一审法院借名买房的定性也不认同,也无证据证明存在口头协议。本案无法认定存在相关协议,在玉某红无法提交置换协议也无法提交委托其父亲玉某培购房证据的情况下,法院也就无从认定玉某红将涉案房屋登记在梁某珍、胡某芝名下的正当性。

关于实际购房人的判断。本案中玉某红在一审中表述其有与其父玉某培商量买 6 号商铺房给梁某珍、胡某芝二人意思,但玉某培现已死亡,梁某珍、胡某芝二人不认可,又没有提交其他证据,无法证明玉某红确有购买 6 号商铺的意愿。在该商铺实际购买过程中,玉某红本人并没有参与购房的全部过程,而梁某珍、胡某芝二人参与了全部过程。玉某红也无证据证明其父玉某培带领梁某珍、胡某芝二人购房时出于她的委托。因此,本案的实际购买人从目前证据来看,应为梁某珍、胡某芝二人。

关于实际出资人的判断。一般来说,购房的实际出资人就是实际购房人,但也不能一概而论。货币作为单纯的种类物,占有即实现所有权的转移。一方将货币交由对方,若无特别约定,双方之间形成借贷关系或保管关系。对货币实际占有人利用该货币形成的新的财产形态。债权人无权进行主张。就实际出资人和实际购房人产生分离的情况,关键的问题是是否存在借名买房的事实,区分实际出资引起的借贷关系与所有权归属的关系,不能因单纯的出资(而没有实际购买意愿)认定为真正权利人。就本案来说,从目前证据来看,出资款来源于案外人玉某培保管的玉某红、聂某中共同所有的资金,但并无证据证明玉某红、聂某中委托案外人玉某培出面购买 6 号商铺,实际出资人不能认定为玉某红、聂某中。从本案来看,玉某红夫妇未提交有效证据证明其参与买房的实际过程，也没有证明其委托玉某培购买。玉某培用其保管的玉某红的资金为梁某珍、胡某芝二人购房房屋，其与玉某红之间是债权债务关系，应另案处理。玉某培将房屋登记在梁某珍、胡某芝二人名下，考虑本案中玉某培与梁某珍、胡某芝二人的特殊用工关系，可考虑为赠与。

关于占有的判断。在所有权中，最核心的权利是占有。购房人购买房屋，最终目的是占有该房屋，从中获得收益，这种占有可以是直接占有，直接使用，这些可从物业费、电费、税费等相关费用的缴纳进行认定；也可以是间接占有，但在其直接控制之下，如房屋租金的收取与使用。本案中，梁某珍、胡某芝二人提交了业主临时公约、物业管理服务公约、业主手册等，从玉某红的诉求要求梁某珍、胡某芝二人返还涉案房屋的租金来看，该房屋出租的租金也是梁某珍、胡某芝二人在收取和使用。结合梁某珍、胡某芝二人将涉案房屋卖掉的事实，该房屋的实际占有人是梁某珍、胡某芝二人。另外，考量房产证、购房合同、相关发票、凭证占有情况。一般来说，实际产权人会掌握这些证件的原件。结合现有证据，梁某珍、胡某芝二人实际保管涉案房屋产权证、购房合同、契税完税证、购房发票、房屋验收表、备案证明、收据、契税纳税申报表、退还房款通知单等，从梁某珍、胡某芝二人可以卖掉 6 号商铺来看，也可证明房产证是掌握在梁某珍、胡某芝二人手中。玉某红、聂某中二人并没有实际参与购房行为，也没有实际占有或使用 6 号商铺，在诉讼之前也未对梁某珍、胡某芝占有、使用涉案 6 号商铺提出过异议。

玉某红想推翻在前诉中“将 6 号商铺赠与梁某珍、胡某芝二人”的陈述，又想以实际出资人为由主张实际产权人的地位，虽然提交了一些证据，但从提交的证据来看，无法形成足够的证明力来推翻房屋权属登记证书的效力，应承担举证不能的不利后果。二审法院简单以购房资金来源作为判断房屋事实物权人的理由，没有全面考察认定事实物权时应考量的因素，属于事实认定不清，法律适用错误。再审法院准确判断法律关系，正确理解运用事实物权人的判断标准，出资情况、实际购房情况、房屋的实际占有、使用情况等方面运用优势证据规则慎加把握确定房屋真正产权人，适用法律正确。

结　语

在法律物权与事实物权相分离的情况下，判断真正的产权人，首先，按照权利的外观进行判断，基于物权公示公信原则，不动产权属证书具有推定效力，应信赖其为真实的。“不动产事实物权没有登记外观形式或与登记外观形式不一致，要获得法律的保护、甚至优于登记物权的保护，必须具有较为清晰、明确的判定条件和根据。”〔1〕物权法上的不动产登记效力规范属于权利推定规范，而权利推定规范系在所有权证明较为困难的情形下，为减轻不动产登记簿上登记人的举证负担而特别设定的一项证明负担规则。〔2〕事实物权权利人要想推翻法律物权，根据《民事诉讼法》中“谁主张，谁举证”证据规则，当事人对自己提出的诉讼请求所依据的事实或者反驳对方诉讼请求所依据的事实有责任提供证据加以证明；没有证据或者证据不足以证明的，负有举证责任的当事人应承担举证不能的不利后果。实际购房人欲主张该房屋归其所有，有责任提供证据证明双方存在借名买房的合意以及自己实际出资，提交购房合同、借名协议、购房款支付凭证、房地产证及相关书面证据和证人证言应能够形成真实、完整的证据链，若不能证明，则应尊重房屋产权证书登记的公示公信效力，而登记名义人无须积极证明自己权利的真实性。人民法院应指引当事人围绕焦点举证、质证，在充分举证、质证的基础上审慎进行认证，依据证据与其证明对象间的关系确定证明力，厘清证据间的相互关系，在综合涉案证据的基础上形成对案件事实真伪的心证：(1)当事人之间的借名购房约定是证明当事人购房真意的关键证据，在不违反法律的强制性规定时，应认定其效力。(2)在没有书面约定时，应综合购买房屋的真实意思表示、实际购买人、实际出资人、实际占有人等进行综合把握，对有关证据运用高度盖然性标准进行采信，作出的判断符合法律逻辑和事实逻辑，能够经得起常理、常情、常识的质问。〔3〕

其次，审查当事人争议的基础法律关系，弄清楚登记的状态与物权原因行为的产生是否有因果必然关系，从而正确确定房屋真正的产权人。基础法律关系决定房屋产权的归属，因此，对房屋登记基础法律关系的审查在处理该类案件中显得尤为必要和重要。该基础法律关系主要包括买卖、共有、委托、借名、赠与、抵押、婚姻、继承等，但并不局限于此。

最后，综合多种因素审查当事人的真实意思表示。当事人的真实意思表示是一个主观的心理过程，除非以书面的形式记载或双方均认可，否则法官无法知晓。在没有书面约定的情况下，判断当事人的真实意思表示，需要从借名理由、出资情况、占有情况、实际购房情况等多方面进行判断，单纯的一个因素难以判断当事人的真实意思表示。

〔1〕魏海：《不动产事实物权的判定依据及冲突解决规则》，载《法律适用》2010 年第 4 期。

〔2〕参见[德]鲍尔、施蒂尔纳：《德国物权法》(上册)，张双根译，法律出版社 2004 年版，第 63 页。

〔3〕参见谭卫利：《当法律遭遇常理》，载《昆明理工大学学报》(社会科学版)2009 年第 1 期。

图书在版编目(CIP)数据

广西审判实务与探索. 2020 年. 第 1 辑 : 总第 15 辑 / 戴红兵主编. -- 北京 : 法律出版社, 2020
ISBN 978 -7 -5197 -4654 -4

Ⅰ. ①广… Ⅱ. ①戴… Ⅲ. ①法院－审判－工作－研究－广西 Ⅳ. ①D926.22

中国版本图书馆 CIP 数据核字(2020)第 101086 号

广西审判实务与探索(2020 年第 1 辑)(总第 15 辑)
GUANGXI SHENPAN SHIWU YU TANSUO
(2020 NIAN DI 1 JI)(ZONG DI 15 JI)

戴红兵 主编

责任编辑 章 雯 慕雪丹
装帧设计 汪奇峰

出版 法律出版社
总发行 中国法律图书有限公司
经销 新华书店
印刷 固安华明印业有限公司
责任印制 胡晓雅

编辑统筹 法商出版分社
开本 710 毫米×1000 毫米 1/16
印张 16.75
字数 280 千
版本 2020 年 9 月第 1 版
印次 2020 年 9 月第 1 次印刷

法律出版社/北京市丰台区莲花池西里 7 号(100073)
网址/www.lawpress.com.cn
投稿邮箱/info@lawpress.com.cn
举报维权邮箱/jbwq@lawpress.com.cn
销售热线/400－660－8393
咨询电话/010－63939796

中国法律图书有限公司/北京市丰台区莲花池西里 7 号(100073)
全国各地中法图分、子公司销售电话:
统一销售客服/400－660－8393/6393
第一法律书店/010－83938432/8433
西安分公司/029－85330678
重庆分公司/023－67453036
上海分公司/021－62071010/1636
深圳分公司/0755－83072995

书号: ISBN 978－7－5197－4654－4
定价: 48.00 元